JN206705

中小企業の取引　法人税　消費税　における

収益認識の税務と会計の実務

税理士
小林 磨寿美 著

公認会計士・税理士
大野 貴史

税務経理協会

は じ め に

　収益，つまり，法人税法上の益金の額を構成する取引により収受する対価の額を，どの事業年度に計上すべきか，そして，その計上すべき金額はいくらなのか，これは，法人税において課税所得を計算する上で，最も重要な問題である。

　2018年は我が国において，収益の認識基準の大変革があった年であった。同年3月，企業会計基準委員会（ASBJ）から，「収益認識に関する会計基準」（企業会計基準29号）と「収益認識に関する会計基準の適用指針」（企業会計基準適用指針30号）が公表された。これに対応し，2018年度税制改正において，法人税法に22条の2（収益の額），法人税法施行令に18条の2（収益の額）が新設され，法人税法22条4項に「別段の定めがあるものを除き」との文言が追加された。さらに，同年5月，法人税基本通達等が改正され，同年12月27日に，この通達の解説が国税庁ウェブサイトにおいて公表された。

　法人税法における収益の計上時期は，実現主義又は権利確定主義という考え方に従って決定される。実現主義とは，実現された収支によってもたらされる所得について課税することであるが，その課税に当たって常に現実収入のときまで課税できないとしたのでは，納税者の恣意を許し，課税の公平を期しがたいので，徴税政策上の技術的見地から，収入すべき権利の確定したときを捉えて課税するとしたものが権利確定主義である。つまり，納税者の恣意を排し，課税の公平を期すことができるならば，公正処理基準となる新会計基準を尊重し，法人税法の通則規定である益金の額に手を入れることも是となるのであろう。

　改正法人税基本通達は，新会計基準における履行義務の充足により収益を認識するという考え方，近接する日を収益計上時期の基準とする考え方等を，従前の通達に取り入れたものである。そのため，「収益等の計上に関する通則」は，その構成

を大きく変える全面改正となっており，当初の国税庁主税局担当官の説明で，新会計基準を強制適用されない中小企業には影響はないと聞いていた税理士等は，些か驚かれたのではなかろうか。

　本書は，法人取引等における収益等の認識について，個々の事例に対応するかたちで，会計基準及び法人税法の両面から解説し，具体的処理を明らかにしたものである。また，裁判例・裁決例を多く紹介し，改正後の処理に則したコメントを加えることにより，実務での対応をイメージしやすくした。さらに，改正通達と旧通達との対比表により，改正通達の位置付け等の整理をしている。

　一方，法人税法において収益認識基準に対応した改正があったことが，消費税にどのような影響を及ぼすかについても，章を設けて解説をしている。

　本書では，これらにより，2021年より収益認識基準が強制適用される大企業だけではなく，強制適用対象外の中小企業についても，新設された「収益認識に関する会計基準」と，改正された「収益等の計上に関する通則」に対応した会計処理及び税務処理ができるようになるよう意図した。

　最後に，本書の出版に当たって，大変お世話になった税務経理協会の中村謙一氏に感謝しつつ，本書が，企業会計や税務に関わるすべての実務担当者にとって，収益等の認識について理解することの一助とならんことを願いつつ，筆を置きたい。

　令和元年7月

小林　磨寿美

Contents

第4章　収益認識会計基準と消費税の対応　*229*

第 1 章

収益認識に関する会計基準

Ⅰ　公表の背景

　企業会計基準委員会（ASBJ）から，「収益認識に関する会計基準」（企業会計基準29号，以下「収益認識基準」という）と「収益認識に関する会計基準の適用指針」（企業会計基準適用指針30号，以下，「収益認識適用指針」という）が，2018年3月30日に公表された。

　それ以前の我が国の会計基準では，収益認識に関しては，企業会計原則の損益計算書原則に，「売上高は，実現主義の原則に伴い，商品等の販売又は役務の給付によって実現するものに限る」と定められているのみで，包括的な会計基準は制定されていなかった。

　一方，国際会計基準審議会（IASB）及び米国財務会計基準審議会（FASB）は共同して，収益認識に関する包括的な会計基準の開発を行い，2014年5月に「顧客との契約から生じる収益」（IASB：IFRS 15号，FASB：Topic 606）を公表した。

　企業会計基準委員会では，収益認識に関する会計基準の開発にあたり，財務諸表間の比較可能性の観点から，IFRS 15号と整合性を図りIFRS 15号の基本方針を取り入れ，収益認識基準を制定し，公表した。

　収益認識基準と収益認識適用指針が導入されたことは，このような背景があった。

Ⅱ　適用対象

　収益認識基準では，連結財務諸表，個別財務諸表で，同一の会計処理が適用される。

　収益認識基準は，会社法監査対象会社や金融商品取引法監査対象会社に対して適用される。一方，中小企業は，引き続き「企業会計原則」による会計処理によることができる。具体的には，「中小企業の会計に関する指針」（日本税理士会連合会，日本公認会計士協会，日本商工会議所，企業会計基準委員会）と「中小企業の会計

に関する基本要領」（中小企業庁）による。

　もちろん，中小企業であっても，収益認識基準を適用することは可能である。

Ⅲ　収益認識基準の適用時期

　収益認識基準の適用は，2021年4月1日以後開始する事業年度からである。ただし，2018年4月1日以後開始する事業年度の期首からの早期適用することや，さらに，2018年12月31日以後終了する事業年度における年度に係る財務諸表から適用することも可能である。

Ⅳ　収益認識基準の適用範囲

　収益認識基準は，顧客との契約から生ずる収益に関する会計処理及び開示について適用される。

　ただし，次の取引については，収益認識基準の適用対象外である。

① 「金融商品に関する会計基準」の範囲に含まれる金融商品に係る取引
② 「リース取引に関する会計基準」の範囲に含まれるリース取引
③ 保険法における定義を満たす保険契約
④ 同業他社との商品又は製品の交換取引
⑤ 金融商品の組成又は取得に際して受け取る手数料
⑥ 「不動産流動化実務指針」の対象となる不動産の譲渡

V　収益認識の基本原則

収益認識基準の基本原則は，約束した財又はサービスの顧客への移転を，その財又はサービスと交換に企業が権利を得ると見込む対価の額で描写するように，収益を認識することである。この原則は，収益認識に「履行義務」という概念を導入した資産負債アプローチを基本としている。つまり収益が認識されるのは，履行義務という負債が減少するときであるという考え方である。

収益を認識するために，次の5つのステップを適用する。

> Step 1：顧客との契約を識別する。
> Step 2：契約における履行義務を識別する。
> Step 3：取引価格を算定する。
> Step 4：契約における履行義務に取引価格を配分する。
> Step 5：履行義務を充足した時に又は充足するにつれて収益を認識する。

具体的な事例で考えてみよう。

当期首に，企業が顧客と，標準的な商品Xの販売と2年間の保守サービスを提供する1つの契約を締結した。当期首に商品Xを顧客に引き渡し，当期首から翌期末まで保守サービスを行う。契約書に記載された対価の額は，12,000千円であった。

Step	項目	事例のあてはめ
Step 1	顧客との契約を識別する。	－
Step 2	契約における履行義務を識別する。	商品Xの販売と保守サービスの提供を履行義務として識別する。また，それぞれを収益認識の単位とする。
Step 3	取引価格を算定する。	商品Xの販売と保守サービスの提供に対する取引価格を，12,000千円と算定する。
Step 4	契約における履行義務に取引価格を配分する。	商品Xと保守サービスの独立販売価格に基づき，取引価格12,000千円を各履行義務に配分する。商品Xの取引価格は10,000千円，保守サービスの取引価格は2,000千円とする。

| Step 5 | 履行義務を充足した時に又は充足するにつれて収益を認識する。 | 履行義務の性質に基づき，商品Xの販売は一時点で履行義務を充足すると判断し，商品Xの引渡時に収益を認識する。
また，保守サービスの提供は一定の期間にわたり履行義務を充足すると判断し，当期と翌期の2年間にわたり収益を認識する。 |

以上をフローで示すと，次のとおりである。

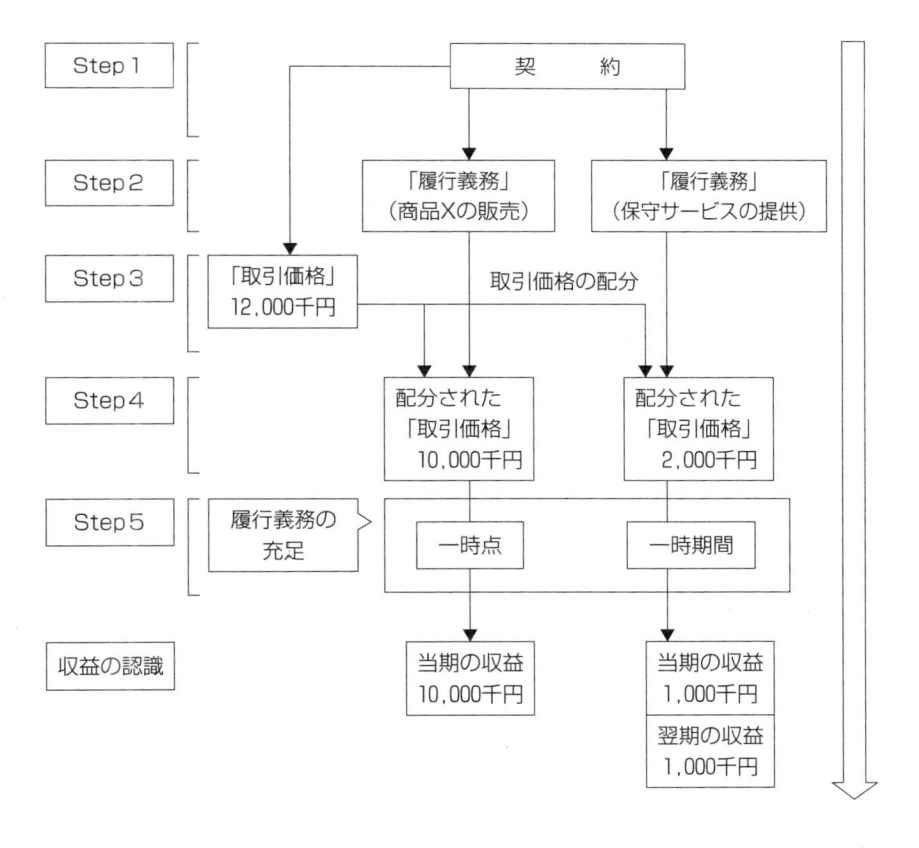

（国税庁資料より）

VI 収益認識基準の特徴

収益認識についての5つのステップで最も重要なのは，①収益の計上の単位の通則，②取引価格，③収益認識時期の3つである。

1 収益の計上の単位の通則

収益認識基準を適用するにあたっては，まず顧客との契約を識別する（Step 1），同一の顧客（その顧客の関連当事者を含む）と同時又はほぼ同時に締結した複数の契約について，次のいずれかに該当する場合には，これらの複数の契約を結合し，単一の契約とみなして処理する（契約の結合）。

(イ) その複数の契約が同一の商業的目的を有するものとして交渉されたこと

(ロ) 1つの契約において支払われる対価の額が，他の契約の価格又は履行により影響を受けること

(ハ) 当該複数の契約において約束した財又はサービスが，単一の履行義務となること

契約における取引開始日に，顧客との契約において約束した財又はサービスを評価し，次の(イ)又は(ロ)のいずれかを顧客に移転する約束のそれぞれについて履行義務として識別する（履行義務の識別）（Step 2）。

(イ) 別個の財又はサービス（あるいは別個の財又はサービスの束）

(ロ) 一連の別個の財又はサービス（特性が実質的に同じであり，顧客への移転のパターンが同じである複数の財又はサービス）

顧客に約束した財又はサービスの履行義務が，別個のものであるかどうかを判断し，別個と判断された場合には，別個のものとして処理する。別個のものであるかどうかは，次の両方の要件を満たすかどうかで判断する。

(イ) 財又はサービスから単独で顧客が便益を享受することができる，あるいは，財又はサービスと顧客が容易に利用できる他の資源を組み合わせて顧客が便益を享受することができること

㈹　財又はサービスを顧客に移転する約束が，契約に含まれる他の約束と区分して識別できること

2　取引価格

　取引価格とは，財又はサービスの顧客への移転と交換に，企業が権利を得ると見込む対価の額であり，第三者のために回収する額は除かれる。取引価格を算定する際には，変動対価，契約における重要な財務要素，現金以外の対価，顧客に支払われる対価など，すべての影響を考慮する（Step 3）。

　変動対価とは，顧客と約束した対価のうち変動する可能性のある部分をいう。契約において，顧客と約束した対価に変動対価が含まれる場合，財又はサービスの顧客への移転と交換に企業が権利を得ることとなる対価の額を見積もることになる。変動対価が含まれる取引には，値引き，リベート，返金，インセンティブ，業績に基づく割増金，ペナルティーなどにより対価の額が変動する場合や，返品権付きの販売などがある。対価の回収が見込まれないことも，変動対価の要素となる。

　対価の額に対する変動対価の影響を考慮して取引価格を算定し，その算定した取引価格をもとに収益を認識する。変動対価の額は，期待値や最頻値のいずれかの方法により見積もる。会計上認識する収益の額は，契約上の対価の額から，値引き，リベート，返金，インセンティブなどや，返品権付きの販売などによる変動対価の影響分が控除される。変動対価は，場合によっては，対価の額に加算されることもある。

　見積もられた変動対価の額は，変動対価の額に関する不確実性が事後的に解消される際に，解消される時点までに計上された収益の著しい変動が発生しない可能性が高い部分に限り，取引価格に含める。

　また，見積もった取引価格は，各決算期に見直し，取引価格が変動する場合には，資産の販売等に係る収益の額を修正する。

　契約における履行義務に取引価格を配分する（Step 4）。

3 収益認識時期

　企業は，約束した財又はサービスを顧客に移転することにより履行義務を充足したとき又は充足するにつれて，収益を認識する（Step 5）。資産が移転するのは，顧客がその資産に対する支配を獲得したとき又は獲得するにつれてである。資産に対する支配とは，その資産の使用を指図し，その資産からの残りの便益のほとんどすべてを享受する能力をいう。この能力には，他の企業が資産の使用を指図して資産から便益を享受することを妨げる能力を含む。

　支配の移転を検討する際には，例えば，次の指標を考慮する。

　(イ)　企業が顧客に提供した資産に関する対価を収受する現在の権利を有していること

　(ロ)　顧客が資産に対する法的所有権を有していること

　(ハ)　企業が資産の物理的占有を移転したこと

　(ニ)　顧客が資産の所有に伴う重大なリスクを負い，顧客が経済価値を享受していること

　(ホ)　顧客が資産を検収したこと

Ⅶ　中小企業の会計に関する指針

　中小企業の会計に関する指針の改正が2019年 3 月 6 日に公表されている。この改正は，税効果会計の繰延税金資産と繰延税金負債の貸借対照表上の表示についての見直しを行ったものである。

　収益認識基準にも触れられており，「収益認識会計基準等の上場企業等への適用は平成33年 4 月 1 日以後に開始する事業年度からとされている（早期適用も認められている。）ことから，「収益・費用の計上」の見直しは行っておらず，収益認識会計基準等が上場企業等に適用された後に，その適用状況及び中小企業にける収益認識の実態も踏まえ，収益認識会計基準等の考え方を中小会計指針に取り入れるか否かを検討することを考えております。」としている。

第 2 章

法人税法における収益に関する定め

I　法人税法22条の２の新設等

　収益認識基準の公表に伴い，2018年度税制改正において，法人税法等の改正が行われ，収益の計上時期及び計上額の規定が設けられた。

　具体的には，法人税法に22条の２（収益の額），法人税法施行令に18条の２（収益の額）が新設された。さらに，法人税法22条４項に「別段の定めがあるものを除き」との文言が追加された。

　22条２項で，益金の額に算入すべき金額は，会計上の収益の額であることが示されている。同条４項では，「別段の定め」よって税法独自の計算方法を定めているもの以外は，「一般に公正妥当と認められる会計処理の基準」にしたがって会計処理をすれば，その会計処理は認められることが示されている。この「一般に公正妥当と認められる会計処理の基準」には，収益認識基準も含まれる。

　ここでいう別段の定めには，資産の販売等についての収益の額の特例である次のような定めが該当する。

　㈤　法人税法61条（短期売買商品の譲渡損益及び時価評価損益）

　㈹　法人税法61条の２（有価証券の譲渡益又は譲渡損の益金又は損金算入）

　㈥　法人税法62条の５第２項（現物分配による資産の譲渡）

　㈦　法人税法63条（リース譲渡に係る収益及び費用の帰属事業年度）

　㈧　法人税法64条（工事の請負に係る収益及び費用の帰属事業年度）

　㈨　旧法人税法63条（長期割賦販売等に係る収益及び費用の帰属事業年度）（所得税法等の一部を改正する法律（平成30年法律第７号）附則28条の規定によりなおその効力を有するものとされる同法２条の規定による）

　新しい法人税法の構成は，次のとおりである。

第１編　総則
第２編　内国法人の法人税
　第１章　各事業年度の所得に対する法人税
　　第１節　課税標準及びその計算
　　　第１款　課税標準（第21条）
　　　第２款　各事業年度の所得の金額の計算の通則（第22条）

（第22条）

内国法人の各事業年度の所得の金額は，当該事業年度の益金の額から当該事業年度の損金の額を控除した金額とする。

2　内国法人の各事業年度の所得の金額の計算上当該事業年度の益金の額に算入すべき金額は，別段の定めがあるものを除き，資産の販売，有償又は無償による資産の譲渡又は役務の提供，無償による資産の譲受けその他の取引で資本等取引以外のものに係る当該事業年度の収益の額とする。

3　内国法人の各事業年度の所得の金額の計算上当該事業年度の損金の額に算入すべき金額は，別段の定めがあるものを除き，次に掲げる額とする。

①，②，③略

4　第2項に規定する当該事業年度の収益の額及び前項各号に掲げる額は，別段の定めがあるものを除き，一般に公正妥当と認められる会計処理の基準に従つて計算されるものとする。

5　第2項又は第3項に規定する資本等取引とは，法人の資本金等の額の増加又は減少を生ずる取引並びに法人が行う利益又は剰余金の分配（資産の流動化に関する法律第115条第1項（中間配当）に規定する金銭の分配を含む。）及び残余財産の分配又は引渡しをいう。

　　　第3款　益金の額の計算
　　　　第1目　収益の額（第22条の2）

新設された法人税法22条の2は，法人税法22条2項を受けた資産の販売等に係る収益の額の通則についての規定であり，その概要は次のとおりである。

〔法人税法22条の2〕

		条　　文	説　明
1項	収益の計上時期	内国法人の資産の販売若しくは譲渡又は役務の提供（以下この条において「資産の販売等」という。）に係る収益の額は，別段の定め（前条第4項を除く。）があるものを除き，その資産の販売等に係る目的物の引渡し又は役務の提供の日の属する事業年度の所得の金額の計算上，益金の額に算入する。	原則として，収益の計上時期は目的物の引渡し又は役務の提供の日の属する事業年度となる。 （例）　出荷日，検収日，作業結了日，使用収益開始日等 （注）　役務の提供には資産の貸付けを含む。
2項		内国法人が，資産の販売等に係る収益の額につき一般に公正妥当と認められる会計処理の基準に従つて当該資産の販売等に係る契約の効力が生ずる日その他の前項に規定する日に近接する日の属する事業年度の確定した決算に	公正処理基準に従って，引渡し等の日に近接する日の属する事業年度の確定決算で収益経理することも認められる。 （例）　契約効力発生日，仕切精算書到達日，検針日等

		おいて収益として経理した場合には，同項の規定にかかわらず，当該資産の販売等に係る収益の額は，別段の定め（前条第4項を除く。）があるものを除き，当該事業年度の所得の金額の計算上，益金の額に算入する。	（注） 割賦基準における回収日は近接する日に該当しない。
3項		内国法人が資産の販売等を行つた場合（当該資産の販売等に係る収益の額につき一般に公正妥当と認められる会計処理の基準に従つて第1項に規定する日又は前項に規定する近接する日の属する事業年度の確定した決算において収益として経理した場合を除く。）において，当該資産の販売等に係る同項に規定する近接する日の属する事業年度の確定申告書に当該資産の販売等に係る収益の額の益金算入に関する申告の記載があるときは，その額につき当該事業年度の確定した決算において収益として経理したものとみなして，同項の規定を適用する。	収益の額を近接する日の属する事業年度において申告調整することも認められる。 ただし，引渡し等の日又は近接する日の属する事業年度において収益経理している場合には，申告調整によりこれらの日以後の日の属する事業年度の益金に算入することはできない。
4項	収益の計上額	内国法人の各事業年度の資産の販売等に係る収益の額として第1項又は第2項の規定により当該事業年度の所得の金額の計算上益金の額に算入する金額は，別段の定め（前条第4項を除く。）があるものを除き，その販売若しくは譲渡をした資産の引渡しの時における価額又はその提供をした役務につき通常得べき対価の額に相当する金額とする。	販売若しくは譲渡をした資産の引渡しの時における価額又はその提供をした役務につき通常得べき対価の額に相当する金額とは，一般的には第三者間で通常付される価額（いわゆる時価）をいう。 （注） 値引きや割戻しについては，譲渡資産等の時価をより正確に反映させるための調整と位置づけることができる。
5項		前項の引渡しの時における価額又は通常得べき対価の額は，同項の資産の販売等につき次に掲げる事実が生ずる可能性がある場合においても，その可能性がないものとした場合における価額とする。 ① 当該資産の販売等の対価の額に係る金銭債権の貸倒れ ② 当該資産の販売等（資産の販売又は譲渡に限る。）に係る資産の買戻し	引渡しの時における価額又は通常得べき対価の額には，貸倒れや返品の可能性がある場合においてもその影響を織り込むことはできない。 （注） 収益認識基準では，回収不能や返品の影響も見積もって取引価格に反映するが，法人税法では，これらは譲渡資産の時価とは関係ない要素であることから，そのような処理は認められない。

6項	現物配当	前各項及び前条第2項の場合には，無償による資産の譲渡に係る収益の額は，金銭以外の資産による利益又は剰余金の分配及び残余財産の分配又は引渡しその他これらに類する行為としての資産の譲渡に係る収益の額を含むものとする。	無償による資産の譲渡に係る収益の額には，現物配当等による資産の譲渡に係る収益の額が含まれる。 すなわち，現物配当等は，資産の譲渡と利益分配等の混合取引であり，資産の譲渡に係るキャピタルゲインについて課税されることを明確にした。
7項	事後的変動	前2項に定めるもののほか，資産の販売等に係る収益の額につき修正の経理をした場合の処理その他第1項から第4項までの規定の適用に関し必要な事項は，政令で定める。	値引きや割戻しによる譲渡資産等の時価の事後的な変動について，修正経理を行った事業年度の損金に算入する等の処理について政令に委任する。 → 法令18条の2

　1項は，収益の計上額について，改正前の公正処理基準を明確化したものである。

　2項は，収益認識基準に従って，履行義務を充足したときに収益認識した場合に，引渡し等の日に近接する日の属する事業年度の確定決算で収益経理することも認められることを示している。

　3項は，2項の場合に，申告調整によった場合の取扱いを示しており，ここでの注意点は，正しく会計処理をしたときまでも申告調整を許すものではないということである。

　4項，5項は，収益の計上額について，改正前の公正処理基準を明確化し，収益の計上額についての収益認識基準で定める「変動対価」の法人税法上の取扱いについて示したものである。

　7項は，時価の事後的な修正について，政令委任することを定めている。

　法人税法22条の2は，収益認識基準にも対応する法人税法上の収益の額についての取扱いの原則を示しているものである。したがって1項，2項及び4項で「別段の定め」として除かれているのは，この22条の2という法人税法上の収益認識基準に対する別段の定め，つまり，収益認識基準を適用した場合に，法人税法との間で調整が必要な部分であり，カッコ書きの「前条第4項を除く」は，もっと大きな枠組みでの税法独自の計算基準が尊重されるという意味である。

　22条の2第7項を受けた法人税法施行令18条の2は，収益認識基準に従って変動対価に係る法人税法上の取扱いを定めている。

〔法人税法施行令18条の2〕

		条　文	説　明
1項	収益の計上時期	内国法人が，法第22条の2第1項（収益の額）に規定する資産の販売等（以下この条において「資産の販売等」という。）に係る収益の額（同項又は法第22条の2第2項の規定の適用があるものに限る。以下この条において同じ。）につき，一般に公正妥当と認められる会計処理の基準に従つて，法第22条の2第1項又は第2項に規定する事業年度（以下この条において「引渡し等事業年度」という。）後の事業年度の確定した決算において修正の経理（法第22条の2第5項各号に掲げる事実が生ずる可能性の変動に基づく修正の経理を除く。）をした場合において，当該資産の販売等に係る収益の額につき同条第1項又は第2項の規定により当該引渡し等事業年度の所得の金額の計算上益金の額に算入された金額（以下この項及び次項において「当初益金算入額」という。）にその修正の経理により増加した収益の額を加算し，又は当該当初益金算入額からその修正の経理により減少した収益の額を控除した金額が当該資産の販売等に係る同条第四項に規定する価額又は対価の額に相当するときは，その修正の経理により増加し，又は減少した収益の額に相当する金額は，その修正の経理をした事業年度の所得の金額の計算上，益金の額又は損金の額に算入する。	引渡し等事業年度後の事業年度の確定した決算において，公正処理基準に従って「修正の経理」を行った場合，当初益金算入額に加減算した後の金額が「（税法上の）時価」（法22条の2④）であるときは，その修正の経理による増減額は，修正の経理を行った事業年度の益金の額又は損金の額に算入する。 　→法基通2－1－1の11
2項		内国法人が資産の販売等を行つた場合において，当該資産の販売等に係る収益の額につき引渡し等事業年度後の事業年度の確定申告書に当該資産の販売等に係る当初益金算入額を増加させ，又は減少させる金額の申告の記載があるときは，その増加させ，又は減少させる金額につき当該事業年度の確定し	申告調整による修正も「修正の経理」とみなす。

		た決算において修正の経理をしたものとみなして，前項の規定を適用する。	
3項		内国法人が資産の販売等に係る収益の額につき引渡し等事業年度の確定した決算において収益として経理した場合（当該引渡し等事業年度の確定申告書に当該資産の販売等に係る収益の額の益金算入に関する申告の記載がある場合を含む。）で，かつ，その収益として経理した金額（当該申告の記載がある場合のその記載した金額を含む。）が法第22条の2第1項又は第2項の規定により当該引渡し等事業年度の所得の金額の計算上益金の額に算入された場合において，当該引渡し等事業年度終了の日後に生じた事情により当該資産の販売等に係る同条第4項に規定する価額又は対価の額（以下この項において「収益基礎額」という。）が変動したとき（その変動したことにより当該収益の額につき修正の経理（前項の規定により修正の経理をしたものとみなされる場合における同項の申告の記載を含む。以下この項において同じ。）をした場合において，その修正の経理につき第1項の規定の適用があるときを除く。）は，その変動により増加し，又は減少した収益基礎額は，その変動することが確定した事業年度の所得の金額の計算上，益金の額又は損金の額に算入する。	引渡し等事業年度の確定した決算において，「収益として経理した場合（申告調整をした場合を含む。）」で，かつ，その「収益として経理した金額（申告調整による額を含む。）」が法22条の2①②により益金の額に算入された場合において，引渡し等事業年度後に生じた事情により「（税法上の）時価」が変動したときは，その変動により増加し，又は減少した「（税法上の）時価」は，その変動することが確定した事業年度の益金又は損金に算入する。 （注）　変動額について，「修正の経理」をした場合で，法令18条の2①②の適用がある場合，この適用はない。
4項	収益の計上額	内国法人が資産の販売等を行つた場合において，当該資産の販売等の対価として受け取ることとなる金額のうち法第22条の2第5項各号に掲げる事実が生ずる可能性があることにより売掛金その他の金銭債権に係る勘定の金額としていない金額（以下この項において「金銭債権計上差額」という。）があるときは，当該対価の額に係る金銭債権の帳簿価額は，この項の規定を適用	資産の販売等の対価として受け取る金額のうち，法22の2⑤各号に掲げる貸倒れや返品の事実が生ずる可能性があることにより，売掛金等の金銭債権の勘定としていない金額（金銭債権計上差額）があるときは，その対価の額に係る金銭債権の帳簿価額は，その金銭債権計上差額を加算した金額とする。

	しないものとした場合における帳簿価額に当該金銭債権計上差額を加算した金額とする。

Ⅱ　法人税基本通達の基本的対応

1　整備方針

　法人税法等の改正を踏まえ，法人税基本通達において，収益の計上単位，計上時期及び計上額について，「履行義務」という新たな概念が盛り込まれ，法人税法の取扱いに対する整備が行われた。その整備方針は次のように示されている。

(イ)　収益認識基準は，収益の認識に関する包括的な会計基準である。

　　履行義務の充足により収益を認識するという考え方は，法人税法上の実現主義又は権利確定主義の考え方と齟齬をきたすものではない。そのため，改正通達には，原則としてその収益認識基準の考え方を取り込んでいく。

(ロ)　一方で，収益認識基準について，過度に保守的な取扱いや，恣意的な見積りが行われる場合には，公平な所得計算の観点から問題があるため，税独自の取扱いを定める。

(ハ)　中小企業については，引き続き従前の企業会計原則等に則った会計処理も認められることから，従前の取扱いによることも可能とする。

2　改正通達と旧通達との関係

　整備方針に基づき改正された法人税基本通達ではあるが，旧通達との関係では次のような特徴がある。

(イ)　基本的に旧通達の考え方が引き継がれていること

(ロ)　収益の計上の単位の通則（法基通2-1-1）は収益認識基準の適用対象と

なる取引に限られることを明記していること

(ハ) 変動対価の考え方が適用される要件を明記し，併せてキャッシュバックの取扱いも明記していること

(ニ) 役務の提供にかかる収益の帰属時期の原則として履行義務の充足という考え方を取り入れていること

(ホ) 商品引換券等の発行や自己発行ポイントの付与についての収益の帰属時期の取扱いを明確にしたこと

(ヘ) 長期割賦販売における延払基準や返品調整引当金の廃止に伴う取扱いを明確にしたこと

　これらの関係について「5　新通達と新会計基準との関係及び新通達の位置付け」に掲げているので参考にされたい。

3　収益の計上の単位の通則

　法人税基本通達2－1－1（収益の計上の単位の通則）で，資産の販売若しくは譲渡又は役務の提供（以下，「資産の販売等」という）に係る収益の額は，原則として個々の契約ごとに計上するものと定めている。

　ただし，次表の(イ)又は(ロ)に該当する場合には，それぞれ次表に定めるところにより区分した単位ごとに，その収益の額を計上することができる。なお，一の資産の販売等に係る契約につき，この適用を受けた場合には，同様の資産の販売等に係る契約については，継続してその適用を受けた(イ)又は(ロ)により区分した単位ごとに収益の額を計上することに留意する。

場合	収益の計上の単位
(イ)　同一の相手方（これとの間に支配関係その他これに準ずる関係のある者）と同時期に締結した複数の契約について，当該複数の契約において約束した資産の販売等を組み合わせて初めて単一の履行義務となる場合	当該複数の契約による資産の販売等の組合せ（結合）
(ロ)　一の契約の中に複数の履行義務が含まれている場合	それぞれの履行義務に係る資産の販売等（分解）

同一の相手方とこれとの間に支配関係その他これに準ずる関係のある者と同時期に締結した複数の契約について，次の(a)又は(b)のいずれかに該当する場合には，複数の契約を結合したものを一の契約とみなして，表の(ロ)を適用する。

　(a)　その複数の契約が同一の商業目的を有するものとして交渉されたこと

　(b)　一の契約において支払を受ける対価の額が，他の契約の価格又は履行により影響を受けること

　つまり，複数の契約において約束した取引を結合して初めて単一の履行義務となる場合には，その結合した単位を収益計上の単位とすることができる（結合）こととされる一方で，履行義務の識別の要件により区分した単位を収益計上の単位とすることができる（分解）。

　なお，請負工事が長期大規模工事に該当し，工事進行基準が強制させられるかについて，その結合した単位で判定する。

　収益の計上の単位の通則を定めるこの通達の取扱いが適用されるのは，収益認識基準の適用対象となる取引に限られている点に留意する（同通達括弧書き）。

4　変動対価の見積り

　法人税においても変動対価の考え方を取り入れている。ただし，法人税基本通達で，見積もりの客観性を担保するために，一定の要件の充足を求めている。変動対価の見積りは，税務上は無条件に認められるわけでなく，見積りに対する恣意性を排除するための3つの要件をすべて満たした場合に限り，認められる。

　具体的には，資産の販売等に係る契約の対価について，値引き，値増し，割戻しその他の事実（値引き等の事実）により変動する可能性のある部分の金額（変動対価）がある場合に，3つの要件のすべてを満たす場合のみ，「引渡し等事業年度」の確定した決算において，収益の額を減額し，または増額して経理した金額は，引渡し時の価額等の算定に反映される（法基通2－1－1の11）。ただし，貸倒れ，買戻しは除かれる。

　3つの要件とは，次のとおりである。

　(イ)　値引き等の事実の内容及び当該値引き等の事実が生ずることにより契約の対価の額から減額若しくは増額をする可能性のある金額又はその金額の算定基準

（客観的なものに限る）が，当該契約若しくは法人の取引慣行若しくは公表した方針等により相手方に明らかにされていること又は当該事業年度終了の日において内部的に決定されていること

(ロ) 過去における実績を基礎とする等合理的な方法のうち法人が継続して適用している方法により(イ)の減額若しくは増額をする可能性又は算定基準の基礎数値が見積もられ，その見積りに基づき収益の額を減額し，又は増額することとなる変動対価が算定されていること

(ハ) (イ)を明らかにする書類及び(ロ)の算定の根拠となる書類が保存されていること

5 新通達と新会計基準との関係及び新通達の位置付け

〔法人税基本通達等の一部改正について（法令解釈通達）（平成30年5月30日／課法2-8，課審6-1，査調5-4)〕

（特に明示されているものを除き平成30年4月1日以後終了する事業年度分の法人税について適用（経過的取扱い(1)），★印のものは，平成30年4月1日以後終了する事業年度にて契約する取引について適用（経過的取扱い(2)）

第1　法人税基本通達関係
2　収益等の計上に関する通則

	新	旧	新会計基準	新通達の位置付け
第1款	資産の販売等に係る収益計上に関する通則	棚卸資産の販売による収益		
収益計上単位の通則				
2-1-1	収益の計上の単位の通則★	棚卸資産の販売による収益の帰属の時期	基準27，32-35，121，127 指針101，174	旧通達2-1-1は新通達2-1-2へ収益認識基準の適用対象となる取引に限る ※新設
収益計上単位の具体的取扱い				
2-1-1の2	機械設備等の販売に伴い据付工事を行った場合の収益の計上の単位★	（新設）		改正後も同様（旧通達2-1-10），区分計上は任意
2-1-1の3	資産の販売等に伴い保証を行った場合の収益の計上の単位★	（新設）	指針34，35	製品保証引当金として処理する場合の明確化 ※新設
2-1-1の4	部分完成の事実がある場合の収益の計上の単位★	（新設）	基準35，38，39 指針17	改正後も同様（旧通達2-1-9），強制適用

	新	旧	新会計基準	新通達の位置付け
2－1－1の5	技術役務の提供に係る収益の計上の単位★	（新設）	基準35，38，39 指針17	改正後も同様（旧通達2－1－12），強制適用
2－1－1の6	ノウハウの頭金等の収益の計上の単位★	（新設）	基準35，38，39 指針17，20	改正後も同様（旧通達2－1－17），強制適用
2－1－1の7	ポイント等を付与した場合の収益の計上の単位★	（新設）	指針48，50	前受処理可能化，任意適用 ※新設
2－1－1の8	資産の販売等に係る収益の額に含めないことができる利息相当部分★	（新設）	基準56	一般化（旧通達2－4－11） ※新設
2－1－1の9	割賦販売等に係る収益の額に含めないことができる利息相当部分★	（新設）	基準56	改正後も同様（旧通達2－4－11）
収益の額の通則				
2－1－1の10	資産の引渡しの時の価額等の通則	（新設）	基準47，48，50 指針23	収益の額の明確化（法22の2④，旧通達2－1－4・2－1－7）
2－1－1の11	変動対価	（新設）	基準47，48，50 指針23	※新設
収益の額の具体的取扱い				
2－1－1の12	売上割戻しの計上時期	（新設）		改正後も同様（旧通達2－5－1） ※一部改正
2－1－1の13	一定期間支払わない売上割戻しの計上時期	（新設）		改正後も同様（旧通達2－5－2） ※一部改正
2－1－1の14	実質的に利益を享受することの意義	（新設）		改正後も同様（旧通達2－5－3） ※一部改正
2－1－1の15	値増金の益金算入の時期	（新設）		改正後も同様（旧通達2－1－8） ※一部改正
2－1－1の16	相手方に支払われる対価	（新設）	基準63，64	キャッシュバック等について，一般基準の明確化 支払基準を採用している場合の経過措置あり（経過的取扱い(3)） ※新設

	新	旧	新会計基準	新通達の位置付け
第 ■款の2	棚卸資産の販売に係る収益	（新設）		
棚卸資産の販売に係る収益計上時期の具体的取扱い				
2－ －2	棚卸資産の引渡しの日の判定	棚卸資産の引渡しの日の判定	基準35，37，40 指針98	改正後も同様（旧通達2－1－1・2－1－2） ※一部改正
2－ －3	委託販売に係る収益の帰属の時期	委託販売による収益の帰属の時期	指針75	改正後も同様（旧通達2－1－3） ※一部改正
2－ －4	検針日による収益の帰属の時期	販売代金の額が確定していない場合の見積り	基準35 指針188	改正後も同様（旧通達2－1－2）
第2款	固定資産の譲渡等に係る収益	請負による収益		
2－1－5	削除	請負による収益の帰属の時期		（旧通達は2－1－21の7へ移動）
2－1－6	削除	建設工事等の引渡しの日の判定		（旧通達は2－1－21の8へ移動）
2－1－7	削除	工事代金の額が確定していない場合の見積り		（旧通達は2－1－21の10へ移動）
2－1－8	削除	値増金の益金算入の時期		（旧通達は2－1－21の15へ移動）
2－1－9	削除	部分完成基準による収益の帰属時期の特例		（旧通達は2－1－21の4及び2－1－21の7へ移動）
2－1－10	削除	機械設備等の販売に伴い据付工事を行った場合の収益の帰属時期の特例		（旧通達は2－1－21の2へ移動）
2－1－11	削除	不動産の仲介あっせん報酬の帰属の時期		（旧通達は2－1－21の9へ移動）
2－1－12	削除	技術役務の提供に係る報酬の帰属の時期		（旧通達は2－1－21の5及び2－1－21の10へ移動）
2－1－13	削除	運送収入の帰属の時期		（旧通達は2－1－21の11へ移動）
第3款	（廃止）	固定資産の譲渡等による収益		
固定資産の譲渡等に係る収益計上時期の具体的取扱い				
2－1－14	固定資産の譲渡に係る収益の帰属の時期	固定資産の譲渡による収益の帰属の時期		改正後も同様（旧通達2－1－14） ※一部改正

	新	旧	新会計基準	新通達の位置付け
２－１－15	農地の譲渡に係る収益の帰属の時期の特例	農地の譲渡による収益の帰属時期の特例		改正後も同様（旧通達２－１－15）※一部改正
２－１－16	工業所有権等の譲渡に係る収益の帰属の時期の特例	工業所有権等の譲渡等による収益の帰属の時期		改正後も同様（旧通達２－１－16）
２－１－17	削除	ノーハウの頭金等の帰属の時期		（旧通達は２－１－１の６及び２－１－30の３へ移動）
第３款		役務の提供に係る収益	（新設）	
役務の提供に係る収益計上時期の通則				
２－１－21の２	履行義務が一定の期間にわたり充足されるものに係る収益の帰属の時期★	（新設）	基準35，38指針17	一般基準の明確化※新設
２－１－21の３	履行義務が一時点で充足されるものに係る収益の帰属の時期★	（新設）	基準36，37，39，40	一般基準の明確化※新設
２－１－21の４	履行義務が一定の期間にわたり充足されるもの★	（新設）	基準35－38，134，136指針９－12，115	一般基準の明確化※新設
２－１－21の５	履行義務が一定の期間にわたり充足されるものに係る収益の額の算定の通則★	（新設）	基準41，42，44，45指針99	一般基準の明確化※新設
２－１－21の６	履行義務の充足に係る進捗度★	（新設）	指針15，16	一般基準の明確化※新設
役務の提供に係る収益計上時期の具体的取扱い				
２－１－21の７	請負に係る収益の帰属の時期★	（新設）	基準35	改正後も同様（旧通達２－１－５）※一部改正部分完成基準（旧通達２－１－９）
２－１－21の８	建設工事等の引渡しの日の判定★	（新設）		改正後も同様（旧通達２－１－６）※一部改正
２－１－21の９	不動産の仲介あっせん報酬の帰属の時期★	（新設）	基準35	改正後も同様（旧通達２－１－11）※一部改正
２－１－21の10	技術役務の提供に係る報酬の帰属の時期★	（新設）	基準35	改正後も同様（旧通達２－１－12）※一部改正

	新	旧	新会計基準	新通達の位置付け
2－1－21の11	運送収入の帰属の時期 ★	（新設）	基準35 指針97	改正後も同様（旧通達 2－1－13） ※一部改正
第4款	短期売買商品の譲渡に係る損益	短期売買商品の譲渡による損益		
短期売買商品の譲渡に係る損益計上時期等の具体的取扱い				
2－1－21の12	短期売買商品の譲渡に係る損益の計上時期の特例	短期売買商品の譲渡による損益の計上時期の特例		改正後も同様（旧通達 2－1－21の2） ※一部改正
2－1－21の13	短期売買業務の廃止に伴う短期売買商品から短期売買商品以外の資産への変更	短期売買業務の廃止に伴う短期売買商品から短期売買商品以外の資産への変更		※改正なし
第5款	有価証券の譲渡による損益	有価証券の譲渡による損益		
有価証券の譲渡による損益計上時期等の具体的取扱い				
2－1－22	有価証券の譲渡による損益の計上時期	有価証券の譲渡による損益の計上時期		※改正なし
2－1－23	有価証券の譲渡による損益の計上時期の特例	有価証券の譲渡による損益の計上時期の特例		※改正なし
2－1－23の2	短期売買業務の廃止に伴う売買目的有価証券から満期保有目的等有価証券又はその他有価証券への区分変更	短期売買業務の廃止に伴う売買目的有価証券から満期保有目的等有価証券又はその他有価証券への区分変更		※改正なし
2－1－23の3	現渡しの方法による決済を行った場合の損益の計上時期	現渡しの方法による決済を行った場合の損益の計上時期		※改正なし
2－1－23の4	売却及び購入の同時の契約等のある有価証券の取引	売却及び購入の同時の契約等のある有価証券の取引		※改正なし
第6款		利子，配当，使用料等に係る収益	利子，配当，使用料等に係る収益	
利子，配当，使用料等に係る収益計上時期等の具体的取扱い				
2－1－24	貸付金利子等の帰属の時期	貸付金利子等の帰属の時期		※一部改正
2－1－25	相当期間未収が継続した場合等の貸付金利子等の帰属時期の特例	相当期間未収が継続した場合等の貸付金利子等の帰属時期の特例		※改正なし
2－1－26	利息制限法の制限超過利子	利息制限法の制限超過利子		※改正なし

	新	旧	新会計基準	新通達の位置付け
2－1－27	剰余金の配当等の帰属の時期	剰余金の配当等の帰属の時期		※改正なし
2－1－28	剰余金の配当等の帰属時期の特例	剰余金の配当等の帰属時期の特例		※改正なし
2－1－29	賃貸借契約に基づく使用料等の帰属の時期★	賃貸借契約に基づく使用料等の帰属の時期	基準35，38	改正前考え方を踏襲，旧通達2－1－29を整理 ※一部改正
2－1－30	知的財産のライセンスの供与に係る収益の帰属の時期★	（新設）	指針61，62，143	改正前考え方を踏襲，旧通達2－1－16，2－1－17，2－1－30を通則化 ※新設
2－1－30の2	工業所有権等の実施権の設定に係る収益の帰属の時期★	（新設）	基準35	改正後も同様（旧通達2－1－16）
2－1－30の3	ノウハウの頭金等の帰属の時期★	（新設）	基準35	改正後も同様（旧通達2－1－17） ※一部改正
2－1－30の4	知的財産のライセンスの供与に係る売上高等に基づく使用料に係る収益の帰属の時期★	（新設）	指針67	改正前考え方を踏襲，旧通達2－1－30一部廃止（経過的取扱いあり（経過的取扱い(4)）） ※新設
2－1－30の5	工業所有権等の使用料の帰属の時期★	工業所有権等の使用料の帰属の時期		改正前考え方を踏襲，旧通達2－1－30一部廃止（経過的取扱いあり（同上）） ※一部改正
2－1－31	送金が許可されない利子，配当等の帰属の時期の特例	送金が許可されない利子，配当等の帰属時期の特例		※一部改正 （経過的取扱いあり（経過的取扱い(5)））
第7款	その他の収益等	その他の収益等		
その他収益等の具体的取扱い				
2－1－32	償還有価証券に係る調整差損益の計上	償還有価証券に係る調整差損益の計上		※改正なし
2－1－33	償還有価証券の範囲	償還有価証券の範囲		※改正なし
2－1－34	債権の取得差額に掛かる調整差損益の計上	債権の取得差額に掛かる調整差損益の計上		※改正なし
2－1－35	デリバティブ取引に係る契約に基づく資産の取得による損益の計上	デリバティブ取引に係る契約に基づく資産の取得による損益の計上		※一部改正

	新	旧	新会計基準	新通達の位置付け
2−1−36	デリバティブ取引に係る契約に基づく資産の譲渡による損益の計上	デリバティブ取引に係る契約に基づく資産の譲渡による損益の計上		※改正なし
2−1−37	有利な状況にある相対買建オプション取引について権利行使を行わなかった場合の取扱い	有利な状況にある相対買建オプション取引について権利行使を行わなかった場合の取扱い		※改正なし
2−1−38	不利な状況にある相対買建オプション取引について権利行使を行った場合の取扱い	不利な状況にある相対買建オプション取引について権利行使を行った場合の取扱い		※改正なし
2−1−39	商品引換券等の発行に係る収益の帰属の時期★	商品引換券等の発行に係る収益の帰属の時期	基準78 指針52−54	改正前考え方を踏襲，旧通達2−1−39抜本見直し（経過的取扱いあり（経過的取扱い(6)）） ※一部改正
2−1−39の2	非行使部分に係る収益の帰属の時期★	（新設）	指針53，54	取扱い明確化 ※新設
2−1−39の3	自己発行ポイント等の付与に係る収益の帰属の時期★	（新設）	指針48	取扱い明確化 ※新設
2−1−40	将来の遺失利益等の補填に充てるための補償金等の帰属の時期	将来の遺失利益等の補填に充てるための補償金等の帰属の時期		※改正なし
2−1−40の2	返金不要の支払の帰属の時期★	（新設）	指針57，58	取扱い明確化 ※新設
2−1−41	保証金等のうち返還しないものの額の帰属の時期★	保証金等のうち返還しないものの額の帰属の時期		※一部改正
2−1−42	法令に基づき交付を受ける給付金等の帰属の時期	法令に基づき交付を受ける給付金等の帰属の時期		※改正なし
2−1−43	損害賠償金等の帰属の時期	損害賠償金等の帰属の時期		※改正なし
2−1−44	金融資産の消滅を認識する権利支配移転の範囲	金融資産の消滅を認識する権利支配移転の範囲		※改正なし
2−1−45	金融資産の消滅を認識する債務引受契約等	金融資産の消滅を認識する債務引受契約等		※改正なし
2−1−46	金融資産の消滅時に発生する資産及び負債の取扱い	金融資産の消滅時に発生する資産及び負債の取扱い		※改正なし

	新	旧	新会計基準	新通達の位置付け
2−1−47	金融資産等の利回りが一定でない場合等における損益の計上	金融資産等の利回りが一定でない場合等における損益の計上		※改正なし
2−1−48	有価証券の空売りに係る利益相当額等の外貨換算	有価証券の空売りに係る利益相当額等の外貨換算		※改正なし

3　費用及び損失の計算に関する通則

	新	旧	新会計基準	新通達の位置付け
2−2−9	技術役務の提供に係る報酬に対応する原価の額★	技術役務の提供に係る報酬に対応する原価の額		参照通達番号の修正
2−2−11	商品引換券等を発行した場合の引換費用★	商品引換券等を発行した場合の引換費用		新通達2−1−39への対応
2−2−16	前期損益修正	前期損益修正		法22の2④，法定18の2③等により，旧通達一部削除（変動対価への対応）

4　有価証券等の譲渡損益，時価評価損益等

	新	旧	新会計基準	新通達の位置付け
2−3−4	低廉譲渡等の場合の譲渡の時における有償によるその有価証券の譲渡により通常得べき対価の額	低廉譲渡等の場合の譲渡に係る対価の額		有償譲渡に限定

5　収益及び費用の帰属時期の特例

第1款	リース譲渡	長期割賦販売等		
2−4−1	削除	賦払の方法		長期割賦販売等に係る延払基準廃止への対応（経過的取扱い(7)））
2−4−2	売買があったものとされたリース取引	延払基準の適用がある資産の譲渡		旧通達2−4−2は廃止，旧通達2−4−2の2が新通達2−4−2となる（経過的取扱いあり（同上））
2−4−2の2	（廃止及び移動）	売買があったものとされたリース取引		
2−4−4	削除	手数料の原価の額への加算		長期割賦販売等に係る延払基準廃止への対応（経過的取扱いあり（同上））

	新	旧	新会計基準	新通達の位置付け
2－4－5	延払基準の計算単位	延払基準の計算単位		同上（経過的取扱いあり（同上））
2－4－6	時価以上の価額で資産を下取りした場合の対価の額	時価以上の価額で資産を下取りした場合の対価の額		同上（経過的取扱いあり（同上））
2－4－7	支払期日前に受領した手形	履行期日前に受領した手形		同上（経過的取扱いあり（同上））
2－4－8	賦払金の支払遅延等により販売した資産を取り戻した場合の処理	賦払金の支払遅延等により販売した資産を取り戻した場合の処理		同上（経過的取扱いあり（同上））
2－4－9	契約の変更があった場合の取扱い	契約の変更があった場合の取扱い		同上（経過的取扱いあり（同上））
2－4－10	対価の額又は原価の額に異動があった場合の調整	対価の額又は原価の額に異動があった場合の調整		同上（経過的取扱いあり（同上））
2－4－11	削除	長期割賦販売等に係る収益の額に含めないことができる利息相当部分		同上（経過的取扱いあり（同上））
2－4－14	長期大規模工事に該当するかどうかの判定単位★	長期大規模工事に該当するかどうかの判定単位		新通達2－1－1(1)への対応
2－4－15	工事の目的物について個々に引渡しが可能な場合の取扱い★	工事の目的物について個々に引渡しが可能な場合の取扱い	基準32-35，127	新通達2－1－1(2)への対応
2－4－18の2	進捗度に寄与しない原価等がある場合の工事進行基準の適用★	（新設）	基準41 指針15，16	新通達2－1－21の6（注）2への対応

6　仕入割戻し

	新	旧	新会計基準	新通達の位置付け
2－5－1	仕入割戻しの計上時期	売上割戻しの計上時期		旧通達2－5－1は新通達2－1－1の12へ移動（一部改正），新通達2－5－1は旧通達2－5－4が移動
2－5－2	一定期間支払を受けない仕入割戻しの計上時期	一定期間支払わない売上割戻しの計上時期		旧通達2－5－2は新通達2－1－1の13へ移動（一部改正），新通達2－5－2は旧通達2－5－5が移動（参照通達番号修正）
2－5－3	法人が計上しなかった仕入割戻しの処理	実質的に利益を享受することの意義		旧通達2－5－3は新通達2－1－1の14へ移動（一部改正），新通達2－5－3は旧通達2－5－6が移動（参照通達番号修正）

	新	旧	新会計基準	新通達の位置付け
2−5−4	（移動）	仕入割戻しの計上時期		新通達2−5−1へ移動
2−5−5	（移動）	一定期間支払を受けない仕入割戻しの計上時期		新通達2−5−2へ移動（引用通達番号修正）
2−5−6	（移動）	法人が計上しなかった仕入割戻しの処理		新通達2−5−3へ移動（引用通達番号修正）

7　繰延資産の意義及び範囲等

	新	旧	新会計基準	新通達の位置付け
8−1−6	ノウハウの頭金等	ノーハウの頭金等		表記の変更
8−1−14	移転資産等と密接な関連を有する繰延資産	移転資産等と密接な関連を有する繰延資産		表記の変更

8　繰延資産の償却期間

	新	旧	新会計基準	新通達の位置付け
8−2−3	繰延資産の償却期間	繰延資産の償却期間		表記の変更

9　貸倒損失

	新	旧	新会計基準	新通達の位置付け
9−6−4	返品債権特別勘定の設定	返品債権特別勘定の設定	指針85−88	改正後も同様（旧通達9−6−4）※一部改正
9−6−5	返品債権特別勘定の繰入限度額	返品債権特別勘定の繰入限度額		改正後も同様（旧通達9−6−4）※一部改正

10　その他の経費

	新	旧	新会計基準	新通達の位置付け
9−7−1	抽選券付販売に要する景品等の費用★	抽選券付販売に要する景品等の費用		※一部改正（ポイント,キャッシュバックを除外）
9−7−2	金品引換券付販売に要する費用★	金品引換券付販売に要する費用		※一部改正（ポイント,キャッシュバックを除外）
9−7−3	金品引換費用の未払金の計上★	金品引換費用の未払金の計上		※一部改正（ポイント,キャッシュバックを除外）

11　引当金

	新	旧	新会計基準	新通達の位置付け
11−1−1	貸倒引当金の差額繰入れ等の特例	貸倒引当金等の差額繰入れ等の特例		返品調整引当金除外（経過的取扱いあり（経過的取扱い⑻）

12 貸倒引当金

	新	旧	新会計基準	新通達の位置付け
11－2－19	削除	割賦未収金等		長期割賦販売等に係る延払基準廃止への対応（経過的取扱いあり（経過的取扱い(7)））

13 返品調整引当金

第3節	（廃止）	返品調整引当金		返品調整引当金廃止に伴い削除
11－3－1	（廃止）	既製服の製造業の範囲		返品調整引当金廃止に伴い削除　（経過的取扱いあり（経過的取扱い(8)）
11－3－1の2	（廃止）	磁気音声再生機用レコードの製造業の意義		同上（経過的取扱いあり（同上））
11－3－1の3	（廃止）	特約を結んでいる法人の範囲		同上（経過的取扱いあり（同上））
11－3－2	（廃止）	売掛金の範囲		同上（経過的取扱いあり（同上））
11－3－3	（廃止）	割戻しがある場合の棚卸資産の販売の対価の額の合計額等の計算		同上（経過的取扱いあり（同上））
11－3－4	（廃止）	特約に基づく買戻しがある場合の期末前2月間の棚卸資産の販売の対価の額の合計額		同上（経過的取扱いあり（同上））
11－3－5	（廃止）	買戻しに係る対価の額の計算		同上（経過的取扱いあり（同上））
11－3－6	（廃止）	売買利益率の計算における広告料収入		同上（経過的取扱いあり（同上））
11－3－7	（廃止）	売買利益率の計算の基礎となる販売手数料の範囲		同上（経過的取扱いあり（同上））
11－3－8	（廃止）	返品債権特別勘定を設けている場合の期末売掛金等		同上（経過的取扱いあり（同上））

14 連結納税の開始等に伴う資産の時価評価損益

	新	旧	新会計基準	新通達の位置付け
12の3−2−3	最初連結親法人事業年度に離脱した法人の時価評価損益等	最初連結親法人事業年度に離脱した法人の時価評価損益等		措法65の12（大規模な住宅地等造成事業の施行区域内にある土地等の造成のための譲渡に伴い特別勘定を設けた場合の課税の特例）削除により（注）4削除（経過的取扱いあり（経過的取扱い(7)））

15 連結納税の開始等に伴う譲渡損益調整額等に係る収益及び費用の処理

	新	旧	新会計基準	新通達の位置付け
12の3−2−1の2	繰延長期割賦損益額が1,000万円に満たないかどうかの判定単位	繰延長期割賦損益額が1,000万円に満たないかどうかの判定単位		長期割賦販売等に係る延払基準廃止への対応（経過的取扱いあり（経過的取扱い(7)））
12の3−3−3	連結納税の開始等に伴う繰延長期割賦損益額の判定	連結納税の開始等に伴う繰延長期割賦損益額の判定		長期割賦販売等に係る延払基準廃止への対応（経過的取扱いあり（経過的取扱い(7)））

16 通則

	新	旧	新会計基準	新通達の位置付け
12の4−1−1	削除	譲渡損益調整額の計算における「対価の額」の意義		法22の2④で一般原則が設けられたことによる削除

17 譲渡損益調整資産に係る譲渡損益額の調整

	新	旧	新会計基準	新通達の位置付け
12の4−2−2	譲渡損益調整資産の譲渡に伴い特別勘定を設定した場合の譲渡損益調整額の計算	譲渡損益調整資産の譲渡に伴い特別勘定を設定した場合の譲渡損益調整額の計算		旧通達12の4−1−1削除による補正と措法65の12の削除に対する対応（経過的取扱いあり（経過的取扱い(9)））

18 外貨建取引に係る会計処理等

	新	旧	新会計基準	新通達の位置付け
13の2−1−6	延払基準の適用	延払基準の適用		長期割賦販売等に係る延払基準廃止への対応（経過的取扱いあり（経過的取扱い(7)））

	新	旧	新会計基準	新通達の位置付け
13の2－1－7	リース譲渡に係る債権等につき為替差損益を計上した場合の未実現利益繰延額の修正	長期割賦販売等に係る債権等につき為替差損益を計上した場合の未実現利益繰延額の修正		長期割賦販売等に係る延払基準廃止への対応（経過的取扱いあり（経過的取扱い(7)））

19　会社更生法又は更生特例法の適用に伴う損益

	新	旧	新会計基準	新通達の位置付け
14－3－5	解散した法人の貸倒引当金の新沍人への引継ぎ	解散した法人の貸倒引当金等の新法人への引継ぎ		返品調整引当金除外（経過的取扱いあり（経過的取扱い(8)）

20　収益事業の範囲

	新	旧	新会計基準	新通達の位置付け
15－1－16	物品貸付業の範囲	物品貸付業の範囲		表記の変更

21　外国税額の控除

	新	旧	新会計基準	新通達の位置付け
16－3－7	国外からの利子，配当等について送金が許可されない場合の外国税額の控除	国外からの利子，配当等について送金が許可されない場合の外国税額の控除		表記の変更
16－3－25	高率負担部分の判定をする場合の総収入金額の計算における譲渡損益調整額の取扱い	高率負担部分の判定をする場合の総収入金額の計算における譲渡損益調整額の取扱い		12の4－2－2改正による同通達参照箇所の修正

22　国内源泉所得

	新	旧	新会計基準	新通達の位置付け
20－2－12	機械設備の販売等に付随して行う技術役務の提供	機械設備の販売等に付随して行う技術役務の提供		表記の変更

23　租税条約に異なる定めがある場合の国内源泉所得

	新	旧	新会計基準	新通達の位置付け
20－3－2	工業所有権等の意義	工業所有権等の意義		表記の変更

24　恒久的施設帰属所得に係る所得の金額の計算

	新	旧	新会計基準	新通達の位置付け
20－5－2	内部取引から生ずる恒久的施設帰属所得に係る所得の金額の計算	内部取引から生ずる恒久的施設帰属所得に係る所得の金額の計算		返品調整引当金除外（経過的取扱いあり（経過的取扱い(8)）

経過的取扱い

	新	旧	新会計基準	新通達の位置付け
経過的取扱い				
(1)	改正通達の適用時期			・平成30年4月1日以後に終了する事業年度分の法人税について適用
(2)	収益の計上の単位の通則等に関する改正通達の適用時期			・2－1－1から2－1－1の9まで，2－1－21の2から2－1－21の11まで，2－1－29から2－1－30の5まで，2－1－39から2－1－39の3まで，2－1－40の2，2－1－41，2－2－9，2－2－11，2－4－14，2－4－15，2－4－18の2及び9－7－1から9－7－3までの取扱いは，平成30年4月1日以後に終了する事業年度において契約する取引について適用 ・平成30年4月1日前に終了した事業年度において契約した取引に係る改正前の2－1－5，2－1－6，2－1－9，2－1－10，2－1－12，2－1－13，2－1－17，2－1－29，2－1－30，2－1－39，2－1－41，2－2－9，2－2－11，2－4－14，2－4－15及び9－7－1から9－7－3までの取扱いは，なお従前の例による。
(3)	相手方に支払われる対価			・2－1－1の16の場合において，相手方に支払われる対価についてその支払をした日の属する事業年度の費用として損金の額に算入しているときは，当分の間これを認める。
(4)	知的財産のライセンスの供与に係る売上高等に基づく使用料に係る収益の帰属の時期			・2－1－30の4の適用上，工業所有権等又はノウハウを他の者に使用させたことにより支払を受ける使用料の額は，その額が確定した日の属する事業年度の益金の額に算入している場合には，当分の間これを認める。
(5)	送金が許可されない利子，配当等の帰属の時期の特例			・改正後の2－1－31の取扱いは，措置法第66条の6第2項第1号に規定する外国関係会社又は措置法第66条の9の2第1項に規定する外国関係法人の平成30年4月1日以後に開始する事業年度に係る適用対象金額及び課税対象金額，部分適用対象金額及び部分課税対象金額，金融子会社等部分適用対象金額及び金融子会社等部分課税対象金額並びに金融関係法人部分適用対象金額及び金融関係法人部分課税対象金額について適用 ・改正前の措置法第66条の6第1項に規定する特定外国子会社等又は措置法第66条の9の2第1項に規定する特定外国法人の同日前に開始した事業年度に係る適用対象金額及び当該適用対象金額に係る課税対象金額並びに部分適用対象金額及び当該部分適用対象金額に係る部分課税対象金額については，なお従前の例による。
				・法人が平成30年4月1日前に終了した事業年度において発行した商品引換券等につき改正前の2－1－39本文の適用を受けている場合又は改正前の2－1－39ただし書の確認を受けている場合（同日以後に終了する事業年度において改正後の2－1－39(3)の基準を定めていない場合に限

	新	旧	新会計基準	新通達の位置付け
(6)	商品引換券等の発行に係る収益の帰属の時期			る。）において，同日以後に終了する事業年度において発行した商品引換券等のうち未引換となっている対価の額を次の場合の区分に応じ，それぞれ次に定める日の属する事業年度の確定した決算において収益として経理した場合等は，新たに当該基準を定める日までの間は「次に定める日の属する事業年度終了の日が到来すること」を法人が継続して収益を計上することとしている基準として予め定めているものとして改正後の２－１－39(3)を取扱うことができる。 (1) 改正前の２－１－39本文の適用を受けている場合…その発行日 (2) 改正前の２－１－39ただし書の確認を受けている場合…その発行に係る事業年度（適格合併，適格分割又は適格現物出資により当該商品引換券等に係る契約の移転を受けたものである場合にあっては，当該移転をした法人の発行に係る事業年度）終了の日の翌日から３年を経過した日
(7)	長期割賦販売等			・旧法人税法63条１項本文（旧法人税法142条２項の規定により準じて計算する場合を含む。）の規定の適用を受ける場合の取扱いについては，改正前の２－４－１から２－４－２の２まで，２－４－４から２－４－11まで，11－２－19，12の３－２－３，12の３－３－１の２，12の３－３－３，13の２－１－６及び13の２－１－７の例による。
(8)	返品調整引当金			旧法人税法53条（旧法人税法142条２項の規定により準じて計算する場合を含む。）の規定の適用を受ける場合の取扱いについては，改正前の11－１－１，11－３－１から11－３－８まで，14－３－５及び20－５－２の例による。
(9)	譲渡損益調整資産の譲渡に伴い特別勘定を設定した場合の譲渡損益調整額の計算			改正前の12の４－２－２の取扱いは，法人が平成30年４月１日前に行った改正法15条の規定による改正前の措置法第65条の12第１項に規定する土地等の交換又は譲渡に係る法人税については，なお従前の例による。

租税特別措置法通達（法人税編）

	新	旧	新会計基準	新通達の位置付け
第64条の４《交際費等の損金不算入》関係				
61の４(1)－３	売上割戻し等と交際費等との区分	売上割戻し等と交際費等との区分	基準３	改正後も同様（旧通達61の４(1)－３，旧通達61の４(1)－４但し書きを本通達（注）２へ移管
61の４(1)－４	売上割戻し等と同一の基準により物品を交付し又は旅行，観劇等に招待する費用	売上割戻し等と同一の基準により物品を交付し又は旅行，観劇等に招待する費用		改正後も同様（旧通達61の４(1)－４），但し書きを新通達61の４(1)－３（注）２へ移管

第 3 章

具体的事例

I 商品及び製品等の販売

1 収益計上基準の考え方

1 事 例

当社では，電子部品の製造販売を行っている。製品の販売は，見積要請，見積り，受注，製造，出庫，配送，搬入，検収のプロセスを経て行われる。

2 対応する新会計基準

従来の実務では，実現主義の原則に従って売上を計上しており，その中でも，出荷基準が幅広く用いられてきた。

収益認識基準（以下，「新会計基準」という）では，財又はサービス（資産）に対する支配を顧客に移転することにより，履行義務を充足した時点で（又は充足するにつれて），収益を認識する（新会計基準35）。一定の期間にわたり充足される履行義務については進捗度に応じて収益を認識し（新会計基準41），一時点で充足される履行義務については，一時点で収益を認識する（新会計基準39）。

商品及び製品の販売は，一定の期間にわたり充足するための要件を満たさないため，一時点で収益を認識する。

資産に対する支配の移転とは，資産の使用を指図し，資産からの残りの便益のほとんどすべてを享受する能力が移転することであり，資産に対する支配が移転しているかは，次の指標を考慮して検討する（新会計基準35〜37，39，40）。

---

① 企業が顧客に提供した資産に関する対価を収受する権利を有していること
② 顧客が資産に対する法的所有権を有していること
③ 企業が資産の物理的占有を移転したこと
④ 顧客が資産の所有に伴う重大なリスクを負い，経済価値を享受していること
⑤ 顧客が資産を検収したこと

この考え方に従えば，商品及び製品等の販売は，例えば，顧客による検収時（検

収基準）が適当である。

　ただし，新会計基準では，重要性等に関する代替的な取扱いを定めている。商品又は製品の国内の販売において，出荷時からその商品又は製品の支配が顧客に移転される時（例えば，顧客の検収時）での期間が通常の期間である場合には，出荷時からその商品の製品の支配が顧客に移転するまでの間の一時点（例えば，出荷時や着荷時）に収益を認識することができる（新会計基準98）。つまり，国内における出荷及び配送に要する日数に照らして取引慣行ごとに合理的と考えられる日数（数日間程度）であれば，出荷基準又は着荷基準などを適用することができる（収益認識適用指針（以下，「新会計基準指針」という）98，171）。

③　法人税法の考え方

　法人税法22条の２第１項では，資産の販売等に係る収益の額は，別段の定めがあるものを除き，その資産の販売等に係る目的物の引渡し又は役務の提供の日の属する事業年度の所得の金額の計算上，益金の額に算入するとしている。

　これは，2018年度税制改正において，収益認識基準の導入を契機として，収益の認識時期について，法令上通則的な規定が設けられた後も，資産の引渡し又は役務の提供の時点を収益認識の原則的な時点とする従来の考え方が踏襲されたということである。そして，従来の取扱いを踏まえ，一般に公正妥当と認められる会計処理の基準に従ってその資産の販売若しくは譲渡又は役務の提供に係る契約の効力が生ずる日その他の引渡し又は提供の日に近接する日の属する事業年度の確定した決算において収益として経理した場合には，その経理した事業年度の益金の額に算入することが明確化されている（法22の２②）。

　これにより，棚卸資産の販売による収益の額は，その引渡しの日の属する事業年度の益金の額に算入することとする旧通達２－１－１《棚卸資産の販売による収益の帰属の時期》の取扱いは削除されたが，従来の取引慣行からしても課税に最も適する時期と認められる「目的物の引渡しの日」については，旧通達２－１－２の前段の取扱いが維持されている。したがって，商品・製品等の販売による収益の額についても，その引渡しがあった日の属する事業年度の益金の額に算入することとなる。

　しかし実際の取引において，棚卸資産の引渡しの時がいつであるかについては，

個々の取引の契約条件，支払債務の発生時期，売手方と買手方のどちらがリスクやコストを負担するかなどの取引の実態により異なることとなり，また，現実問題として，その時をどのように把握するかという問題もある。

　そこで，法人税基本通達2−1−2では，出荷した日，船積みをした日，相手方に着荷した日，相手方が検収した日，相手方において使用収益ができることとなった日等を例示し，その棚卸資産の種類及び性質，その販売に係る契約の内容等に応じその引渡しの日として合理的であると認められる日のうち法人が継続してその収益計上を行うこととしている日によるものとするとしている。

　この合理的と認められる基準は販売の相手方や契約により異なることから，1つの法人で複数の基準を採用することも当然に認められる。また，継続適用要件が入れられているのは，企業会計の継続性の原則に従うものであり，収益計上要件を変更することによる利益操作を排する意図である。過去の個別通達においても，「具体的基準の選択に当たっては，一法人一基準ではなく，事業や事業所，あるいは相手先ごとに異なる基準を適用することが，その基準が合理的であり，かつ，継続性をもって適用される限り，可能であると解される」（旧個別通達昭42直審（法）82一）とあり，その考え方は新会計基準に対応する場合も有効である。

4 具体的処理

　設例の会社の部品販売における引渡しの時期がいつであるかについては，顧客の検収により契約の履行が完成することから，原則として，顧客の検収日により売上を計上すべきこととなる。しかし，検収基準による場合，顧客からの検収明細や検収報告といった資料が入手できないと，売上の最終金額が確認できない，つまり，売上が確定しないこととなる。そこで，納品は受けたが，依頼した仕様と違い修正が必要になるといった事態があまり生じないものであれば，重要性の原則により，継続適用を条件として，出荷基準により売上計上することも認められる。

5 裁判例・裁決例

　新会計基準の基本的な考え方に関連して，法人税法違反事件ではあるが，空気機械装置の設計製作施工等を目的とする会社の取引に係る収益計上時期について判断がされた裁判例があり，履行義務とその充足として収益計上時期を考える上でも参

考になる（大阪地判昭61.4.16・60026523・大阪高判平2.7.3・22005311）。

　納税者は，①多数の機械，器具からなる大規模な装置全体の取引（装置の取引），②ブロアー，ロータリーバルブ等装置を構成する個々の機器の取引（機器の取引），③エアシリンダー，炉布，ベアリング等，従前納入した機器の取替部品，修理部品，予備品等の取引（単品の取引）の３種類の取引を行っていた。これらの売上計上時期について，裁判所は，㈠装置，機器の据付渡し，㈡装置の機材，機器，機器の機材の納入渡し，㈢単品の引渡しに分類し直して判断したが，ここでは次の２点について紹介する。

　㈠の装置，機器の据付渡しでは，①の装置の取引及び②の機器の取引につき，納税者が，装置ないし機器を製作して注文者側指定の場所に組立据付けすることを請け負つている場合，据付け後，試運転をして注文者の検収を経て引き渡す旨の約定があるときは，試運転を行い相手方の検収をした日が売上計上時期であり，また，試運転の約定がされていないときは，相手方が据え付けられた装置等を受領してこれを検収したときに売上を計上すべきであるが，約定がなくとも，納税者において組立据付け後，当然のこととして試運転を行つているときは，試運転を行つて契約上予定された機能が発揮されることを確認した日を売上計上の時期とする方法には合理性があり，右の売上計上基準に従うのが相当である。

　㈡の装置の機材，機器，機器の機材の納入渡しでは，装置の機材，機器ないし機器の機材を相手方指定の場所で引き渡す約定のみの場合，すなわち，納税者において右引渡し後に格別の作業を要しない場合には，その売上計上時期は，原則として相手方が機材等の引渡しを受けて検収したとき，あるいはあらかじめ納税者の工場等で検査をしたときには，機材等の引渡しを受けたときと考えられ，相手方の行う機材等の組立据付け後の試運転時まで売上計上を延引すべきものではないのであり，なぜなら，納税者は，機材等の組立据付け及び試運転調整を請け負つていないのであるから，相手方がなすこれらの作業を確認して売上を計上する理由はないからであって，結局，相手方に機材等を引き渡して検収を受けたとき，売上に計上すべきである。

　このように，本判決は，履行義務との関係において，売上計上基準について認定したものとして特徴的である。

2 契約の識別

1 事　　例

当社は内装工事を行う関係会社からインテリア部材の調達や内装工事を受注している。このたび関係会社はビューティサロンのトータルコーディネートを請け負い，当社にそのビューティサロンのイメージに合致したシャンプーキャビネットなどの美容機器の調達とクロス張替工事等を発注した。なお，美容機器の設置は関係会社が行い，当社は行っていない。

2 対応する新会計基準

新会計基準では，収益を認識するにあたり，顧客との契約を識別する。個々の契約ごとに会計処理をするのが原則である。ただし，同一の顧客又は顧客の関連当事者と同時に又はほぼ同時に複数の契約を締結した場合に，次のいずれかに該当するのであれば，契約を結合し単一の契約とみなして会計処理する（新会計基準27）。

> ①　当該複数の契約が同一の商業目的を有するものとして交渉されたこと
> ②　1つの契約において支払われる対価の額が，他の契約の価格又は履行により影響を受けること
> ③　複数の契約において約束した財又はサービスが単一の履行義務となること

新会計基準では，履行義務という概念が導入され，履行義務ごとに収益が認識される。履行義務とは，顧客に財又はサービスを移転するという顧客との約束である。

契約に財又はサービスが複数ある場合に，それらの財又はサービスが，①別個の履行義務なのか，②別個の財又はサービスを統合した一連の履行義務なのかを識別しなければならない。

約束した財又はサービスが，次の要件のいずれも満たす場合には，別個の履行義務として識別する（新会計基準34）。

> ①　顧客がその財又はサービスからの便益を，それ単独で得ることができること，あるいは，当該財又はサービスと顧客が容易に利用可能な他の資源と組み合わせて顧客が便益を享受できること（財・サービスからの観点）
> ②　当該財又はサービスを顧客に移転する約束が，契約に含まれる他の契約と区分して識別可能であること（契約からの観点）

③ 法人税法の考え方

　各事業年度の所得の金額の計算上益金の額及び損金の額に算入すべき金額については，法人税法22条2項，3項及び4項に規定されており，収益をどの事業年度に計上すべきかについては，同22条の2第1項，2項，3項及び法人税法施行令18条の2第1項，2項，3項に規定されている。

　そして法人税基本通達2-1-1では，新会計基準の適用対象となる取引に係る収益の額は，原則として個々の契約ごとに計上するとしながらも，下記の表の左列に掲げる場合に該当する場合には，それぞれその表の右列に定めるところにより区分した単位ごとにその収益の額を計上することができるとしている（同通達但し書き）。

　これらは，取引は契約という私法上の法律行為に基づくものであることが一般的であること，実際には多くの取引において契約単位と履行義務が一致すると考えられること，従来，企業会計においては原則として契約について履行義務の識別を行っていないこと，新会計基準指針において代替的な取扱いが設けられていることを踏まえ，法人税の取扱いにおいては，資産の販売等に係る収益の額は，原則として個々の契約ごとに計上することを原則としながら，新会計基準における取扱いを踏まえ，新会計基準に対応した収益の計上の単位の採用を認めたものである。

契約と履行義務の状況	収益計上単位
(1)　同一の相手方及びこれとの間に支配関係その他これに準ずる関係のある者と同時期に締結した複数の契約について，当該複数の契約において約束した資産の販売等を組み合わせて初めて単一の履行義務（新会計基準第7項に定める履行義務をいう）となる場合	当該複数の契約による資産の販売等の組合せ
(2)　一の契約の中に複数の履行義務が含まれている場合	それぞれの履行義務に係る資産の販売等

　ここで，「支配関係その他これに準ずる関係のある者」とは，新会計基準27項の「関連当事者」と同範囲のものを想定しており，これはすなわち企業会計基準第11号「関連当事者の開示に関する会計基準」5項で定義されている「ある当事者が他の当事者を支配しているか，又は，他の当事者の財務上及び業務上の意思決定に対して重要な影響力を有している場合の当事者等」をいうことになる。

　そしてその注書きの1では，同一の相手方及びこれとの間に支配関係その他これ

に準ずる関係のある者と同時期に締結した複数の契約について，次のいずれかに該当する場合には，当該複数の契約を結合したものを一の契約とみなして上記但し書きの(2)を適用するとしている。

---

① 当該複数の契約が同一の商業目的を有するものとして交渉されたこと。
② 一の契約において支払を受ける対価の額が，他の契約の価格又は履行により影響を受けること。

さらに，その注書きの3では，一の資産の販売等に係る契約につき上記ただし書の適用を受けた場合には，同様の資産の販売等に係る契約については，継続してその適用を受けたただし書の(1)又は(2)に定めるところにより区分した単位ごとに収益の額を計上することに留意するとして，継続適用要件を付している。

④ 具体的処理

設例の会社についての問題の取引は，まずインテリア部材の調達と内装工事に分けられる。そして，インテリア部材の調達については，原則として個々の部材について，引渡しごとに，内装工事については，完了引渡時に収益を計上する。

ただし，設例の会社が新会計基準を適用している場合，インテリア部材の調達と内装工事の契約単位を確認し，契約ごとに収益の額を計上する。ここで複数の契約とされた場合においても，継続適用により，同時期に締結した複数の契約について，その複数の契約において約束した資産の販売等を組み合わせて初めて単一の履行義務となる場合，つまり，その複数の契約が同一の商業目的を有するものとして交渉されたこと，一の契約において支払を受ける対価の額が，他の契約の価格又は履行により影響を受けることを満たす場合は，その複数の契約による資産の販売等の組合せごとに，一の契約の中に複数の履行義務が含まれている場合は，それぞれの履行義務に係る資産の販売等ごとに収益を計上することともできる。

⑤ 裁判例・裁決例

寺院工事などを行う建設業者が，寺院工事の元請業者から受注した業務に係る代金を前受金として処理して行った法人税等の申告について問題となった非公開裁決例がある（平21.8.19裁決・金裁(法・諸)平21－1・Ｆ0－2－358）。

納税者が受注した業務には2種類の取引がある。そのうち取引甲については，施主及び元請業者（納税者と代表取締役が同じ法人）から仕入業者として選定された納税者が，施主及び元請業者の指示に基づき製作業者が製作する本契約の目的物である寺院の彫刻・飾金物等（以下「指定品」という）を仕入れ，これを元請業者に販売することを目的として締結されたものである。そして取引乙については，工事の請負であり納税者は外注業者に業務委託している。

裁決では，この取引甲と取引乙に係る収益及び原価の帰属の時期が争点となった。

裁決に係る判断では，取引甲をみると代金300万円以上の取引については，①元請業者からの注文書ごとに個々の対価の額及び元請業者への納期が定められていること，②納税者は注文書ごとに対応する請書をそれぞれ発行していること，③各請書の定めに従って個々の指定品の販売を行っていること，④納品した個々の指定品については元請業者の検収を受け，納品書及び請求書を発行し，毎月分の代金を受領していること，⑤請書ごとの指定品の納品を了した都度，元請業者の検査完了・引渡しの確認を受け，売上代金を確定させて残代金を精算していることが認められること，代金300万円未満の取引についても，請求書及び納品書の内容から，品名が「礎石」であり，取付工事等もなく，納品書に対応した請求書を発行していることからみて，納品書に記載された指定品の納入業務が個別に契約されたものと認められることから，各取引は，いずれも指定品の納入業務が個別に契約されたものと認められ，収益はそれらの契約ごとにそれぞれ認識すべきであるから，各取引ごとに一の取引として，その帰属の時期を判断するのが相当であるとした。

そして取引甲の各契約の内容は，①納税者が指定品を指定製作業者から仕入れ，元請業者に販売するものであること，②納入し検査の終わった指定品の所有権は元請業者に移転すること，③指定品の取付工事は元請業者が行うこととされてるものであることが認められ，また，納税者が取付工事を行ったとする証拠もないことから，取引甲の各取引は注文書及び請書という形態をとっているが，その取引の実体はいずれも物品の売買と認められ，本件取甲の各取引は棚卸資産の販売とみるのが相当であり，元請業者の検査完了・引渡しの確認を了した時点において，個々の目的物の販売ごとに納税者が受領すべき代金の債権が確定し，収益の実現があったものと認められ，本件取引甲に係る収益の額及び原価の額は，寺院工事全体が完成し施主に引き渡した時ではなく，各取引ごとに個々の目的物の引渡しがあった日の属

する事業年度の益金の額及び損金の額に算入すべきであるとした。

　一方取引乙については，一括して受注した請負工事であり，また，その原価となる外注工事も一体の工事としてみるべきものと認められるから，本件取引乙は，一の取引としてその収益及び原価の帰属の時期を判断するのが相当であるとし，その最終代金請求に係る平成19年6月10日付の請求書に，検査完了・引渡日が平成19年5月31日である旨記入されているから，同日までには本件取引乙に係る工事が完成し，元請業者に引き渡されたものとみるのが相当であるとした。

3　履行義務の識別

1　事　　例

　当社は大型機械設備の販売業者であり，製造業者に機械装置を販売し，買取先の工場にその設備を備え付け，試運転をして引き渡すこととしている。

2　対応する新会計基準

　設備工事本体の販売と据付工事等を一体不可分の履行義務として処理するかどうかが問題となる。

　履行義務の識別において，財又はサービスが別個のものとなるか否かについては，財又はサービスの観点及び契約の観点から，判断する。

　財又はサービスの観点からは，次の点から判断する（新会計基準34）。

---

①　当該財又はサービスから単独で顧客が便益を享受することができるか。
②　当該財又はサービスと顧客が容易に利用できる他の資源を組み合わせて顧客が便益を享受できるか。

　契約の観点からは，次の点から判断する（新会計基準指針6）。

---

①　当該財又はサービスをインプットとして使用し，契約における他の財又はサービスとともに，顧客が契約した結合後のアウトプットである財又はサービスの束に統合するという重要なサービスを提供していること
②　当該財又はサービスの1つ又は複数が，契約において約束している他の財又はサービスの1つ又は複数を著しく修正する又は顧客仕様のものとするか，あるいは他の財

> 又はサービスによって著しく修正される又は顧客仕様のものにされること
> ③ 当該財又はサービスの相互依存性又は相互関連性が高く，当該財又はサービスのそれぞれが，契約において約束している他の財又はサービスの1つ又は複数により著しく影響を受けること

なお，次の①②のいずれも満たす場合には，複数の契約の結合又は契約の分解をせず，個々の契約において定められている顧客に移転する財又はサービスの内容を履行義務とみなし，個々の契約において定められているその財又はサービスの金額に従って収益を認識する，すなわち，契約書単位ごとに収益を認識することができる（新会計基準指針101，174）。

> ① 顧客との個々の契約が当事者間で合意された取引の実態を反映する実質的な取引の単位であると認められること
> ② 顧客との個々の契約における財又はサービスの金額が合理的に定められていることにより，その金額独立販売価格と著しく異ならないと認められること

③ 法人税法の考え方

平成30年6月29日（課法2－12，課審6－4）改正前法人税基本通達でも，機械設備等の販売に伴い据付工事を行った場合の収益の帰属時期の特例については，工事進行基準を適用するものを除き，その据付工事が相当の規模のものであり，その据付工事に係る対価の額を契約その他に基づいて合理的に区分することができるときは，機械設備等に係る販売代金の額と据付工事に係る対価の額とを区分して，それぞれにつき引渡基準や完成工事基準により収益計上を行うことができるものとするとされ，この取扱いによらない場合には，据付工事に係る対価の額を含む全体の販売代金の額について引渡基準を適用するとしていた（旧法基通2－1－10）。

設備工事の契約等では，フルターンキー契約というものがあり，用語設計や製作，組み立て・試運転指導・保証責任までのすべてを請け負う方式のものである。つまり，鍵を回しさえすればすべての設備が運転可能になるまで，一切の工事を実施するという意味であり，このような場合に，設備工事本体の販売と据付工事等を一体不可分の取引として処理するかどうかが問題となる。そこで，旧通達において，据付工事が相当の規模のものであり，その据付工事に係る対価の額を契約その他に基づいて合理的に区分することができるときは，選択により，それぞれごとに引渡基

準や完成工事基準に基づいて別々に収益計上することができるとしていたのである。つまり，この区分処理は強制適用ではない。また，工事進行基準を適用しているものについては，工事全体の販売代金を基礎に原価計算をし，費用計上していくため，このような区分計算はなじまないこととなり，適用除外としているものである。

　この通達について，2018年6月改正後の通達では，通達番号を2－1－1の2とするとともに，そのタイトルを「機械設備等の販売に伴い据付工事を行った場合の収益の計上の単位」としている。これは，収益認識基準の導入を受けて，法人税基本通達2－1－1（但し書き(2)に係る部分）《収益の計上の単位の通則》の規定を新設し，一の契約の中に複数の履行義務が含まれている場合は，それぞれの履行義務に係る資産の販売等に区分した単位を収益の額の計上の単位とすることができることとしており，旧通達2－1－10の取扱いはこれにおおむね包含されているが，法人税基本通達2－1－1（但し書き(2)に係る部分）により区分される履行義務と旧通達2－1－10における相当の規模である据付工事とは，若干範囲を異にする場合もあると考えられことによる。そして据付工事が相当の規模のものであり，かつ，契約その他に基づいて機械設備等の販売に係る対価の額とその据付工事に係る対価の額とを合理的に区分することができるときは，その区分した単位ごとにその収益の額を計上することができるという基本構成は同じながら，「2－1－1但し書き(2)に掲げる場合に該当するかどうかにかかわらず」との文言を入れている。

　つまり，新会計基準を採用している会社だけでなく，従前どおり，新会計基準を採用していない会社にもこの区分経理は選択できるということになるが，法人がこの取扱い（法基通2－1－1の但し書き(2)を含む）を選択しない場合には，法人税基本通達2－1－1の本文の取扱いを適用して，契約単位，すなわち据付工事に係る対価の額を含む全体の販売代金について収益を計上することとなる。

④　具体的処理

　設例の会社について，顧客との契約はフルターンキー契約となっているようであるので，その据付工事が相当の規模のものであり，かつ，契約その他に基づいて機械設備等の販売に係る対価の額とその据付工事に係る対価の額とを合理的に区分することができるときは，新会計基準を採用しているかどうかにかかわらず，その区分した単位ごとにその収益の額を計上することができることとなる。

据付工事に関連して，土木建設設計施工業者のした工事について，収益及び工事原価の計上時期が争点の一つとなった裁決例がある（平18．9．21裁決・名裁（法・諸）平B－19・F０－２－278）。

納税者は，公園を中心とする景観施設に係る設備等の設計及び施工を主たる業務としている建設業者である。主に，施主から工事を受注した元請業者から，公園等の衛生（トイレ，水飲場），休憩（シェルター，四阿，ベンチ），レクリエーション（木製・鉄製遊具，展望台），管理（橋，柵，プランター）及び情報（案内板，モニュメント）等の各施設に係る設備等の製作を請け負っており，その据付工事を含む場合もある。

納税者は，①設計，②資材等の調達及び③外注先への加工の発注を行い，納税者又は外注先の工場で受注に係る設備等を製作している。そして，受注に係る設備等のうち据付工事が必要なものは，搬送用トラックに積み込み，翌日，元請業者から指定された設置場所に据付けを行うことにより，元請業者に引き渡している。上記据付けは，多くの場合，設置場所へ到着した当日に完了するが，到着後２，３日で完了する場合もある。

この納税者がした請負工事に係る収益及び工事原価の収益及び費用の帰属年度が問題となった。

審判所は，納税者は，継続的に，①受注に係る設備等のうち据付工事が必要なものについては，据付工事が完了した日を請求日とし，②受注に係る設備等のみを受注した場合はその設備等を引き渡した日を請求日として，請求書を発行し，その日付で，工事収入を元帳の売上勘定に記載するとともに，収益に計上していること，また，完成工事に係る工事原価について，その事業年度に発生した仕入等を原材料仕入高等として計上し，未成工事に係る仕入等を期末未成工事支出金に振り替えることにより，結果的に完成工事に対応する仕入等のみが完成工事原価に計上されることになると認められる。また，納税者の請負工事に係る収益及び工事原価の各計上時期は，①受注に係る設備等が据付工事を要する場合には据付工事が完了した日の属する事業年度，②受注に係る設備等が，据付工事を要しない場合には当該設備等の引渡日の属する事業年度となると認め，事実認定により，個々の収益及び費用の計上時期を認定し，据付工事が完了していないものを収益計上すべきとした原処

分庁の処分，及び，実際の工事完了の最終検査前に収益計上した納税者の処理をそれぞれ否認した。

4　無償による資産の譲渡に係る収益

1　事　　例

当社は保有する商品が旧型であるとして，子会社に対して無償で譲渡した。子会社はそれを発売時の売価の2分の1の価格で売り捌いた。

2　対応する新会計基準

(1)　顧客との契約の識別

新会計基準は，ステップ1として，顧客との契約を認識する。次の要件すべてを満たす顧客との契約を識別する（新会計基準19）。

---

① 顧客との契約は書面，口頭，取引慣行による形式にかかわらず，当事者が契約を承認し，それぞれの履行義務を約束していること
② 企業が移転される財又はサービスに関する各当事者の権利を識別できること
③ 企業が移転すべき財又はサービスに関する支払い条件を識別できること
④ 契約に経済的実質がある。すなわち契約の結果として，企業の将来キャッシュ・フローのリスク，時期又は金額が変動すると見込まれること
⑤ 企業が，顧客に移転する財又はサービスと交換に権利を得ることになる対価を回収する可能性が高いこと

すなわち無償譲渡は，④⑤の要件を満たさないため，新会計基準の適用の対象外となる。

(2)　収益の額の算定

ところで，新会計基準の基本となる原則は，約事した財又はサービスの顧客への移転を当該財又はサービスと交換に企業が権利を得ると見込む対価の額で描写するように，収益を認識することである（新会計基準16）。

取引価格は，財又はサービスの顧客への移転と交換に企業が権利を得ると見込む対価の額である（新会計基準8）。つまり，顧客へ引き渡した財又はサービスの時価によるのではなく，企業が権利を得ると見込む対価の額によることになる。

③　法人税法の考え方

　従前から法人税法22条２項は，「内国法人の各事業年度の所得の金額の計算上当該事業年度の益金の額に算入すべき金額は，別段の定めがあるものを除き，資産の販売，有償又は無償による資産の譲渡又は役務の提供，無償による資産の譲受けその他の取引で資本等取引以外のものに係る当該事業年度の収益の額とする。」とし，「無償による資産の譲受け」をした場合もその事業年度の収益の額とするとしているが，その具体的金額について明確に示してはいなかった。

　2018年度税制改正により，法人税法22条の２が創設され，その４項において，「その販売若しくは譲渡をした資産の引渡しの時における価額又はその提供をした役務につき通常得べき対価の額に相当する金額」とされた。さらに，この引渡し時の価額等について，法人税基本通達２－１－１の10（資産の引渡しの時の価額等の通則）において，「原則として資産の販売等につき第三者間で取引されたとした場合に通常付される価額をいう。なお，資産の販売等に係る目的物の引渡し又は役務の提供の日の属する事業年度終了の日までにその対価の額が合意されていない場合は，同日の現況により引渡し時の価額等を適正に見積もるものとする。」としている。

　この規定は，法人税法22条２項を根拠とするものであるから，資産の低廉譲渡又は無償譲渡，役務の低廉提供又は無償提供のように，時価と異なる価額を対価の額とする取引が行われた場合には，その会社が新会計基準を採用しているか否かにかかわらず，「価額」又は「通常得べき対価の額」に修正して益金の額を計算する必要があることとなるが，引渡し時の価額等が，その取引に関して支払を受ける対価の額を超える場合（対価が零である場合を含む）において，その超える部分が，寄附金又は交際費等その他のその法人の所得の金額の計算上損金の額に算入されないものに該当しない場合には，その超える部分の金額を益金の額及び損金の額に算入する必要はないとされている（同通達(注)２）。

　これについては，通達解説において，法人が販売促進目的で，現金に換えて有価証券（時価100万円，簿価20万円）を無償で贈与した例が示されている。

　この場合，法人税法上は，収益が100万円生じ，その譲渡原価が20万円計上され，販売促進費が100万円計上されることになり，これを仕訳を示すと以下の通りとなる。

（借方）販 売 促 進 費　　100万円　　（貸方）有 価 証 券　　20万円

　　　　　　　　　　　　　　　　　　　　　　譲 　渡 　益　　80万円

　すなわち，取引価額等が時価と異なる取引であっても，借方が損金不算入項目で
ない場合には，引渡しの時の価額がその取引に関して支払を受ける対価の額を超え
る部分，本件については無償であるため譲渡資産の帳簿価額を超える部分である80
万円が益金の額に算入され，差し引きしたところの譲渡資産の簿価相当額が損金の
額に算入されることになる。したがって，資産の引渡しの時の価額が，その取引に
関して支払を受ける対価の額を超える場合において，その超える部分が，寄附金又
は交際費等その他のその法人の所得の金額の計算上損金の額に算入されないもの，
剰余金の配当等及びその法人の資産の増加又は負債の減少を伴い生ずるものに該当
しない場合には，その超える部分の金額を益金の額及び損金の額に算入する処理
（申告調整）を行う必要はないことを留意的に明らかにしている。

④　具体的処理

　設例の会社が子会社に対して，市場で売却することが可能な商品を無償で譲渡し
たことは，経済的利益の供与にあたる。したがって，その経済的利益の額が，法人
税基本通達9－4－1又は9－4－2に該当する場合を除き，設例の会社において
法人税法37条7項に規定する寄附金の額とされる。その具体的な金額は，第三者間
で取引されたとした場合に通常付される価額により算出されるべきであることから，
子会社が実際に販売した発売時の売価の2分の1の価格相当額と売価の差額に数量
を乗じた金額となる。

⑤　裁判例・裁決例

　無償による資産の譲渡に係る収益の計上に関しては，関係会社間取引における利
益供与を巡る裁決例・裁判例が多数あり，寄附の論点で取り上げることが多い。そ
こで，ここでは少し特殊な事例であるが，パチンコ店を経営する納税者が棚卸資産
である特殊景品を無償譲渡したことについて，これを直接収益認定したものではな
いが，金銭その他の資産又は経済的利益の贈与又は無償の供与として寄附金認定し
た裁判例がある（東京地判平20．1．25・Z258－10871，東京高判平20．6．26・
Z258－10975）。

納税者は，本件事業年度当時，台東区内3店舗（以下「C3店舗」という）の他2店舗でパチンコ店などを経営していた。そして，遊技客が貸玉を換金するしくみとして特殊景品を介在した取引を行っていた。具体的には，①パチンコ店を営業する納税者は，景品卸売業者Bから特殊景品を仕入れる，②納税者は，その特殊景品をC3店舗において遊技客が獲得した貸玉と交換して遊技客に交付する，③遊技客は，景品買取業者D（平成16年7月1日以降はE。以下同じ）の経営する買取り場にその特殊景品を持ち込み，Dが現金で買取る，④DはBに対し，その特殊景品を売却するというように，パチンコ店営業者である納税者，景品買取業者D，景品卸売業者Eの3業者間で特殊景品が循環するという3店方式という方式である。

　この特殊景品は，一般市場においてはほとんど市場価値を有しないプレート状のもの2種類であるが，C3店舗において1個あたり1,000円又は2,500円で換金することができるものとして遊技客に貸玉と交換で提供されるものであり，本件3店方式を構成する3業者間においても，相互に上記と同じ価格で取引され，これらの3業者は，この特殊景品を買い取る際には仕入れ勘定に計上し，売り渡す際には売上げ勘定に計上していた。

　納税者は，警察から，C3店舗で使用していた特殊景品の買取り業務を納税者の100％子会社であるDに行わせている点につき，パチンコ店において遊技客に対し賞品として現金を提供することや客に提供した賞品を買い取ることを禁じている風営法23条1項1号及び2号の趣旨に照らし妥当でないと指摘され是正を求められたことから　Bは，平成16年6月30日，納税者に対し，その保有する本件特殊景品を合計4,013万3,877円で売却し，納税者は，同日Bに対し，上記の特殊景品も含め，従前C3店舗において遊技客に提供していた特殊景品すべてを無償で引き渡した（本件無償譲渡）。

　納税者は，同年7月1日，Bから，C3店舗において遊技客に提供するための特殊景品として，本件特殊景品を1個あたり1,000円のものを単価1,004円とし，1個あたり2,500円のものを単価2,510円として合計7,931万6,000円を支払い，これらの引渡しを受けた。また，納税者は，同日以降，Dに替わってEをC3店舗において遊技客に提供する本件特殊景品の買取業者とし，また，Dからその保持する運転資金のうち現金7,900万円を受け取り，仮受金としてその現金を受け取ったとする会計処理をした。納税者は，同年9月25日，本件特殊景品の棚卸評価額相当額9,193

万8,699円を特殊景品除却損とする会計処理をした。

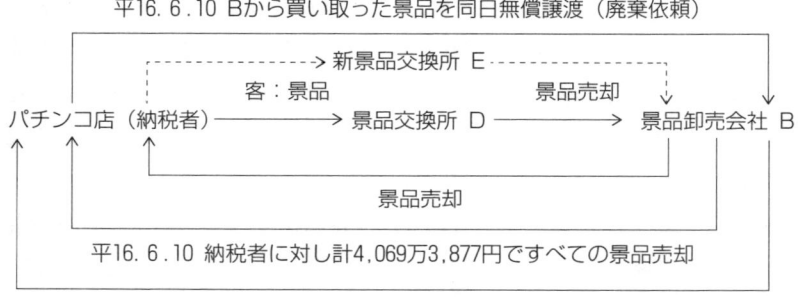

平16. 6. 10 Bから買い取った景品を同日無償譲渡（廃棄依頼）

平16. 7. 1 景品買取り（単価1,004円又は2,510円　計7,931万6,000円支払）

　原処分庁は，本件除却損について，納税者は，Bに対して廃棄を委託して本件特殊景品すべてを引き渡したというにもかかわらず，同16年7月1日以降も，Bから本件特殊景品を継続して仕入れ，当該仕入れに係る対価を支払っているから，本件無償譲渡は，実際には廃棄ではなく，納税者からBに対する金銭等の贈与又は経済的な利益の供与というべきであり，本件除却損に計上した金額に相当する本件特殊景品の棚卸評価額は，寄附金の額に該当するから，納税者の本件事業年度における損金の額に算入されないとして更正処分等を行った。

　裁判所は，納税者の景品卸売会社に対する特殊景品の無償譲渡は，納税者自身はもちろん，景品卸売会社においても，景品卸売会社が当該特殊景品を廃棄することは想定されておらず，いったん景品卸売会社に対して無償で引き渡すものの，翌日以降，再び納税者が景品卸売会社から，本件特殊景品を必要数量ずつ仕入れることが予定され，引き続き3店方式内で特殊景品として流通させることを前提としてされたものと認めるのが相当であり，したがって，景品卸売会社は，将来的には当該無償譲渡により当該特殊景品の単価から算出した金額相当の経済的利益を得ることができるが，少なくとも，本件無償譲渡時点においては，同日の景品卸売会社からの仕入れ価格を基に算出され納税者会社の帳簿に計上されていた除却損の金額相当の経済的利益を得たものということができ，いずれにしても，本件無償譲渡は景品卸売会社に対する法人税法37条7項の金銭その他の資産又は経済的利益の贈与又は無償の供与にあたるとした。

5　各引渡基準と取引

1　事　　例

　当社は高級子供服の販売業者である。当社はギフト商品については当社倉庫から出庫した後，ラッピング業者がギフト包装し，そのまま注文主に発送することとしている。

2　対応する新会計基準

　顧客が約束された資産（財又はサービス）に対する支配を獲得したことにより履行義務が充足されたときに，収益を認識する（新会計基準39）。ここで問題となるのは，顧客への支配の移転時期がいつになるかということである。顧客への支配の移転時期を検討する際には，次の指標を考慮する（新会計基準40）。

> ①　企業が資産に対する支払を受ける現在の権利を有していること
> ②　顧客が資産に対する法的所有権を有していること
> ③　企業が資産の物理的占有を移転したこと
> ④　顧客が資産の所有に伴う重要なリスクを負い，経済価値を享受していること
> ⑤　顧客が資産を検収したこと

　当社倉庫から出庫し，ラッピング業者に引き渡した段階では，履行義務が充足されておらず，ラッピング業者が注文主に発送し，注文主が検収した時点が履行義務を充足した時点であると考えられる。

　なお，新会計基準では重要性等に関する代替的な取扱いを定めている。出荷基準等の取扱いについても，商品又は製品の国内の販売において，出荷時から商品又は製品の支配が顧客に移転される時（例えば顧客による検収時）までの期間が通常の期間である場合には，出荷時から商品又は製品の支配が顧客に移転されるまでの間の一時点（例えば，出荷時や着荷時）に収益を認識することができる。

　商品又は製品の出荷時から商品又は製品の支配が顧客に移転されるときまでの期間が通常の期間である場合とは，その期間が国内における出荷及び配送に要する日数に照らして取引慣行ごとに合理的と考えられる日数である場合をいう。

　設例は，この重要性等に関する代替的な取扱いが適用できるかどうか検討の余地がある。

　法人税法22条の２第１項で，資産の販売等に係る収益の認識時期について，引渡基準によることが明確化されたが，内国法人が，資産の販売等に係る収益の額につき一般に公正妥当と認められる会計処理の基準に従ってその資産の販売等に係る契約の効力が生ずる日その他の引渡日に近接する日の属する事業年度の確定した決算において収益として経理した場合には，その資産の販売等に係る収益の額は，別段の定めがあるものを除き，その事業年度の所得の金額の計算上，益金の額に算入するとされた（同条②）。

　この引渡日あるいは近接日をいつと考えるかに関して，その取引にその法人と顧客以外の第三者が介在する場合，そのことが判断に影響を与えるかどうかを考える。つまり，資産の販売等において，棚卸資産等を相手方に引き渡したのが，本人以外の者であっても，それが本人の代理人として引き渡したのであれば，その本人以外の者が引き渡した時期をもって引渡日とすることに疑義はないと思われる。したがってここで問題となるのは，その引き渡した者が本人の代理人にあたるかどうかというところである。

④ 具体的処理

　設例の会社にとってラッピング業者は商品の引渡債務の履行補助者ということができる。したがって，ラッピング業者が商品を発送した日を出荷基準による引渡日とすることができる。

⑤ 裁判例・裁決例

　第三者が介在する事例として，納税者が採用している出荷基準が，公正妥当な会計基準にあたるかということ等が争点となった裁判例がある（東京地判平19.6.27・TAINS Z257−10737）。

　納税者は織物の卸売等を業とする毎年１月末日を決算日とする株式会社であり，売上計上基準として，いわゆる出荷基準を採用している。納税者は取引先からの注文にあわせて取引先ごとに出荷のための箱詰めをする際，商品のバーコードを読み取り，その段階で伝票番号及び読み取った日の日付を含むデータが自動的に入力されるシステムとなっている。この日付と実際の売上計上日が異なり，この日付と実

際の売上計上日との属する事業年度が異なっていたことから問題となった。

　裁判所は，納税者が百貨店等を取引先とするものについては，納税者が商品に値札を取り付けた上で納品することとされており，具体的には，納税者が箱詰めをしてバーコードを読み取った後，値札取付業者に送り，同社において値札を取り付けた上，同社から納税者の取引先に送っていたことを認めた。

　そして，問題となった取引は，納税者が平成14年1月28日ころ値札取付業者に対し発送され，値札取付作業を経た後，同年2月1日以降に取引先に納品されたものと認められるところ，納税者と取引先との間では，納税者において値札取付作業をすることが合意されていたとし，この場合，値札取付業者は取引先との関係では納税者の債務の履行補助者ということができるし，また，その商品につき納税者が取引先から受け取る代金は，値札が取り付けられた商品に対する対価であるから，納税者が採用している出荷基準においても，値札取付業者から取引先への出荷を基準として収益を計上すべきであると考えられるとした。したがって，問題となった各取引について，平成14年1月末日以前に出荷がなされたとはいえず，これらについて本件事業年度内に出荷されたとの経理処理をしなかったことも，一般に公正妥当と認められる会計処理の基準に適合していないということはできないとした。

6　決算締切日

1　事　　例

　当社では，従来から売上請求の〆日を継続して25日としているが，新たに契約した大口の取引先について，先方の都合により売上請求の〆日を毎月20日とすることとした。従来から決算締切日について期間損益通達を適用しているが，今後の処理はどのようになるか。

2　対応する新会計基準

　従来の会計基準においても，新会計基準においても，期間損益通達の考えは認められていない。決算月においては，決算月の〆日から末日までの売上等を別途集計し計上する必要がある。

　なお，会社法監査対象会社，金融商品取引法監査対象会社以外の会社においては

税法基準によって会計処理することも認められている。

③ 法人税法の考え方

　法人税法22条２項はその事業年度の収益の額をその事業年度の益金の額に算入するとしており，権利確定基準により益金計上する旨定めている。しかし，実際の経理事務においては，月末ではなく，20日とか25日とかを帳簿の〆日として，月々の売上等を計上していることはよく見受けられるところである。その場合においても，決算月においては，決算月の〆日から末日までの売上等を別途集計し計上する必要がある。

　しかしながら，いわゆる期間損益通達を適用すれば，継続適用を要件として〆日後の売上等を計上する必要はない。期間損益通達とは次のようなものである。

〔法人税基本通達２－６－１（決算締切日）〕
　法人が，商慣習その他相当の理由により，各事業年度に係る収入及び支出の計算の基礎となる決算締切日を継続してその事業年度終了の日以前おおむね10日以内の一定の日としている場合には，これを認める。
（注）　法第二編第一章第一節第五款第一目から第四目までの利益の額又は損失の額の計算の基礎となる日（受益者等課税信託である金銭の信託の信託財産に属するものに係る計算の締切日を含む。）を継続してその事業年度終了の日以前おおむね10日以内の一定の日としている場合においても，当該計算の基礎となる日とすることに相当の理由があると認められるときは，同様とする。

　この通達は，決算締切日を弾力化しても，法人税法上の期間損益計算の計算上弊害がないということから，会社経理の便宜性に配慮して設けられているものである。したがって，社内での決算締切日を１つに統一する必要はなく，Ａ社については25日，Ｂ社については20日，それ以外の取引先については原則通り末日とすることも認められる。

④ 具体的処理

　設例の会社について，従来からの顧客についてはこれまで通り決算月の25日を決算締切日とし，新たな取引先について，決算締切日を決算月の20日とすることも，相当の理由があれば，継続適用を要件として認められる。

　なお，会社で定めた締切日について税務署長の確認を受ける必要はないが，その日を20日前後の適宜に日にするなど，一定日にしないことは認められない。

　納税者については期間損益通達の適用はなく，社内的な帳簿締切日の定めにかかわらず定款所定の事業年度によって売上収益を計上すべきであるとした事例がある（昭52．5．25裁決・裁事14－9・J14－2－01）。

　納税者は，タイル，住宅機器，衛生陶器等の卸売を業とする同族会社であり，その事業年度は12月21日から翌年12月20日までである。そこで，納税者の売上の計上方法について問題となった。

　審判所は，納税者から提示された売上に関する請求書控及び日計表より，納税者の各事業年度の売上に関する決算締切日は，昭和45年12月21日から昭和46年12月20日までの事業年度分については同年12月16日，同年12月21日から昭和47年12月20日までの事業年度分については同年12月16日，同年12月21日から昭和48年12月20日までの事業年度分については同年12月14日，昭和49年12月期分については昭和49年12月14日，昭和50年12月期分については昭和50年12月13日であることを認めた。

　また，納税者の代理人Ｂの供述から，納税者は昭和44年11月ごろ電子計算機を導入し，それにより得意先に対する毎月の売上の締切日を20日として売上請求書を作成しているが，その作成には最低5日を要し，12月に請求するものについてはその締切日を15日としなければその年内に売掛金を回収することが困難であることから，売上に関する決算締切日を翌年の12月15日とすることを社内的に定めたこと及び決算締切日を定款所定の事業年度終了の日（12月20日）によって決算を行い，それに基づき確定申告書を法定期限までに提出することができない事情にあるものではないことを認めた。

　そして，以上の事実によれば，納税者は，売掛金をその年内に回収するための事務的な事情により，売上に関する決算締切日を定款所定の12月20日によらず12月15日とすることを社内的に定めたことが認められるものの，実際の決算締切日を各事業年度とも12月15日によらず同日前後の適宜の日によっていることが認められ，法人税法22条1項（各事業年度の所得の金額の計算）の規定によれば，所得金額は，事業年度を単位として計算するものとされているところ，期間損益通達において決算締切日を定款所定の事業年度終了の日前10日以内に当たる日以後一定日として所得金額の計算をすることに相当の理由があり，かつ，その計算を継続して適用する場合には，このことについて納税地を所轄する税務署長の確認を受けることを条件

にその計算を認めることとする旨を定めており（筆者注：現行制度では確認を受ける必要はない），納税者は，売上に関する決算締切日を一定の日として各事業年度の売上金額を計算していないものであり，かつ，その決算締切日を一定の日としなかったことについて特段の事情があるものとは認められないから，納税者の昭和49年12月期及び昭和50年12月期について決算締切日の翌日から事業年度終了の日までの売上金額をそれぞれ売上計上もれの額として所得金額に加算した原処分は相当であるとした。

7　輸出取引

① 事　　例

当社は家具の輸出販売を行っているが，事務負担の軽減のため，期中では船荷証券発行日基準で売上を計上し，期末において売上未計上の取引のうち，すでに船積みが完了したものについて，売上を計上している。

② 対応する新会計基準

製商品の輸出取引も，履行義務が一定の期間にわたり充足される要件を満たさないため，一時点で充足される履行義務である。収益を認識する時期は，資産に対する支配が顧客に移転し，履行義務が充足されるときである。

顧客への支配の移転を検討するには，次の指標を考慮する（新会計基準40）。

---

① 　企業が顧客に提供した資産に関する対価を収受する現在の権利を有していること
② 　顧客が資産に対する法的所有権を有していること
③ 　企業が資産の物理的占有を移転したこと
④ 　顧客が資産の所有に伴う重大なリスクを負い，経済価値を享受していること
⑤ 　顧客が資産を検収したこと

製商品の輸出取引は，後述するインコタームズ（Incoterms）による本船甲板渡し条件（FOB：Free On board）によることが多い。ここでは，本船甲板渡し条件による場合，会計上どのタイミングでこの収益認識を行うべきか検討してみよう。

本船甲板渡し条件は，輸出業者（売主）が，貨物を輸出港で本船に積み込むまでの費用と貨物に対するリスクを負担をし，それ以降については，輸入者（買主）が

費用とリスクを負担する。売主は，貨物の船積みすると，船会社等の運送業者から船荷証券（B/L：Bill of Lading）を受け取る。船荷証券を利用して信用状決済（L/C：Letter of Credit）を行えば，売主は，買主に貨物が届くことを待つことなく代金を回収することができる。

　上記の指標を考慮すれば，インコタームズによる本船甲板渡し条件は，船積後，買主が資産に対する法的所有権を有し，資産の所有に伴う重大なリスクを負い，経済的価値を享受しているものと考えられる。さらに売主が買主に提供した資産に対する対価を収受できる。したがって，インコタームズによる本船甲板渡し条件による場合は，売主は船積時点で履行義務を充足したといえ，船積時点で収益を認識することができる。

③　法人税法の考え方

　法人税基本通達２－１－２においては，棚卸資産の引渡しの日の判定基準が例示されている。出荷基準は商品等が相手方へ到達するまでのコストやリスクが少ないか，相手方がこれらのコストやリスクを負担するような取引で，返品の可能性が少ないものに適用するのが合理的であると考えられる。その具体的な計上時期としては，出庫時，船積時，発送時等がある。これらのコストやリスクを自己が負担することになっているような場合は，搬入時に収益計上することが合理的となる。

　ところで，輸出取引の場合，国際商業会議所（International Chamber of Commerce：ICC）が策定した貿易条件の定義であるインコタームズにより，運賃，保険料，リスク（損失責任）負担等の条件が定められている場合があり，貿易取引の契約書を確認する必要がある。2011年１月１日に発効したインコタームズ2010では，次のように貿易条件が定義されている。また，国内取引にもこれらの規則が適用できる。

(1)　あらゆる輸送形態に適した規則

輸 送 形 態	内　　　　　容
EXW （Ex Works）	出荷工場渡し条件。売主は，売主の敷地（工場）で買主に商品を移転し，それ以降の運賃，保険料，リスクの一切は買主が負担する。
FCA （Free Carrier）	運送人渡し条件。売主は，指定された場所（積み地のコンテナ・ヤード等）で商品を運送人に渡すまでの一切の費用とリスクを負担し，それ以降の運賃，保険料，リスクは買主が負担する。

CPT 　(Carriage Paid 　To)	輸送費込み条件。売主は，指定された場所（積み地のコンテナ・ヤード等）で商品を運送人に渡すまでのリスクと海上運賃を負担し，それ以降のコストとリスクは買主が負担する。CPT条件は保険をどちらが付保するのか決めていないが，通常リスクを負担する買主が付保する。
CIP 　(Carriage and 　Insurance Paid 　To)	輸送費込み条件。売主は，指定された場所（積み地のコンテナ・ヤード等）で商品を運送人に渡すまでのリスクと海上運賃，保険料を負担し，荷揚げ地からのコストとリスクは買主が負担する。
DAT 　(Delivered At 　Terminal)	ターミナル持込渡し。指定された目的地（ターミナル）までのコストとリスクを売主が負担するが，当該仕向地での輸入通関手続き及び関税は買主が負担する。売主は荷降ろしして貨物を引き渡す。ターミナルとは，埠頭や倉庫，陸上・鉄道・航空輸送ターミナルを意味する。
DAP 　(Delivered At 　Place)	仕向地持込渡し。DATとほぼ同様であるが，引渡しはターミナル以外の任意の場所における車上・船上であり，荷降ろしは買主が行う。
DDP 　(Delivered 　Duty Paid)	仕向地持ち込み渡し・関税込み条件。売主は，指定された目的地まで商品を送り届けるまでのすべてのコスト（輸入関税を含む）とリスクを負担する。

(2)　海上および内陸水路輸送のための規則

輸 送 形 態	内　　　　　容
FAS 　(Free Alongside 　Ship)	船側渡し条件。売主は，積み地の港で本船の横に荷物を着けるまでの費用を負担し，それ以降の費用及びリスクは買主が負担する（売主は，船にまで積み込む必要はない）。
FOB 　(Free On Board)	本船甲板渡し条件。売主は，積み地の港で本船に荷物を積み込むまでの費用を負担し，それ以降の費用及びリスクは買主が負担する。
CFR 　(C&F Cost and 　Freight)	運賃込み条件。売主は，積み地の港で本船に荷物を積み込むまでの費用及び海上運賃を負担し，それ以降の保険料及びリスクは買主が負担する。1990年のインコタームズ改正まではC&Fと呼ばれており，現在でもC&Fと呼ばれることがある。C&FからCFRへと名称が変更されたのは，コンピューターの普及に伴い，Shiftのキー操作を必要とする「&」を名称の中に使用することを避けたためである。
CIF 　(Cost, Insurance 　and Freight)	運賃・保険料込み条件。売主は，積み地の港で本船に荷物を積み込むまでの費用，海上運賃及び保険料を負担し，それ以降のリスクは買主が負担する。

　これらの条件から検討すると，引渡しの日は次のようになると推測される。

貿易条件	引渡しの日（次の場所で引き渡した日）
EXW	出荷工場
FCA	指定された場所（積み地のコンテナ・ヤード等）
CPT	指定された場所（積み地のコンテナ・ヤード等）又は荷揚げ地のうち適当なもの
CIP	荷揚げ地
DAT	ターミナル
DAP，DDP	仕向地
FAS	積み地の港の本船の横
FOB，CFR，CIF	本船甲板上又は荷揚げ地のうち適当なもの

　インコタームズが利用されている場合，コストとリスクが移転する時期が判明するため，このようにインコタームズの各定義により，引渡し時期が判明し，収益認識時期もそれに従うこととなるが，インコタームズの利用がない場合は，個々の契約書の取り決めより，引渡し時期を検討することになる。

4　具体的処理

　設例の会社は，実質的に船積み時基準で収益を認識している。したがって，検討すべきは，その商品についての支配の移動時期が船積時で正しいのかということになる。具体的には会社から船積みまでの運送料，保険料をどちらが負担するか，何かあったときに代替商品を無償提供するか，海上運賃やそれ以降の保険料及びリスクはどちらが負担するか等を確認する必要がある。

5　裁判例・裁決例

　収益認識時期として，為替取組日基準を採用していた法人の処理が否認された最高裁判決がある（最判平 5.11.25・Z199−7233，大阪高判平 3.12.19・Z187−6824，神戸地判昭61.6.25・Z152−5744）。

　納税者A社は，ビデオデッキ，カラーテレビ等の輸出取引を業とする株式会社であるが，A社と海外の顧客との間の輸出取引は，A社において輸出商品を船積みし，運送人から船荷証券の発行を受けた上，商品代金取立てのための為替手形を振り出して，これに船荷証券その他の船積書類を添付し，いわゆる荷為替手形として，こ

れをA社の取引銀行で買い取ってもらうというものであり，従前から，荷為替手形の買取りの時点（為替取組日）において，その輸出取引による収益を計上してきた。

最高裁では，今日の輸出取引においては，すでに商品の船積時点で，売買契約に基づく売主の引渡義務の履行は，実質的に完了したものとみられるとともに，売主は，商品の船積みを完了すれば，その時点以降はいつでも，取引銀行に為替手形を買い取ってもらうことにより，売買代金相当額の回収を図り得るという実情にあるから，船積時点において，売買契約による代金請求権が確定したものとみることができるとし，このような輸出取引の経済的実態からすると，船荷証券が発行されている場合でも，商品の船積時点において，その取引によって収入すべき権利がすでに確定したものとして，これを収益に計上するという会計処理も，合理的なものというべきであり，一般に公正妥当と認められる会計処理の基準に適合するものということができるとした。つまり，履行義務の充足という立場においても，為替取組日基準は適当でないが，船積時基準は適当であるといえる。

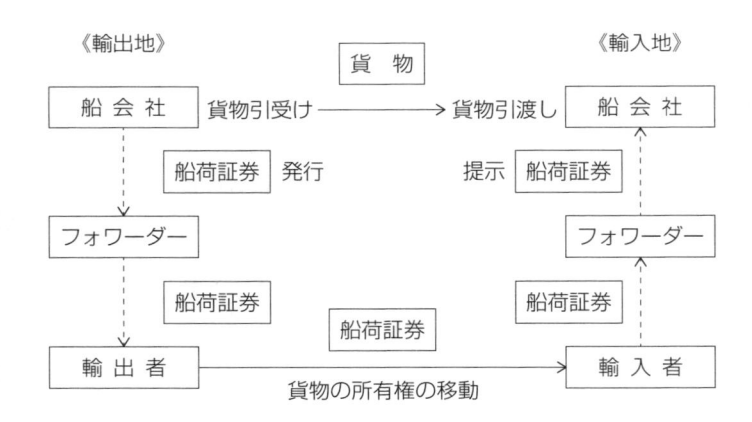

8 「引渡しがあった日」が明白でない場合

1 事　例

　当社の貸工場が建っている土地について，賃借人に立ち退いてもらうことを条件に，買い取りたいと打診を受けた。当社はその土地を売却することとし，当期に譲渡代金と引換えに土地の登記書類を引き渡したが，賃借人の退去は翌期となった。

② 対応する新会計基準

IFRSにおいては，企業の通常の営業活動により生じたアウトプットではない固定資産の売却について，IFRS 15号と同様の収益の認識を行うよう IAS 16号「有形固定資産」が改正されている。

新会計基準においては，企業の通常の営業活動により生じたアウトプットではない固定資産の売却については，論点が異なり得るため改正の範囲に含めておらず，本会計基準の適用範囲に含まれないものとされている（新会計基準108）。

③ 法人税法の考え方

法人税基本通達2−1−14では，固定資産の譲渡に係る収益の帰属の時期について，「固定資産の譲渡に係る収益の額は，別に定めるものを除き，その引渡しがあった日の属する事業年度の益金の額に算入する。ただし，その固定資産が土地，建物その他これらに類する資産である場合において，法人がその固定資産の譲渡に関する契約の効力発生の日において収益計上を行っているときは，その効力発生の日は，その引渡しの日に近接する日に該当するものとして，法第22条の2第2項《収益の額》の規定を適用する。」としている。この通達は，従来から契約基準といわれているものであり，2018年通達改正後においても，改正前の考え方を継続している。これについて，法人税基本通達逐条解説（8訂版，110頁，小原一博編著，税務研究会出版局）では，「固定資産のうち，土地，建物，構築物等については，一般的にその引渡しの事実関係が外見上明らかでないことが多いので，法人がその譲渡契約の効力の発生の日（一般的には，特約のない限り，契約締結の日）の属する事業年度で収益計上することとしている場合はこれを認める」とその趣旨を説明している。

さらに，この通達の注書きでは，「本文の取扱いによる場合において，固定資産の引渡しの日がいつであるかについては，2−1−2の例による。」とあり，次に掲げる日のうちいずれか早い日にその引渡しがあったものとすることができることになる。

　つまり，固定資産の譲渡に係る収益の帰属の時期は，まずは引渡しの日の属する事業年度となるが（法法22の2①），引渡しの日として，代金の相当部分を収受するに至った日と所有権移転登記申請又は申請書類公布日のいずれか早い日や契約効力発生日についても，引渡しの日に近接する日に該当するとして，その事業年度の収益とすることができる（同条②③）。

　なお，この判定において，法人税基本通達2－1－1(1)《収益の計上の単位の通則》に定めるところにより区分した単位を一の取引の単位とすることとした場合には，当該単位により判定を行うことになることとなる。

4　具体的処理

　設例の会社は，賃借人に立ち退いてもらうことを条件に，保有する土地の譲渡をした。その点で，上記裁判例とは異なるように思える。しかし，登記書類は既に引き渡しているし，代金の支払も受けていることにより，賃借人の退去が条件となっているとしても，それは解除条件にすぎない。つまり，当期中に引渡しがあったものとして，収益計上すべきであると思われる。

5　裁判例・裁決例

　東京都に対して土地を譲渡したことに関し，外見上，引渡しがあった日が明らかでない場合の収益計上時期が争いとなった裁判例がある（東京地判平26.1.27・Z264－12397）。

　不動産の賃貸，金銭の貸付け等を目的とする合資会社である納税者は，平成20年11月13日，東京都の間で，①納税者が東京都に対して本件土地1ないし3を本件事業の事業用地として売り渡す旨（1条），②売買代金は，本件土地1について1,275万7,234円，本件土地2について682万7,223円，本件土地3について1,153万9,020円とする旨（1条），③本件土地1ないし3の所有権は，売買契約締結と同時に納税者から東京都に移転するものとする旨（3条），④東京都は，本件土地1ないし

３の所有権の移転の登記の嘱託を売買契約締結後速やかに行い，納税者は，同契約締結後直ちに同登記に必要な書類を東京都に提出する旨（４条），⑤東京都は，納税者に対し，本件売買代金を本件土地１ないし３の所有権の移転の登記がされた後，納税者の請求のあった日から30日以内に支払う旨（２条），⑥本件土地１ないし３上にある建物等の所有者が東京都と別途締結する物件移転補償契約に基づいて物件移転を完了したときに，納税者から東京都に対し本件土地１ないし３の引渡しがあったものとする旨（５条）等を内容とする売買契約（以下「本件各売買契約」といい，本件各売買契約に係る契約書を「本件各売買契約書」という）を締結した。

本件土地１については，納税者と乙との間で，乙が本件土地１を賃借する旨等を内容とする契約が締結されており，本件土地１上には乙が所有する建物が存在していた。本件土地２は，本件土地１に隣接する私道として利用されていた土地であり，借地権等は設定されていなかった。本件土地３及び４は，隣接する一団の土地であるところ，納税者と丙（以下乙と総称して「本件各借地人」という）との間で，丙が本件土地３及び４を賃借する旨等を内容とする契約が締結されており，本件土地３上には丙が所有する建物が存在し，同建物には３名の借家人が居住していた。なお，本件土地４については，納税者は，平成20年12月10日付けで，丙との間で，丙が本件土地４について有していた借地権を納税者に譲渡すること等を内容とする契約を締結した。

納税者は，平成20年11月13日，東京都との間で，東京都が，本件各売買契約により本件土地３を買い取ることによって本件土地４に損失が生ずるとして，本件残地補償金20万4,935円を，納税者と別途に締結する売買契約に基づく所有権の移転の登記が完了した後，納税者の請求があった日から30日以内に支払う旨（３条）等を内容とする残地に関する補償契約（以下「本件残地補償契約」といい，本件残地補償契約に係る契約書を「本件残地補償契約書」という）を締結した。

以上の売買契約締結後，納税者は，平成20年11月13日，東京都に対し，本件土地１ないし３に係る所有権の移転の登記の各申請に必要な書類を交付した。東京都は，平成20年12月17日に本件土地３に係る本件土地４との分筆及び所有権の移転の登記を，同月26日に本件土地１及び２に係る所有権の移転の登記をそれぞれ嘱託し，いずれも同年11月13日売買を原因としてその登記を受けた。東京都は，納税者に対し，平成21年１月８日に本件残地補償金を，同月16日に本件土地１及び２の売買に係る

売買代金を，同年2月9日に本件土地3の売買に係る売買代金をそれぞれ支払った。

　東京都と本件各借地人との間の借地権の消滅等に関する契約の締結関係については，平成20年11月13日，東京都は本件各借地人との間で，①本件各売買契約により本件土地1及び3の所有権が東京都に移転したときに本件各借地人の借地権が消滅する旨，②上記①により借地権が消滅し，かつ，東京都が別途本件各借地人と締結する物件移転補償契約に基づいて物件移転が完了したときに，本件土地1及び3に係る明渡しがあったものとする旨等を内容とする本件土地1及び3に係る借地権消滅補償契約をそれぞれ締結するとともに，本件各借地人は平成21年3月31日までに本件土地1及び3上にある建物，工作物等を移転し，移転を完了したときは，その旨を東京都に届け出て確認を受けなければならない旨等を内容とする物件移転補償契約をそれぞれ締結した。なお，本件各物件移転補償契約書に記載はないものの，本件各物件移転補償契約の対象である建物の所有者が「移転期限延長願」を東京都に提出し，当該建物の所有者と東京都の間で移転期限延長契約が締結された場合には，上記の物件移転補償契約に定められた移転期限の延長が認められるものとされていた。本件土地1及び3について，それぞれ平成22年3月31日，平成21年6月23日に物件の移転が完了した旨の届出があり，同日又は翌日東京都により確認を受けた。また，本件各借家人は，平成21年2月11日，同年4月1日及び同年4月6日にそれぞれ本件土地3上にある建物から立ち退きを完了し，それぞれ東京都に立ち退きが完了した旨の届出をし，同月10日までに東京都による確認を受けた。

　納税者は平成20年度（本件事業年度）確定申告では，所得の金額を760万8,495円，納付すべき法人税の額を167万3,000円等として原処分庁に提出した。納税者は平成21年度確定申告に係る申告書において，本件売買代金を固定資産の譲渡等に係る収益の額として益金の額に算入するとともに，同額を平成22年法律6号による改正前の租税特別措置法64条の2第1項に基づいて特別勘定を設ける方法により経理して損金の額に算入した。また，納税者は，平成21年度確定申告書に添付した別表十三㈣（収用換地等に伴い，取得した資産の圧縮額等の損金算入に関する明細書）に，上記の各土地に係る本件証明書を貼付しているところ，そのうち本件各土地に係る本件各売買契約に関する本件証明の「買取等年月日」欄には，いずれも「H20.11.13」と記載されていた。

　これに対し，所轄税務署長は，平成23年1月28日付けで，納税者に対し，納税者

の本件事業年度の法人税の所得の金額を3,892万5,818円，納付すべき法人税の額を1,103万C700円とする旨等の本件更正処分等をしたため，納税者は審査請求を経て訴えを提起した。

　本件における争点は，本件売買代金及び本件残地補償金に係る収益の額を納税者の法人税の確定申告において益金の額に算入して計上すべき時期である。

　判決では，不動産の譲渡の取引においては，代金の支払と同時に当該不動産の引渡しや所有権の移転の登記がされることにより取引が一時に完了し，法人税基本通達2－1－14にいう「引渡しがあった日」が客観的に明白な場合がある一方，諸般の事情から各契約当事者の給付等が段階的に複数回に分けてされ，外見上は「引渡しがあった日」や収益が実現したといえる日が必ずしも明らかでない場合も生ずるが，後者のような場合には，契約上買主に所有権がいつ移転するものとされているかということだけではなく，代金の支払に関する約定の内容及び実際の支払の状況，登記関係書類や建物の鍵等の引渡しの状況，危険負担の移転時期，不動産から生ずる果実の収受権や不動産に係る経費の負担の売主から買主への移転時期，所有権の移転の登記の時期等の取引に関する諸事情を考慮し，不動産の現実の支配がいつ移転したかを判断し，現実の支配が移転した時期をもって，判断するのが相当であるとした。そして，本件各売買契約においては，代金の支払，所有権の移転，所有権の移転の登記及び土地の引渡しをするものとされる日がそれぞれ異なっているから，基本通達2－1－14にいう「引渡しがあった日」が客観的に明白であるとは認められないとした。

　その上で，①本件各売買契約の締結日である平成20年11月13日に土地1ないし3の所有権が納税者から東京都に移転するものと定められていること，②各売買契約の締結日である同日に納税者から東京都に対して所有権の移転の登記を嘱託するために必要な書類が提出され，土地3については同年12月17日に，土地1及び2については同月26日に，それぞれ同年11月13日売買を原因とする所有権の移転の登記がされていること，③納税者は，東京都に対し，本件各売買契約の締結日に売買代金に係る請求書を提出していたこと，④所有権の移転の登記が完了したことに伴い，それ以後は，土地1ないし3に係る固定資産税等の公租公課を東京都が負担することになったこと，⑤東京都は，同年11月13日以降，本件各借地人及び借家人との間で，土地1及び3上にある物件の移転及び立ち退きについてそれぞれ個別の契約を

締結したほか，各物件の移転期限及び立ち退き期限の延長も合意している反面，納税者はこれらの点に全く関与していないことの各事情を総合して考慮すると，土地１ないし３の現実の支配は平成20年11月13日に納税者から東京都に移転したものと認められ，同日が法人税基本通達２－１－14にいう「引渡しがあった日」であると認めるのが相当であるとした。さらに，本件土地４は，土地３と一団の土地を成していたところ，土地３を東京都が納税者から買い取った結果，残地となったこと，本件残地補償金は，土地３を東京都が納税者から買い取った結果生ずる損失を補償する性質のものであること等の各事情を踏まえると，残地補償金は，平成20年11月13日の属する事業年度の収益の額に当たるとして納税者の訴えを退けた。

　本事案は，当事者間の契約により引渡し日を決めているものではあるが，税務上は実質により引渡し日を判断するとした例として注目すべき裁判例である。

9　特殊な販売形態

1　事　　例

　当社は楽器の販売を行っているが，地方には販売店を置かず，地元の楽器店に楽器を預け，そこで売り上げた場合に手数料を支払っている。楽器店は月末にその月中の販売高を締め，手数料を差し引いた売上金は翌月５日に当社口座に入金され，また同時に報告書が発送されてくる。

2　対応する新会計基準

(1)　委託販売契約

　設例のように，商品又は製品を最終顧客に販売するために，販売業者等の他の当事者に引き渡す場合がある。

　この場合には，他の当事者が商品又は製品に対する支配を獲得したかどうかを判定する必要がある。他の当事者が商品又は製品に対する支配を獲得していないのであれば，委託販売契約として他の当事者が商品又は製品を保有している可能性がある。この場合には，他の当事者への商品又は製品の引渡時に収益を認識しない（新会計基準適用指針75）。

　契約が委託販売契約に該当するか否かは，次の指標により判断する（新会計基準

適用指針76)。

> ① 販売業者等が商品又は製品を顧客に販売するまで，あるいは所定の期間が満了する
> まで，企業が商品又は製品を支配していること
> ② 企業が，商品又は製品の変換を要求することあるいは第三者に商品又は製品を販売
> することができること
> ③ 販売業者等が，商品又は製品の対価を支払う無条件の義務を有していないこと（た
> だし，販売業者等は預け金の支払を求められる場合がある）

委託販売に似たような取引として，買取仕入契約と消化仕入契約がある。

設例でいえば，買取仕入契約は，商品の楽器店への納入時に，商品の所有権が当社から楽器店に移転する。商品に関する管理責任及びリスクは楽器店が負っている。上記の指標に鑑みれば，買取仕入契約は，商品の楽器店への納入時に，楽器店に資産に対する支配の移転が認められ，当社において収益が認識されるものと考えられる。

消化仕入契約は，当社の楽器店への商品納入時は，商品の所有権が当社に残っており，商品に関する管理責任及びリスクは当社が負っている。商品の顧客への販売時に，商品の所有権は当社から楽器店に移転し，同時に顧客に移転する。上記の指標に鑑みれば，消化仕入契約は，商品の顧客への販売時に，当社において収益が認識されるものと考えられる。

(2) 本人と代理人の区分

顧客への財又はサービスの提供に他の当事者が関与している場合がある。この場合には，企業の立ち位置が本人か代理人かによって，収益の額が総額か純額に異なることになる。

顧客との約束における履行義務	法的位置	収 益 の 額
その財又はサービスを企業が自ら提供	本人	財又はサービスの提供と交換に企業が権利を得ると見込む対価の総額
その財又はサービスを当該他の事業者によって提供されるように企業が手配	代理人	他の当事者によって提供されるように手配することと交換に企業が権利を得ると見込む報酬又は手数料の金額（他の当事者が提供する財又はサービスと交換に受け取る額からその当事者に支払う額を控除した純額）

顧客との約束の性質が，本人か，あるいは代理人であるのかを判定するために，次の(1)及び(2)の手順に従って判断を行う。

(1)　顧客に提供する財又はサービスを識別すること（例えば，顧客に提供する財又はサービスは，他の当事者が提供する財又はサービスに対する権利である可能性がある）

(2)　財又はサービスのそれぞれが顧客に提供される前に，当該財又はサービスを企業が支配しているかどうか（新会計基準第37項）を判断すること

顧客に提供される前に企業が財又はサービスを支配していときには本人に該当し，支配していないときは代理人に該当する（新会計基準指針43）。

次の①から③のいずれかを指標を満たしているときは，本人に該当すると考えられる（新会計基準44）。

①　企業が当該財又はサービスを提供するという約束の履行に対して主たる責任を有していること

②　当該財又はサービスが顧客に提供される前，あるいは当該財又はサービスに対する支配が顧客に移転した後（例えば，顧客が返品権を有している場合）において，企業が在庫リスクを有していること

③　当該財又はサービスの価格の設定において企業が裁量権を有していること

③　法人税法の考え方

(1)　委託販売契約

会社が特殊な販売形態をとる場合は，その契約内容に応じて適切な収益計上基準を採用することになる。

委託販売では，委託者が受託者に商品等を預託し，一定の手数料を支払う約束で受託者に販売を委託することとなる。委託販売に係る収益の帰属の時期について，法人税基本通達２－１－３では，「その委託品について受託者が販売をした日の属する事業年度の益金の額に算入する。ただし，当該委託品についての売上計算書が売上の都度作成され送付されている場合において，法人が継続して当該売上計算書の到達した日において収益計上を行っているときは，当該到達した日は，その引渡しの日に近接する日に該当するものとして，法第22条の２第２項《収益の額》の規定を適用する。」とし，さらに注書きで「受託者が週，旬，月を単位として一括し

て売上計算書を作成している場合においても，それが継続して行われているときは，「売上の都度作成され送付されている場合」に該当する。」としており，従来の取扱いが継承された。

受託者の行った行為は，委託者の行った行為とされることから，「受託者が販売をした日の属する事業年度の益金の額に算入する」とするのは当然のことであるが，委託者は受託者から販売の事実の報告を受ける必要があることから，売上計算書到達日を引渡しの日に近接する日として，法人税法22条の2第2項により収益計上することとなる。さらに，受託者が，商品の種類や販売量が多く集計に時間がかかるなどの理由により，ある程度まとめて報告することは，実務上よくあることと思われる。したがって，受託者が週，旬，月を単位として一括して売上計算書を作成している場合においても，それが継続して行われているときは，売上計算書到達日基準を認めているものである。

これに対して消化仕入販売は，販売店が店頭に納入業者から商品を納入陳列させ，これを顧客に売り上げた時点で仕入れを計上するものである。納入業者は販売店が売り上げた時点で自身も売り上げたこととなるが，売上先は顧客ではなく販売店となる。その前提で，法人税法22条の2第1項又は2項をあてはめて収益計上をすることとなる。

その他の特殊な販売形態として，買手に商品を試送し，実際に商品を使用してもらった上で，買手に購入の是非を決めてもらう販売形態である試用販売，商品や製品を販売する際に，あらかじめ買手から購入の意思表示を得，その対価の全額又は一部を入金させる販売形態である予約販売がある。試用販売の場合，売手から買手への試用品の引渡しは商品の引渡しに該当せず，買手の意思表示により商品の引渡しが成立する（民法182②）。つまり，商品に対する支配は，買手が購入の意思表示をした時に，売手から買手に移動することとなり，法人税法においても，買手の買取りの意思表示を確認した日が引渡しの時となり，その日の収益に計上することになる。ただし，積送又は配置した棚卸資産について，相手方が一定期間内に返送又は拒絶の意思を表示しない限り特約又は慣習によりその販売が確定することとなっている場合には，その期間の満了の日が引渡しの時となり，その日に収益計上が求められることになろう。一方，予約販売の場合，売手から買手への予約品の引渡しが商品の引渡しに該当する。商品に対する支配は，あくまでも商品が売手から買手

に引き渡された時に移動することとなり，法人税法においても，引渡基準により収益を計上することになる。

(2)　消費税との関係

　企業会計上，法人税法上，代理人として収益の額を純額として処理した場合の消費税の取扱いに留意する必要がある。

　企業会計上，法人税法上，企業が行う財又はサービスの提供を代理人取引として企業が権利を得ると見込む報酬又は手数料の純額を収益として認識したとしても，消費税法上，顧客に販売した対価の額が課税売上の課税標準の額となる。一方，仕入先からの商品等の仕入れの額が，仕入税額控除の対象となる。課税売上高に係る消費税額と課税仕入れの対価に係る消費税額との差額が納付すべき消費税額となる。

④　具体的処理

　設例の会社は，委託販売を行っているようだ。受託者による販売高の締めと，会社への売上計算書到達日は月が異なることとなるが，法人税基本通達2－1－3では継続適用を要件に売上計算書到達日基準を認めているので，受託者が締めた月ではなく売上計算書到達日により収益計上することも認められる。

⑤　裁判例・裁決例

　委託販売取引に係る収益の計上時期は，その委託商品を販売先に直接出荷した日の属する事業年度であるとされた裁決例がある（昭61.7.31・裁事32－139・J32－3－02）。

　納税者は，でんぷん製造業等を営む同族会社である。納税者を委託者，○○澱粉協同組合（以下「協同組合」という）を受託者とするでんぷんの委託販売取引について，協同組合から，「組合員勘定の異動通知書」又は「共販明細書」（以下，これらを総称して「精算書」という）が到達した日の属するそれぞれの事業年度の収益として法人税の確定申告をしたところ，原処分庁が，一般的に商品の販売による収益の計上は，実現主義の原則に従ってされており，委託販売についても受託者が委託商品を販売した日をもって収益実現の日とされているとして更正処分等をしたため，審査請求に及んだ。

　審判所は，一般に，委託販売における収益は，受託者が委託商品を販売した日に

実現するものとされるが，ただし，売上計算書が販売の都度又は週，旬，月を単位として一括して作成，送付されている場合には，その売上計算書が到達した日をもつて収益実現の日とすることができるところ，本件について，売買契約は納税者と協同組合との間で締結された委託販売契約に基づくものであるが，納税者がその委託販売の目的となったでんぷんすべてを保管しており，かつ，その出荷も受託者である協同組合からの出荷指図に従って，その都度納税者が自社の倉庫から行い，しかも船積みと同時にそのでんぷんに係る危険負担及び所有権が買主に移転すると解されるFOB取引であって，販売の日に関する限り，納税者が直接売買契約を締結する場合と何ら異なるところはないから，このような委託販売契約に基づく取引に係る収益の実現する日は，納税者がそのでんぷんを販売先に直接出荷した船積日であると解するのが相当であるとして納税者の主張を退けた。

　委託販売であっても，重要なのは，他者へ売り渡したのはいつであるかにより，売上計上時期を判断するということが確認できる事例である。

10　間接税付販売

①　事　　　例

　当社は，特約業者と委託販売契約を締結し，軽油の販売を行っている。当社は軽油引取税の特別徴収義務者ではないが，軽油の販売に当たっては，消費税等だけでなく軽油引取税も収受している。

②　対応する新会計基準

　新会計基準においては，収益を認識するために，取引価格の算定及び配分のステップを適用する。取引価格とは，財又はサービスの顧客への移転と交換に企業が権利を得ると見込む対価の額であり，第三者のために回収する額は除かれる（新会計基準9，47）。

　軽油引取税及び消費税等は，企業が国や都道府県等に納付するため引取者又は消費者から受け取るものであり，第三者のために回収する額に該当することから，取引価格には含まれない。この対象となるものとして，消費税等，たばこ税，揮発油税，酒税等がある。

③ 法人税法の考え方

　消費税等については，個別通達「消費税法等の施行に伴う法人税の取扱いについて」（平元.3.1直法2−1・平9年課法2−1により改正）の3で「法人税の課税所得金額の計算に当たり，法人が行う取引に係る消費税等の経理処理については，税抜経理方式又は税込経理方式のいずれの方式によることとしても差し支えない」と定められており，収益の額に含めるかどうかは，その法人の自由選択となる。

　ただし，その選択には次のような制限が設けられている。

> (1)　法人の選択した方式は，当該法人の行うすべての取引について適用するものとする。
> (2)　法人が売上げ等の収益に係る取引につき税抜経理方式を適用している場合には，固定資産，繰延資産及び棚卸資産の取得に係る取引又は販売費，一般管理費等の支出に係る取引のいずれかの取引について税込経理方式を選択適用できるが，個々の固定資産等又は個々の経費等ごとに異なる方式を適用することはできない。
> (3)　売上げ等の収益に係る取引につき税込経理方式を適用している場合には，固定資産等の取得に係る取引及び経費等に係る取引については税抜経理方式を適用することはできない。
> (4)　固定資産等のうち棚卸資産の取得に係る取引については，継続適用を条件として固定資産及び繰延資産と異なる方式を選択適用できる。
> (5)　消費税と地方消費税について異なる方式を適用することはできない。

　これらの他，軽油引取税についても，その取扱いが問題となる。

④ 具体的処理

　販売業者にとっては，通常の販売契約による場合は消費税等のみが第三者のために回収する額となるが，設例の会社のように，委託販売契約による場合や軽油引取税の特別徴収義務者は消費税等だけでなく軽油引取税も第三者のために回収する額となり，消費税等については，税抜処理，税込処理のいずれによって経理しても構わないが，軽油引取税は売上に含めずに預り金処理をする。

⑤ 裁判例・裁決例

　消費税の事例であるが，ガソリンスタンドにおける軽油の販売について，軽油引取税と軽油の販売売上についての関係について判断した裁決例がある（平9.5.28裁決・裁事53−477・J53−5−26）。

　納税者はガソリンスタンドを営む同族会社であるが，軽油の特約業者，つまり，

元売業者と契約して軽油を販売することを業とする者で都道府県知事の指定した業者には該当しない一般の販売業者である。納税者は消費者に軽油を販売する際，特約業者に徴収された軽油引取税を上乗せするが，消費税等については軽油引取税を上乗せ前の価額に対して計算していた。納税者は，軽油引取税上乗せ前の販売価格を消費税の課税売上高として申告していたところ，原処分庁に，軽油引取税相当額が課税資産の譲渡等の対価の額に含まれるとして更正処分等されたため，審査請求に及んだ。

納税者は，①消費税法取扱通達10－1－10（現10－1－11「法第28条第1項《課税標準》に規定する課税資産の譲渡等の対価の額には，酒税，たばこ税，揮発油税，石油石炭税，石油ガス税等が含まれるが，軽油引取税，ゴルフ場利用税及び入湯税は，利用者等が納税義務者となっているのであるから対価の額に含まれないことに留意する。ただし，その税額に相当する金額について明確に区分されていない場合は，対価の額に含むものとする。」）には軽油引取税は利用者等が納税義務者となっているので課税資産の譲渡等の対価の額に含まれないと定めているだけで，特約業者と一般の販売業者が軽油を販売する場合では，軽油引取税を課税資産の譲渡等の対価の額に含むか否かの取扱いが異なる旨を当該通達に明記すべきであること，②消費者が特約業者と一般の販売業者から軽油を購入した場合には，同一商品について税法が「一物二価」を強いることになり，社会的に不公平を生じさせる結果となること，③特約業者と一般の販売業者間で軽油委託販売契約を締結し，また，帳票類の軽油の欄に委託販売であることを明らかにすれば，軽油引取税は課税資産の譲渡等の対価の額に含まれないことを主張した。

審判所は，地方税法700条の3第1項によれば，軽油引取税の納税義務者は特約業者から軽油を引き取る者とされており，また，特約業者は特別徴収義務者として軽油引取税を納税義務者から徴収して都道府県に納付すると規定されていることからすると，特約業者にあっては，軽油引取税の特別徴収義務者として納税義務者から軽油引取税に相当する額を預かったにすぎないのであるから，課税資産の譲渡等の対価の額に含まれないが，一般の販売業者にあっては，納税義務者として特別徴収義務者である特約業者に支払った軽油引取税に相当する額を軽油本体の価格に上乗せしたところで顧客に販売するものであり，軽油引取税に相当する額は販売価格の一部にすぎず，課税資産の譲渡等の対価の額に含まれると解され，消費税法取扱

通達に軽油引取税等個別消費税を限定列挙しているのは，これらの税がすべて特別徴収によって租税を徴収されることに鑑みれば，当該税目の定めは特別徴収義務者に対するものであるものと解するのが相当であり，当該通達に特約業者が販売した場合と一般の販売業者が販売した場合に区別して定める必要はないというべきであるとした。

　また，法令を適用することが社会的不公平を生むかどうかなど，法令自体の適否を判断することは当審判所の権限に属さないこと，納税者の販売形態は委託販売によるものではなく，通常の買取りによるものであることから，納税者の主張は採用できないとして，その主張を退けた。

《通常の販売による軽油引取税の処理》

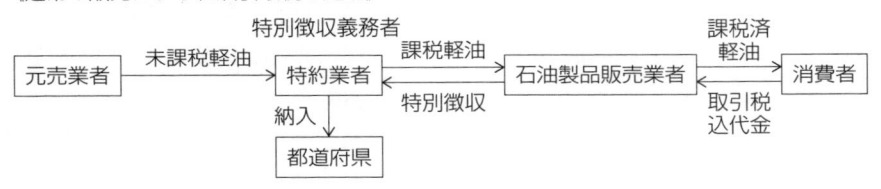

《委託販売による軽油引取税の処理》

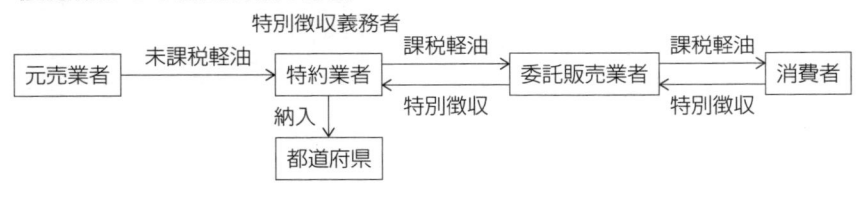

Ⅱ 請負による収益

1 完成引渡基準と役務完了基準

① 事　例

　注文家具の製造販売をしている当社は，新築住宅に据え付ける作り付け家具と造作家具の注文を受けた。当社は工場でこれらの家具及びそのパーツを制作し，据付先の住宅に搬入したが，内装工事が遅れており，未だ据付が完了していない。なお，これらの家具の代金は搬入時に受取り済である。

② 対応する新会計基準

　企業は，約束した財又はサービスを顧客に移転することにより履行義務を充足した時に又は充足するにつれて，収益を認識する。契約における取引開始日に，識別された履行義務のそれぞれが，一定期間に充足されるものか，一時点で充足されるものかを判定する。一定期間にわたり充足されるものは一定の期間にわたり収益を認識し，一時点で充足されるものは一時点で収益を認識する。

　一定期間にわたり履行義務を充足し収益を認識するのは，次の3つの要件のいずれかを満たす場合である（新会計基準38）。

---

① 企業が顧客との契約における義務を履行するにつれて，顧客が便益を享受すること
② 企業が顧客との契約における義務を履行することにより，資産が生じる又は資産の価値が増加し，当該資産が生じる又は当該資産の価値が増加するにつれて，顧客が当該資産を支配すること
③ 次の要件のいずれも満たすこと
　イ　企業が顧客との契約における義務を履行することにより，別の用途に転用することができない資産が生じること
　ロ　企業が顧客との契約における義務の履行を完了した部分について，対価を収受する強制力のある権利を有していること

　顧客との請負契約が，3つの要件のいずれも満たさない場合には，一時点で履行

義務が充足されるものとして，一時点で収益を認識する。

　一方，顧客との請負契約が，3つの要件のいずれかを満たす場合には，一定期間にわたり履行義務を充足するものとして，一定期間にわたり収益を認識する。この場合には，従来の工事進行基準と同様に，一定期間にわたり収益を認識する。

　一定の期間にわたり充足される履行義務は，履行義務の充足に係る進捗度を見積もり，進捗度に基づき収益を一定の期間にわたり認識する（新会計基準41）。

　進捗度を合理的に見積もることができないが，履行義務を充足する際に発生する費用の回収が見込まれる場合には，一定の期間にわたり充足される履行義務について原価回収基準を適用しなければならない（新会計基準45，15）。この原価回収基準は従来にない会計処理基準である。

③　法人税法の考え方

　法人税基本通達2－1－21の7では，請負に係る収益の帰属の時期については，工事進行基準の適用を受けるもの及び同通達2－1－21の9〜2－1－21の11に定めるものを除き，その引渡し等の日が法22条の2第1項《収益の額》に規定する役務の提供の日に該当し，その収益の額は，原則として引渡し等の日の属する事業年度の益金の額に算入されることに留意するとしながら，進捗度に応じて益金算入している場合には，これを認めるとしている。

　これは，請負についての民法における報酬の支払時期は，原則として，物の引渡しを要する取引にあってはその目的物の全部を完成して相手方に引き渡した日であり，物の引渡しを要しない取引にあってはその約した役務の全部を完了した日であり，これらの時点をもって実現したものとして収益の計上時期とするのが伝統的な会計慣行であったことを踏まえ，旧通達2－1－5の取扱いを引き続き原則として据えるものである。請負は，収益認識基準において「履行義務が一定の期間にわたり充足されるもの」に該当する場合もあり得るが，請負等の報酬の請求が可能となる日は民法上比較的明確であり，法律概念を優先した方が同じ法律である法人税法の安定に資するため，法基通2－1－21の7では，収益認識基準の取扱いをむしろ例外としている。

　具体的には，その請負が，下記に示す同通達2－1－21の4(1)〜(3)のいずれかを満たす場合において，その請負に係る履行義務が充足されていくそれぞれの日の属

する事業年度において，提供する役務につき通常得べき対価の額に相当する金額に
その各事業年度終了の時における履行義務の充足に係る進捗度を乗じて計算した金
額から，その各事業年度前の各事業年度の収益の額とされた金額を控除した金額を
益金の額に算入しているときは，これを認めるということになる（同通達２－１－
21の７但し書き）。

> (1) 取引における義務を履行するにつれて，相手方が便益を享受すること。

　これは一連の別個のサービスをイメージしたものである。具体的には，ビルの清
掃サービスのように，日々清掃サービスを行うが複数月単位あるいは年単位の契約
となっているようなものが該当する。進捗度に応じて益金算入するとは，役務の提
供の日，つまり，履行義務が充足されていくそれぞれの日に収益を計上するという
ことである。

（租研資料より）

> (2) 取引における義務を履行することにより，資産が生じ，又は資産の価値が増加し，
> その資産が生じ，又は資産の価値が増加するにつれて，相手方がその資産を支配する
> こと。

　この資産を支配することとは，その資産の使用を指図し，その資産からの残りの
便益のほとんどすべてを享受する能力（他の者がその資産の使用を指図してその資
産から便益を享受することを妨げる能力を含む）を有することをいう。そして，こ
ちらは新会計基準での請負工事等に対応したもので，役務提供の日に収益を計上す
るとは，例えばリフォーム工事などをイメージするとよい。

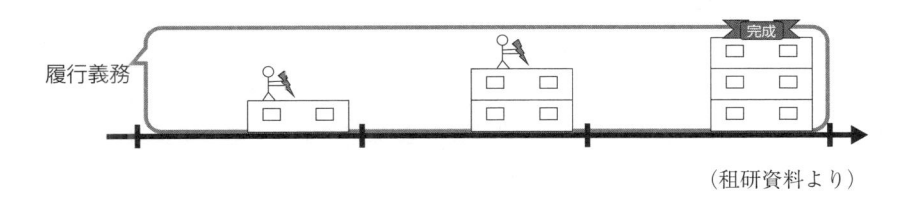

（租研資料より）

　こちらは引渡しはまだ了していないとしても，請負側が他に転用したりできないもので，相手側に支払義務が発生しているものとなる。

　請負工事について，法人税法では，①工事完成基準，②引渡基準又は履行義務充足基準の他，③部分完成基準があり，②の履行義務充足基準と③の部分完成基準の違いがわかりにくい。部分完成基準は次問に譲るが，履行義務充足基準は選択適用，部分完成基準は強制適用であることをまずここで述べておく。

　ところで，法22条の2第1項《収益の額》に規定する役務の提供の日となる引渡し等の日がいつであるかについて，請負契約の内容が建設工事等を行うことを目的とするものであるときは，例えば作業を結了した日，相手方の受入場所へ搬入した日，相手方が検収を完了した日，相手方において使用収益ができることとなった日等，その建設工事等の種類及び性質，契約の内容等に応じその引渡しの日として合理的であると認められる日のうち法人が継続してその収益計上を行うこととしている日によることとなる（法基通2-1-21の8）。ここで，請負による収益の帰属の時期については，旧通達2-1-5では物の引渡しを要するものと物の引渡しを要しないものとを分け，引渡基準又は役務完了基準により収益計上するとしていたが，現行通達における「引渡し等の日」についても，物の引渡しを要する取引にあってはその目的物の全部を完成して相手方に引き渡した日をいい，物の引渡しを要しない取引にあってはその約した役務の全部を完了した日をいうこととなる（法基通2-1-21の2括弧書き）。

4　具体的処理

　設例の会社の取引については，据付完了をもって請負内容，つまり履行義務が充足されることとなる。また，家具を現場に搬入しただけでは，基本通達2-1-21の4(1)〜(3)のいずれも満たさないことから，進捗度に応じて益金算入する方法をとることもできない。したがって，据付完了を以て収益計上することとなる。ただし，

造作家具については，据付工事を必要としないものがある一方，組立・設置作業が必要なものもあり，契約における履行義務に応じ，収益計上を判断することとなる。

⑤ 裁判例・裁決例

引渡しの時期に関し，商社経由のプラント輸出取引における機器類の販売に係る収益を契約プラントの完成引渡しの日に計上した会計処理を相当であるとした裁決例がある（昭61.12.16裁決・裁事32－181・J32－3－05）。

納税者は，輸送用機械器具製造業を営む内国法人である。原処分庁は，納税者がA社から昭和56年6月3日付注文書（以下「本件注文書」という）によって受注したB国向け自動車用クラッチ及び同部品製造プラント取引（以下「本件プラント取引」という）の契約内容が4つの区分からなつているところから，このうち主機器及び予備部品の販売については，A社に引き渡され代金決済が行われるA社の指定倉庫搬入日でもつて売上げに計上すべきであるとして，納税者の昭和58年3月期，昭和59年3月期の法人税等の申告について更正処分等を行った。

これに対して納税者は，本件プラント取引は，完全な製造プラントを一括して請け負うものであるから，契約プラントの完成引渡しの日とされる客先による検収（アクセプタンス）の日である昭和59年10月31日に収益及びこれに対応する費用を計上すべきであるとした納税者の会計処理は，一般に公正妥当と認められる会計処理の基準に合致しているとして，審査請求に及んだ。

審判所は，①プラント契約書上の契約当事者は，A社とB国公団であるが，本件プラント取引の実態をみると，A社は，商社金融，輸出入手続等の総合商社機能を担当し，納税者は，プラント機器の調達と契約プラントの企画設計から連続運転までの各段階での総合的技術供与（総合エンジニアリング）を担当したとみることが相当であり，また，本件注文書は，A社がプラント契約書の契約条項を実行するため，A社とその元請である納税者がそれぞれの役割を機能的に発揮するために作成されたものであると認められること，②納税者が担当する総合エンジニアリングの業務は，B国におけるプラント機器の据付に関する指導にとどまらず，本件プラントの企画設計を担当し，個々の機器類の調達に当たっては，納税者が各機械メーカーに対して機器仕様を指示して特別に作らせたものであることを考えると，納税者の履行すべき業務が，A社に対する機器類の引渡しでもっていったん終了したと

考えることは取引実態に適合しているとはいい難く，納税者の調達した機器類が，製造プラントとして所定の性能を発揮してはじめて本件プラント取引が終了したとみるべきであることにより，本件プラント取引は，プラント機器類の販売（商品売買）と据付作業の指導，監督等の技術役務の提供（請負）の2つの要素からなる混合契約とみるよりも，全体として一括請負契約とみるのが相当であるとした。

そして，このような，物の引渡しを要する請負契約に係る収益計上の時期についての法人税の取扱いは，納税者が工事進行基準を選択していない場合には，目的物の全部を完成して相手側に引き渡した日の属する事業年度の益金の額に算入することができることとされているため，したがって，本件プラント取引に係る収益の計上時期は，納税者が契約プラントを完成してB国公団に引き渡した日，すなわち昭和59年10月31日とするのが相当であり，各事業年度の更正は，本件プラント取引の実態に関する事実誤認に基づいた違法な処分といわざるを得ないとして，原処分を取り消した。

2　部分完成基準，部分収益確定日基準

1　事　　例

建設業を営む当社は，個人住宅のリフォーム工事を請け負った。その内容は，キッチン，バスルームの改修工事とエクステリア工事である。キッチン，バスルームの改修工事は今期に終えたが，エクステリア工事はまだ途中である。これらの工事は一括して請け負っており，今期中に中間金を受け取ったが，すべての工事が完了した後に完工金を受け取る契約となっている。

2　対応する新会計基準

部分完成基準は，工事完成基準の完成引渡しの単位ごとの売上計上基準である。新会計基準には，部分完成基準という概念はなく，いってみれば，履行義務充足基準しかない。履行義務の充足の形態によって，一定期間にわたり履行義務を充足する，すなわち，一定期間にわたり収益を認識するか（いわゆる工事進行基準），一時点において履行義務を充足する，すなわち，一時点に収益を認識するかのいずれかである。

新会計基準では，同一の顧客（当該顧客の関連当事者を含む。）と同時又はほぼ同時に締結した複数の契約は，一定の要件に該当する場合には，当該複数の契約を結合し，単一の契約とみなして処理するものとされている（新会計基準27）。

また，契約において約束した財又はサービスを評価し，別個の財又はサービスか一連の別個の財又はサービスかにより，履行義務を識別する。

設例の取引は，これらの考えに従い，契約を識別し，履行義務を別個の財又はサービスであると識別することができるのであれば，履行義務の充足のタイミングに応じて，（部分的に）収益を認識することになる。

③ 法人税法の考え方

法人税基本通達2－1－21の2は，役務の提供のうちその履行義務が一定の期間にわたり充足されるものについては，その履行に着手した日から引渡し等の日までの期間において履行義務が充足されていくそれぞれの日が法22条の2第1項《収益の額》に規定する役務の提供の日に該当し，その収益の額は，その履行義務が充足されていくそれぞれの日の属する事業年度の益金の額に算入されることに留意するとしている。

そして，同通達2－1－1の4（部分完成の事実がある場合の収益の計上の単位）では，法人が請け負った建設工事等（建設，造船その他これらに類する工事をいう）について一定の事実がある場合（工事進行基準の適用がある場合を除く）には，その建設工事等の全部が完成しないときにおいても，その事業年度において引き渡した建設工事等の量又は完成した部分に区分した単位ごとにその収益の額を計上するとしている。

この部分完成基準が強制される一定の事実とは次のものである。

> (1) 一の契約により同種の建設工事等を多量に請け負ったような場合で，その引渡量に従い工事代金を収入する旨の特約又は慣習がある場合
> (2) 1個の建設工事等であっても，その建設工事等の一部が完成し，その完成した部分を引き渡した都度その割合に応じて工事代金を収入する旨の特約又は慣習がある場合

この「一定の事実」について，旧通達2－1－9についての逐条解説では，(1)を「例えば，100戸の建売住宅の建設を請け負ったような場合に，1戸を引き渡す都度工事代金を収入する旨の特約又は慣習がある場合」として，(2)を「例えば1,000

メートルの護岸工事を請け負い，そのうち100メートルごとに完成した都度引渡を
し，その割合に応じて工事代金を収入する特約又は慣習がある場合」として説明し
ている（『法人税基本通達逐条解説』8訂版，101頁，小原一博編著，税務研究会出
版局）。

　つまり，進捗度に応じて収益計上しなければならないものとして，履行義務が一
定の期間にわたり充足されるものと部分完成基準が適用されるものがあり，選択に
より，進捗度に応じて収益計上できるものとして，基本通達通達2−1−21の7但
し書きがあるということである。

④　具体的処理

　設例の会社について，キッチン，バスルームの改修は今期に終えたとあるが，実
際に作業を結了したかどうかを確認する必要がある。また中間金の支払い条件等よ
り，それが内装部分の工事代金に相当するものであるか等，総合的に判断し，部分
的に完成引渡し済かどうかを判断する必要がある。

⑤　裁判例・裁決例

　請負契約の下における履行義務の充足と収益の帰属時期が実質的に争点となった
裁判例がある（東京地判昭63.4.26・Z164−6102）。

　納税者は昭和52年1月12日新日本製鉄株式会社（以下「新日鉄」という）からペ
ルシャ湾における海底油田の石油採掘に関する海洋諸施設の維持管理及び補修を内
容とするAOCメンテナンス工事の一部（以下「本件工事」という）を請け負った。

　納税者は，本件工事の請負代金の支払いとして，新日鉄から昭和52年2月28日に
現金356万円，約束手形1,422万円の合計1,778万円を受領したが，右現金分356万円
のみを工事収入として本件事業事業年度の収益に計上し，約束手形で受領した1,422
万円は前受金として処理し，本件事業年度の収益に計上しなかった。本件請負代金
のうち，第1回分として支払予定の1,778万円は，本件請負を開始するまでに必要
な費用である1,616万3,650円に一般管理費である右額の1割に相当する額を加算し
た1,778万15円から端数を切り捨てた額であって，その支払予定日である昭和52年
2月末には本件工事が始まっていた。

　納税者は本件工事に関し，同工事契約書添付の支払予定表に従い，その第3回の

請負代金として，昭和52年3月20日までの出来高に基づき，同年3月中に新日鉄に対し397万3,000円の支払請求をした。しかし，納税者は右第3回請求分にかかる請負代金を，現実にその支払を受けた同年4月30日の工事収入として収益に計上し，本件事業年度の収益には計上しなかった。

これらの処理について更正処分等を受けたので審査請求を経て訴訟となった。

ここで，本件請負契約により納税者が請け負った業務の内容は，クウェート国とサウジアラビア国との国境に位置する中立地帯クレーン作業船上に，船内事務長1名，潜水夫2名，賄夫4名，船内手元2名の各要員を派遣し，(1)潜水作業，(2)船内における掃除・洗濯・物品販売等の業務，(3)作業日報の作成等，事務用品の管理を含む事務補助作業，(4)タイ人労務者の管理業務，(5)作業船・陸上事務所間の無線連絡業務，(6)賄いに伴う補助作業，を行うというものであり，納税者において一定の要員を工事に派遣し，それにより一定の役務を継続して提供する性質の請負であった。また，請負代金は，この人的役務の提供の対価として月毎に支払われる約定であり，本件請負契約書上も，実際の出来高が，同契約書添付の支払予定表記載の支払予定額と相違したと新日鉄が判断したときは，次回の支払金額をもって調整する旨を定めていた。また，現実の支払においても，納税者から新日鉄に対する請負代金の請求に，毎月20日に出来高を締め，請求書に出来高の金額を明示して行い，新日鉄もその出来高を確認の上支払っていた。

裁判所は，法人税法上，法人の収益の帰属年度についての一般的な明示の規定はないが，「一般に公正妥当と認められる会計処理の基準に従って計算されるもの」（法法22④）とされているところからすると，企業の期間損益を正確に把握するために，いわゆる広義の発生主義のうち権利確定主義により，財貨の移転や役務の提供などによって，債権の成立が確定したときに，それを収益に計上するべきものとして処理することは，企業会計原則上も合理性が認められるから，ここにいう「一般に公正妥当と認められる会計処理の基準」に従った計算であり，妥当であるところ，本件において請負契約の実態は，継続的に日々提供される役務に応じて，1か月を単位として対価が支払われる約定に基づいて，役務の提供が継続し，各月20日の経過ごとに，発注者の査定を経て，過去1か月分の役務に対する代金額が確定し（ただし，第1回分は工事着手までの準備に対する代金であり，最終の第14回分には，契約期間満了まで役務の提供を継続したことに対する報償金的なものが加算さ

れた代金であって，それぞれ本工事着手又は期間満了により各代金額が確定する），その支払期日を翌月末日とする契約と認められるから，このような代金は，企業及び税務会計上，その各確定時点すなわち，毎月20日の経過で，それが属する事業年度の収益に順次計上すべきものと解釈するのが相当であるとし，そうすると，本件請負契約に係る第1回支払分のうち約束手形受領額1,422万円は，本工事着手前の準備行為に対する代金額の80％に相当する額であり，かつ，本件事業年度中に本工事の着手もあったから，当然，同年度の収益に計上すべきものである。また，第3回支払分も，昭和52年2月21日から同年3月20日までの1か月間の役務提供の対価であるから，本件事業年度内に支払われていないとしても，これを発生が確定した未収利益として，本件事業年度の益金の額に加算しなければならないとして，原処分を認めた。

3　履行義務の識別

1　事　　　例

当社は主に特殊用途の車両の製作を行っている。当社は注文を受け，車両を仕入れ，改造を施し納車している。今期は日用品販売用車を100台受注した。当社は製作が終わったものから，順次発注元の駐車場に仮置きしているが，製作代金は契約時に10％入金された他は，全車納品が完了したときに入金される。

2　対応する新会計基準

新会計基準では，次の3つの要件のいずれかを満たす場合には，一定期間にわたり収益を認識し，それ以外のものについては，一時点で収益を認識する（新会計基準38）。

設例では，①②企業が義務を履行するにつれて，顧客が便益を享受する又は顧客

---

① 企業が顧客との契約における義務を履行するにつれて，顧客が便益を享受すること
② 企業が顧客との契約における義務を履行することにより，資産が生じる又は資産の価値が増加し，当該資産が生じる又は当該資産の価値が増加するにつれて，顧客が当該資産を支配すること
③ 次の要件のいずれも満たすこと

が資産を支配するという要件については，発注元の駐車場に仮置きしているだけであり，顧客が便益を享受しているとはいえず，この要件を満たさないと判断される。

　設例の特殊用途の車両は，別の用途に転用することができない資産であり，③イ別の用途に転用する事ができない資産が生じるという要件を満たすと判断される。③ロ義務の履行完了部分について対価を収受する強制力のある権利を有しているという要件については，まさしく契約次第である。仮に，企業の履行義務違反以外の理由で，顧客から契約を解除するためには，企業で発生した費用及び利益相当額を顧客が補償するといった契約が定められていれば，この要件も満たすと判断される。

③　法人税法の考え方

　請負契約について，問題となるものの１つとして，収益の計上の単位がある。役務の提供に係る収益の額についても，原則として個々の契約ごとに計上する（法基通２－１－１）。そして，選択により履行単位により契約をまとめたり，契約を分割したりしたものを収益計上の単位とすることができる規定が設けられている。

　しかし，そもそも中小零細企業については，取引当事者同士で契約書を取り交わさない例も多くみられ，収益計上の単位をどのように捉えるか疑問が生じる。このような場合は，工事代金の支払い状況等から対応する契約を見極めることも多いが，必ずしも「代金受領＝契約履行完了」ではないことから，工事の内容，支払慣行等から契約内容を推測し，また，部分完成基準の適用があるかどうかを確認することとなる。

④　具体的処理

　設例の会社は注文を受けた車を順次納品している。しかし，納品の都度，代金が入金される特約も慣行もなさそうであるため，部分完成基準の適用はない。もっとも，役務の提供のうちその履行義務が一定の期間にわたり充足されるものに該当するため，履行義務が充足されていくそれぞれの日，つまり個々の車を発注元の駐車

場へ移した日を引渡しの日として益金計上できる。

[5] 裁判例・裁決例

　工事部分完成基準が強制適用されるかどうかを巡り，納税者の収益計上時期は，受注した一船の上部構造の全ブロックを造船所に納品した時とみるべきと判断された裁決例がある（昭56.12.21・高裁(法)56 − 626・F0 − 2 − 410）。

　納税者は，船舶の上部構造の製作加工を営む同族会社であるが，工事代金を，目的物の全部を完成して造船所に引き渡した日の属する事業年度に益金の額に算入して確定申告を行っていたところ，原処分庁が，納税者は造船所への引渡し及び代金請求は，完成した個々のブロックを一単位としており，個々のブロックの引渡し時において収益に計上すべきであるとして，法人税の更正処分等を行ったため，その取消しを求め審査請求に至った。

　審判所は，納税者の答述，関係資料及びその他当審判所の調査の結果により，①上部構造の製作加工に関連する指図・書類の交換・交渉・検収・クレーム処理等は，受注当初から最終納入引渡しに至るまで一貫して造船所と納税者が直接行っていること，②商社は一船ごとのトンあたり単価決定の協議には加わるが，納税者との間では，「工事別月別納品明細」，「検収報告書」に類する書類の交換が行われ，それらに基づいて主として代金支払事務を処理する存在であると認められることにより，造船所と納税者との間に商社が介在するとしても，その取引の実態からみて造船所と納税者との直接取引であり，一船ごとの請負であると認められるとした。そして，船舶の一部分の製作加工をするいわゆる造船下請業においては，造船所との間で正式の請負契約書を作成するのは稀であり，簡単な注文書・請書を取り交わすもの，あるいは単なる口約束によるものが通例のようであり，納税者の場合にも，従来から正式な請負契約書の取り交わしはしていないが，取引の実態からみて請負であることに変わりはないとした。

　その上で，個々のブロックを１単位として引渡し時において，収益に計上すべきであるかどうかについては，一船の上部構造は，通常30個から40個のブロックから形成されており，ブロックは一船ごとに必要な規格で製作されており，他から購入又は他への販売はできない上不代替物であるから，通常建築業界で使用されているいわゆる「ユニット方式」での規格品とは異なり，一船の上部構造を完成するため

の汎用性のない１つの部品にすぎないと認められ，従って，ブロック個々が販売可能な一単位の完成品と認めることはできないとした。

　さらに，契約，請求及び決済の状況について，主な受注先であるＡ社についてみると，納税者は，毎月10日前後に当月分の納品予定を立て「工事別月別納品明細」を提出し，毎月末にはその明細に基づき商社に請求し代金を受領しており，明細どおりのブロック納品が行われない場合であっても，請求金額どおりの代金が商社から支払われている状況がみてとれ，造船所及び商社にとっては，そもそも本来的には，一船単位で契約を行っているので上部構造の完成時に全額決済をすれば足りるが下請業者である納税者としては，事業のつなぎ資金に窮するので便宜的にこのような分割決済方法がとられているものであり，請求金額と工事代金との関係においては，直接的な因果関係はなく，上記請求金額を収益とみることはできないといえるとした。以上の結果，納税者における収益計上の時期は，受注した一船の上部構造の全ブロックを造船所に納品した時とみるべきであるとして原処分を全部取り消した。

4　工事代金が未確定の場合

1　事　　例
　当社は大手ゼネコンの２次下請けとして仕事をしている。請負金額には一応の目安はあるものの検収引渡から２週間程経過後に，元請業者から送られてくる支払明細書によって決定する。

2　対応する新会計基準
　設例は，取引価格が未確定のケースである。

　取引価格は，財又はサービスの顧客への移転と交換に企業が得ると見込む対価の額をいう（新会計基準８）。取引価格の算定に当たっては，契約条件や取引慣行等を考慮するものとされている（同47）。契約は，必ずしも書面によるものではなく，口頭，取引慣行等によっても，成立する。

　したがって，本設例については，これまでの取引慣行等にしたがい，企業が得ると見込む対価の額を見積り，収益を認識することになろう。

また，取引価格の事後的な変動については，既に充足した履行義務に配分された額については，取引価格が変動した期の収益の額を修正するものとされており（同74），当初の取引価格と事後的に決定した取引価格との差額については，事後的に決定した期の損益として計上することになろう。

③　法人税法の考え方

　完成引渡しの日の属する事業年度終了の日までにその建設工事等の工事代金の額が確定していないときは，同日の現況によりその金額を適正に見積もるものとされ，この場合において，その後確定した工事代金の額と異なるときは，その差額は，その確定した日の属する事業年度の益金の額又は損金の額に算入することになる（法基通2－1－1の11）。

　一方，資材の値上り等により収受する値増金について，上記の取扱いを適用しないときは，履行義務が一定の期間にわたり充足されるものに該当する場合は，値増金を収入することが確定した日の属する事業年度以後の事業年度において，履行義務の充足に係る進捗度に応じて計算した金額を，それ以外の場合は引渡しの日の属する事業年度において，益金の額に算入する。

　ただし，その建設工事等の引渡しの日後において相手方との協議によりその収入すべき金額が確定する値増金については，その収入すべき金額が確定した日の属する事業年度の収益の額を増額する（法基通2－1－1の15）。

　この値増金は，請負人の資材調達コスト調整金としての性格を有するものである。注文者から支払われる利子相当金等であっても，着手金，中間金を収受しない場合に資材調達コストに見合うものとして支払われる場合は，値増金に該当することとなり，貸付金利子としての期間対応計算（法基通2－1－24）の対象とはならない（山本守之・守之会『事例からみた法人税の実務解釈基準』（税務経理協会）24頁〜27頁）。

④　具体的処理

　設問の会社では検収日と支払明細書到達日との間に決算日をはさむことがある。通達に従うと当初見積額にて収益計上することとなるが，決算確定日までに支払明細書が到着したときは，煩雑さを避けるため，支払明細書記載額にて売上金額を修

正して計上することも実務的にはよく行われている。

5 裁判例・裁決例

　工事は完了したが代金が未確定の場合，事業年度終了の日の現況によりその金額を適正に見積もるとした裁決例がある（平24．3．6・裁事86・J86－3－14）。

　産業廃棄物の収集及び運搬等を営む納税者は，G社から，同社が所有する産業廃棄物焼却炉施設のキャスター関連工事（以下「本件キャスター工事」という）並びに焼却施設の保守及び修繕工事（以下「本件工事」という）を請け負った。

　納税者は，本件キャスター工事の代金を，平成20年4月1日付，同月15日付及び同月30日付注文請書により，納税者の外注費の額等に管理費1,000,000円を加えた額12,265,500円（消費税等抜き）で同月30日に売上げに計上した。納税者は，G社に対し，本件キャスター工事及び本件工事のうち，平成20年7月31日までに行われた工事の原価等の合計額が85,951,772円（消費税等抜き）であり，その明細として，請負工事原価明細書を同年8月頃に交付した。納税者は，本件工事のうち，フィルターの交換工事に使用するフィルターをH社に平成20年9月16日に本件焼却施設に搬入させた。納税者は，平成20年9月にG社から，同社の取引先が経営破綻したため工事代金が支払不能となった旨の申し出があったので，本件工事として予定されていた安全柵の取り付け，塗装仕上げ及び試運転サポートを行うことなく本件工事を中止した。

　納税者は，本件工事のうち，J社に発注した修繕工事（以下，「本件修繕工事」といい，本件工事のうち，本件修繕工事及び本件フィルター工事以外のその他の工事を「本件その他工事」という）の代金60,000,000円（消費税等抜き）を，平成20年2月から同年4月までにかけて分割して総勘定元帳の「仮払金」勘定に計上した後，同年9月30日に「機械装置」勘定に振り替えて減価償却資産とし，また，本件フィルター工事の代金10,140,000円（消費税等抜き）を，同月27日に総勘定元帳の「機械装置」勘定に計上して減価償却資産（以下，これらの各資産を「本件各資産」という）とし，本件各資産に係る減価償却費の額を損金の額に算入して，本件各事業年度の法人税の確定申告書を提出した。原処分庁は，これらの処理について当期の収益に計上すべきとして更正処分等をしたため，納税者はこれを不服として審査請求に及んだ。

納税者は，請け負った施設等の修繕工事（本件工事）については事業年度末にその一部が完了しておらず，引渡しもしていないこと，また，本件工事の契約も解除されたことから工事代金の確定もなく，収益計上できない旨主張した。

　審判所は，本件修繕工事は，平成20年3月8日に工事が始まり，同年4月13日に終了して火が燃やせる状態になったことをG社の代表者が立ち会って確認し，J社は同年5月までに請求書を発行していること，また，納税者の機械装置として資産に計上するにあたって事業供用年月を同年4月としていること，そして，本件焼却施設は同年5月の連休後には稼動していることから，遅くとも，同年5月の末日までには，目的物の引渡し又は約した役務の提供を完了したということができるとし，また，本件フィルター工事は，同年9月16日にはフィルターの交換設置を完了し，G社において使用収益されたと認めることができるから，同日に目的物の引渡し又は約した役務の提供を完了したということができるとし，さらに，本件その他工事は，本件請負工事原価明細書に記載されたものを原価とする工事が同年7月31日までに完了しており，同年9月に本件その他工事に関する合意が解除されたのであるから，解除時点で完了していない工事については，完了させる義務が将来に向けて消滅するので，納税者がG社との合意に基づいて行うべき本件その他工事については，遅くとも同月末日時点で，目的物の引渡し又は約した役務の提供を全て完了したということができるとして，本件工事は，平成20年9月末日までに物の引渡し又は約した役務の提供が完了したということができるから，その売上げを計上すべき時期は，平成20年9月期であるとした。そして，工事代金が未確定の場合には事業年度終了の日の現況により適正に見積もることが相当とされるところ，納税者は本件工事に係る原価明細書を相手先に提示しており，その提示額は代金の見積額として合理的と認められるから，当該金額を当該事業年度の益金の額に算入すべきであるとして，納税者の主張を退けた。

　この事例は納税者の決算時期にG社が経営破綻したという事情があるが，税務の考え方では，一旦売上を確定させ，債権の回収可能性に応じて処理せざると得ないことを示している。

Ⅱ 工事請負契約

1 工事完成基準

① 事 例

　当社は〇工事の請負を行っている。主な業務は足場の組立と解体である。組立（架け）と解体（外し）との間に数か月が空くこととなり，工事代金は組立完了後に6割，解体後に4割支払われる。

② 対応する新会計基準

(1) 収益〇計上単位

　新会計基準では，まず契約を識別する。この場合に複数の契約であっても，一定の要件に該当する場合には，次の「①契約の結合」のとおり，単一の契約とみなして処理することになる。次に契約の中の履行義務を識別する。履行義務の識別にあたって，契約の中に顧客と約束した複数の財又はサービスが含まれている場合には，次の「②履行義務の識別」のとおり，別個の財又はサービスとして履行義務を認識するか，一連の別個の財又はサービスとして履行義務を認識するかを識別する。

① 契約の結合

　同一の顧客（当該顧客の関連当事者を含む）と同時又はほぼ同時に締結した複数の契約について，次の(1)から(3)のいずれかに該当する場合には，複数の契約を結合し，単一の契約とみなして処理する（新会計基準27）。

---

(1) 当該複数の契約が同一の商業的目的を有するものとして交渉されたこと
(2) 1つの契約において支払われる対価の額が，他の契約の価格又は履行により影響を受けること
(3) 当該複数の契約において約束した財又はサービスが，32項から34項に従うと単一の履行義務となること

---

② 履行義務の識別

　契約における取引開始日に，顧客との契約において約束した財又はサービスを評価し，次の(1)又は(2)のいずれかを顧客に移転する約束のそれぞれについて履行義務として識別する（新会計基準32）。

> (1)　別個の財又はサービス（あるいは別個の財又はサービスの束）
> (2)　一連の別個の財又はサービス（特性が実質的に同じであり，顧客への移転のパターンが同じである複数の財又はサービス）（33項参照）

　工事請負契約は，複数の財又はサービスが含まれているが，一般的には，財又はサービスを顧客に移転する複数の契約が区分して識別できないと考えることから一連の別個の財又はサービスであると判断される（新会計基準34項，新会計基準指針6参照）。

(2)　収益の認識時期

　新会計基準では，工事完成基準，工事進行基準という基準を定めていない。新会計基準では，履行義務を充足した時点又は履行義務を充足するにつれて収益を認識する。一時点で履行義務を充足する，一定の期間にわたり履行義務を充足するかの違いになる。従来の工事進行基準は，まさに一定の期間にわたり履行義務を充足するものとして，収益を認識するものである。

　次の(1)から(3)の要件のいずれかを満たす場合には，一定の期間にわたり資産に対する支配を顧客に移転し，履行義務を充足すると考えられることから，一定の期間にわたり収益を認識する（新会計基準38）。

> (1)　企業が顧客との契約における義務を履行するにつれて，顧客が便益を享受すること
> (2)　企業が顧客との契約における義務を履行することにより，資産が生じる又は資産の価値が増加し，当該資産が生じる又は当該資産の価値が増加するにつれて，顧客が当該資産を支配すること
> (3)　次の要件のいずれも満たすこと
> 　イ　企業が顧客との契約における義務を履行することにより，別の用途に転用することができない資産が生じること
> 　ロ　企業が顧客との契約における義務の履行を完了した部分について，対価を収受する強制力のある権利を有していること

　工事請負契約は，一般的に(1)及び(3)は満たすが，(2)については契約条件によるも

のと考えられる。したがって，工事請負契約は，一般的には，一定の期間わたり収益を認識することになる。ただし，進捗度の合理的な見積りができる場合に限られる。

　一定の期間にわたり収益を認識するにあたっては，履行義務の充足に係る進捗度を見積もって行われる（新会計基準41）。進捗度の適切な見積り方法には，アウトプット法（新会計基準指針17〜19）とインプット法（新会計基準指針20〜22）があり，財又はサービスの性質を考慮して，いずれの方法を適用するかを決定する（新会計基準15）。

　アウトプット法とインプット法の定義及び使用される指標は次の通りである。

	アウトプット法	インプット法
定義	顧客にとっての価値の直接的な移転割合	最終的なインプットの合計に占める既に使用したインプットの割合
指標	現在までに履行を完了した部分の調査 達成した成果の評価 達成したマイルストーン 経過期間 生産単位数 引渡単位数	・消費した資源 ・発生した労働時間 ・発生したコスト ・経過期間 ・機械使用時間

　履行義務の充足に係る進捗度を合理的に見積もることができる場合にのみ，一定の期間にわたり充足される履行義務について収益を認識する（新会計基準42）。

　合理的に見積もることができない場合には，最終的な顧客への財又はサービス移転時に，一時点で収益を認識することになる。合理的に見積ることができない場合とは，進捗度を適切に見積もるための信頼性のある情報が不足している場合である（新会計基準139）。

　履行義務の充足に係る進捗度を合理的に見積もることができない場合であっっても，履行義務を充足する際に発生する費用を回収することが見込まれる場合には，履行義務の充足に係る進捗度を合理的に見積もることができる時まで，一定の期間にわたり充足される履行義務について「原価回収基準」により処理する（新会計基準45）。原価回収基準とは，従来の会計処理では適用されなかった基準であり，履行義務を充足する際に発生する費用のうち回収することが見込まれる費用の金額で

収益を認識する方法をいう（新会計基準15）。原価回収基準は，従来の日本基準にはない会計処理基準である。

　ただし，一定の期間にわたり充足される履行義務について，契約の初期段階において，履行義務の充足に係る進捗度を合理的に見積もることができない場合には，当該契約の初期段階に収益を認識せず，進捗度を合理的に見積もることができる時から収益を認識することができる（新会計基準指針99）。

　なお，新会計基準の適用により，次の基準等が廃止されている（新会計基準90）。

---

(1)　企業会計基準15号「工事契約に関する会計基準」
(2)　企業会計基準適用指針18号「工事契約に関する会計基準の適用指針」
(3)　実務対応報告17号「ソフトウエア取引の収益の会計処理に関する実務上の取扱い」

---

③　法人税法の考え方

(1)　収益の計上の単位

　工事の請負に係る契約については，次の(1)に区分した単位における収益の計上時期及び金額が，次の(2)に区分した単位における収益の計上時期及び金額に比してその差異に重要性が乏しいと認められる場合には，次の(1)に区分した単位ごとにその収益の額を計上することができる（法基通2－1－1）。

---

(1)　当事者間で合意された実質的な取引の単位を反映するように複数の契約（異なる相手方と締結した複数の契約又は異なる時点に締結した複数の契約を含む）を結合した場合のその複数の契約において約束した工事の組合せ
(2)　同一の相手方及びこれとの間に支配関係その他これに準ずる関係のある者と同時期に締結した複数の契約について，次の①又は②に掲げる場合に該当する場合におけるそれぞれ①又は②に定めるところにより区分した単位

---

①　契約の結合

　同一の相手方（同一の相手方との間に支配関係その他これに準ずる関係のある者を含む）と同時期に締結した複数の契約が，その複数の契約で約束した工事の請負を組み合わせて初めて単一の契約となる場合は，複数の契約を結合して単一の契約とみなして計上する。

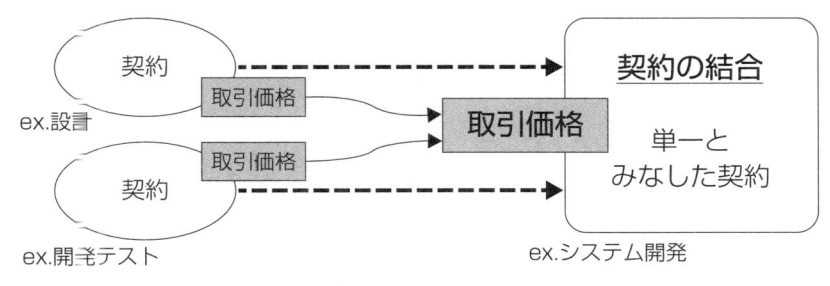

（国税庁資料より）

　但し，（ⅰ）当事者間で合意された実質的な取引の単位を反映するように複数の契約
（異なる相手方と締結した複数の契約又は異なる時点に締結した複数の契約を含
む）を結合した場合のその複数の契約において約束した工事に関する請負を組み合
わせた単位における収益の計上時期及び金額が，（ⅱ）上記又は下記③に定めるところ
により区分した単位における収益の計上時期及び金額に比してその差異に重要性が
乏しいと認められる場合には，（ⅰ）に区分した単位ごとにその収益の額を計上するこ
とができる。

② 　契約の分割

　一の契約の中に複数の履行義務が含まれている場合，それぞれの履行義務に係る
工事の請負を分割し，取引価格を配分して計上する。

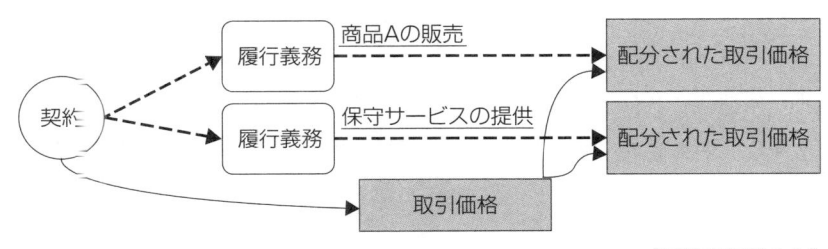

（国税庁資料より）

　この場合の一の契約は，同一の相手方及びこれとの間に支配関係その他これに準
ずる関係のある者と同時期に締結した複数の契約について，次のいずれかに該当す
る場合には，その複数の契約を結合したものを一の契約とみなしたものとなる（同
通達注書き１）。

　ア　その複数の契約が同一の商業目的を有するものとして交渉されたこと。

イ　一の契約において支払を受ける対価の額が，他の契約の価格又は履行により影響を受けること。なお，収益認識基準では，工事契約（収益認識基準第13項において，仕事の完成に対して対価が支払われる請負契約のうち，土木，建築，造船や一定の機械装置の製造等，基本的な仕様や作業内容を顧客の指図に基づいて行うものをいうこととされている）及び受注制作のソフトウエアの収益認識の単位について，当事者間で合意された実質的な取引の単位を反映するように複数の契約（異なる顧客と締結した複数の契約又は異なる時点に締結した複数の契約を含む）を結合した場合の収益の認識時期及び金額と同一の相手方及び関連当事者と同時期に締結した複数の契約について契約の結合・履行義務の識別のルールに則った場合の収益の認識時期及び金額との差異に重要性が乏しいと認められる場合には，前者の当事者間で合意された実質的な取引の単位により収益の計上をすることが代替的な取扱いとして認められているところであり（収益認識基準適用指針102，103），法人税でも同様の取扱いがされることとなる（法基通２－１－１（注）２，同通達解説）

(2)　収益の認識時期

　工事の請負に係る収益の額は，長期大規模工事となるものを除き，原則としてその引渡し等の日の属する事業年度の所得の金額の計算上，益金の額に算入するが（法法22の２①），一定期間にわたり充足される履行義務に該当するものであれば，進捗度に応じて算定される金額を益金の額に算入することが認められている（法基通２－１－21の７）。

　この一定期間にわたり充足される履行義務に該当するものとは，次のいずれかを満たすものであり，例えば，委任事務又は準委任事務の履行により得られる成果に対して報酬を支払うことを約している場合についても同様となる（法基通２－１－21の４，２－１－21の７注書き）。その場合，その事業年度において引き渡した建設工事等の量又は完成した部分に対応する工事代金の額をその事業年度の益金の額に算入する。

　その他に，長期大規模工事となるものを除き，部分完成の事実がある場合は，その建設工事等の全部が完成しないときにおいても，その事業年度において引き渡した建設工事等の量又は完成した部分に対応する工事収入をその事業年度の益金の額に算入する部分完成基準が強制適用されることに留意する（法基通２－１－１の４）。

設例の会社では，組み立て工事と解体工事が各々独立した請負工事であるかが問題となる。そして，通常仮設工事では，請負側が足場を提供し工事を行うため，架けと外しは一体として契約される。つまり，足場仮設工事に着手してから解体工事を完了するまでが一連の工事であり，解体工事完了により役務提供完了となるためその時点で収益計上することとなる。

5 裁判例・裁決例

納税者が請け負った工事の完成引渡し時期がいつになるかについて争った裁決例がある（平29.10.4裁決・関裁（法・諸）平29−10・裁事109・J109−3−03）。

納税者は，土木工事の設計施工及び請負業等を営む法人であり，平成26年10月1日付で，a市（以下「本件発注者」という）との間で，「○・○国補街路第○号a駅○○」に係る建設工事請負契約（以下「本件当初契約」という）を締結した。その工期は，平成26年10月2日から平成27年3月31日までであった。その後，工事内容の変更及びバリケード設置の追加等に伴い，本件当初契約の一部を変更しする変更契約（以下「本件変更契約」といい，本件当初契約と併せて「本件請負契約」という。また，本件請負契約に係る工事を「本件工事」という）を締結したが，工期は変更されなかった。

納税者は，平成27年3月27日，本件発注者に対し，本件工事に係る竣工届（以下「本件竣工届」という）を提出したが，その竣工年月日欄に「平成27年3月27日」と記載されていた。本件発注者は，本件工事の完了検査を行い，平成27年3月31日付で納税者に対して本件工事に係る工事検査通知書（以下「本件工事検査通知書」という）を送付したが，その完了年月日欄に「平成27年3月31日」及び検査員の判定欄に「合格」とそれぞれ記載されていた。納税者は，平成26年10月2日付及び平成27年3月31日付で，本件発注者に対し，本件工事に係る各請求書を発行し，平成26年10月15日に○○○○円及び平成27年4月28日に○○○○円をそれぞれ受領した。

納税者は，本件工事には，次期工事が開始されるまでの間，本件工事の完了箇所及び次期工事予定区域を囲うためにバリケードを設置して現場管理することが含まれ，それらを同年9月まで継続して行っていたのであり，本件工事は同年3月31日までに完了していなかったということから，平成27年6月期事業年度（以下「本件

事業年度」という）において，本件請負代金の額及び消費税等の額の合計額○○○○円を未成工事受入金勘定に計上し，本件請負代金の額を売上げとして益金の額に算入しなかった。また，本件工事に係る工事原価の額41,029,466円（税抜金額）を未成工事支出金勘定に計上し，完成工事原価として損金の額に算入しなかった。これらの処理について原処分庁が更正処分等をしたため，納税者はこれを不服として審査請求に及んだ。

審判所は，本件請負契約は物の引渡しを要する請負契約であると認められるから，本争点を判断するにあたっては，納税者が，本件工事について，その目的物の全部を完成して本件発注者に引き渡した日はいつかとの観点から検討するとし，本件工事は，第1期工事の施工区域を取り囲む歩行者用通路のタイル設置工事等を工事内容とし，その後，タイル設置工事範囲等の変更や第3期工事の予定区域を囲うためにバリケードの設置等が追加されたものであるところ，納税者が，平成27年3月27日までに，歩行者用通路のタイル設置工事等を全て完了し，第3期工事の予定区域を囲うためにバリケードも設置した上で，発注者に対して竣工年月日を「平成27年3月27日」と記載した本件竣工届を提出したこと，平成27年3月31日付で，本件発注者に対し，本件請負代金の額及び消費税等の額から前払金を除いた残額を請求したことが認められる。さらに，本件発注者が，同日付で，本件工事の完了年月日を「平成27年3月31日」と記載した本件工事検査通知書を納税者に対して送付したこと，平成27年3月31日以降，本件発注者が本件施工区域等の管理をしていたことを総合勘案すると，納税者は，本件工事について，同日までに，本件請負契約に係る目的物の全部を完成して，同日，本件発注者に引き渡したものと認められるので，本件請負代金の額は，平成27年3月31日の属する本件事業年度の益金の額に算入するのが相当であるとして納税者の請求を退けた。

2　工事進行基準

1　事　　例

当社では，工事完成基準により工事売上や経費を計上しているが，コスト見積りを厳格にするため，工事進行基準を取り入れようと思っている。

② 対応する新会計基準

(1) 収益認識の考え方

収益認識の考え方は，Ⅲ 1 ②で述べたとおりである。

(2) 履行義務の充足に係る進捗度を見積る方法

ここでは，履行義務の充足に係る進捗度を見積る方法について更に述べる。

進捗度を見積もる方法には，アウトプット法とインプット法がある。

アウトプット法は，現在までに移転した財又はサービスの顧客にとっての価値を直接的に見積もるものであり，現在までに移転した財又はサービスと契約で約束した残りの財又はサービスとの割合に基づき，収益を認識するものである。アウトプット法に使用される指標には，現在までに履行を完了した部分の調査，達成した成果の評価，達成したマイルストーン，経過期間，生産単位数，引渡単位数等がある。

インプット法は，履行義務の充足に使用されたインプットが契約における取引開始日から履行義務を完全に充足するまでに予想されるインプット合計に占める割合に基づき，収益を認識するものである（新会計基準20）。インプット法に使用される指標には，消費した資源，発生した労働時間，発生したコスト，経過期間，機械使用時間等がある。

従来の工事請負契約における原価による工事進行割合に基づき収益を認識する工事進行基準はコストに基づくインプット法であるといえる。

コストに基づくインプット法を使用するにあたっては，次の①又は②のように，発生したコストが履行義務に係る進捗度に寄与しない場合又は比例しない場合において，履行義務の充足に係る進捗度の見積りを修正するかどうかを判断する必要がある（新会計基準指針22）。

---

① 発生したコストが，履行義務の充足に係る進捗度に寄与しない場合
例えば，契約の価格に反映されていない著しく非効率な履行に起因して発生したコストに対応する収益は認識しない。
② 発生したコストが，履行義務の充足に係る進捗度に比例しない場合
インプット法を修正して，発生したコストの額で収益を別途認識するかどうかを判断する。
例えば，契約における取引開始日に次の(1)から(4)の要件のすべてが満たされると見込まれる場合には，企業の履行を忠実に描写するために，インプット法に使用される財の

コストの額で別途収益を認識することが適切となる可能性がある。
- (1) 当該財が別個のものではないこと
- (2) 顧客が当該財に関連するサービスを受領するより相当程度前に，顧客が当該財に対する支配を獲得することが見込まれること
- (3) 移転する財のコストの額について，履行義務を完全に充足するために見込まれるコストの総額に占める割合が重要であること
- (4) 企業が当該財を第三者から調達し，当該財の設計及び製造に対する重要な関与を行っていないこと

(3) 契約資産又は債権，契約負債

① 契約資産又は債権

　顧客から対価を受け取る前又は対価を受け取る期限が到来する前に，財又はサービスを顧客に移転した場合は，収益を認識し，契約資産又は債権を貸借対照表に計上する（新会計基準77）。契約資産は，金銭債権として取り扱うこととし，金融商品会計基準に従って処理する。

　したがって，工事請負契約で，一定期間にわたり収益を認識する場合に計上される契約資産（完成工事未収入金など）は，金銭債権として取り扱われ，金融商品会計基準に従って，貸倒見積高が算定され，貸倒引当金が計上される。

② 契約負債

　財又はサービスを顧客に移転する前に顧客から対価を受け取る場合，顧客から対価を受け取った時又は対価を受け取る期限が到来した時のいずれか早い時点で，顧客から受け取る対価について契約負債を貸借対照表に計上する（新会計基準78）。

　したがって，工事請負契約で顧客に移転する前に顧客から受け取る対価については，契約負債（未成工事前受金など）を計上することになる。

③ 法人税法の考え方

(1) 工事進行基準の考え方

　着手から引渡しまでに長期間を要する工事等について，完成引渡し時に一括して収益を計上することのみしか認めないとすると，各事業年度の業績を正しく判断することができない等の弊害が生じる。そこで，従来の日本基準である工事契約に関する会計基準では，工事の進行途上においても，その進捗部分について成果の確実性が認められる場合には，工事進行基準を適用するとしている（企業会計基準15号

「工事契約に関する会計基準」9）。そして，法人税法においても，会社が，工事，製造，ソフトウエアの製作の請負について，工事進行基準によって経理した場合には，継続適用を要件として，工事進行基準によって所得金額を計算することとし，さらに一定の長期大規模工事については，工事進行基準を強制適用としている（法法64①・②）。

(2) 工事進行基準を適用する場合

工事進行基準については，それが強制適用される長期大規模工事に該当する場合と工事進行基準を選択適用する場合がある。

① 工事進行基準が強制適用される長期大規模工事

次の三つの要件を満たす場合，工事進行基準が強制適用される（法法64①，法令129①・②）。

イ　着手の日から目的物の引渡しの期日までの期間が1年以上であること
ロ　請負の対価の額が10億円以上の工事であること
ハ　工事契約において，請負の対価の額の2分の1以上が工事の目的物の引渡しの期日から1年を経過する日後に支払われることが定められていないものであること

---

② 長期大規模工事であっても工事進行基準が強制適用されない場合

事業年度終了の時において，その着手の日から6月を経過していないもの又は工事進行割合が100分の20に満たないものについては，工事進行基準は強制適用されない。

ただし，確定した決算において工事進行基準の方法により経理した事業年度以後の事業年度は工事進行基準を適用しなければならないこととなる（法令129⑥）。

③ 工事進行基準を選択適用する場合

長期大規模工事に該当しない工事で，2事業年度以上にわたるものについては工事進行基準を選択適用できる（法法64②）。この規定は継続適用を要件としているため，着工事業年度後のいずれかの事業年度の確定決算において工事進行基準の方法により経理しなかった場合には，翌事業年度以後の事業年度については，工事進行基準による経理は認められない（法法64②但し書き）。

工事の請負の対価の額が着手の日において確定していないものについては，対価が確定した事業年度から工事進行基準を選択することができる（法令129⑪）。この工事に着手したかの判定は，請け負った工事の内容を完成するために行う一連の作

業のうち重要な部分の作業を開始したかどうかにより，工事の設計に関する作業が工事の重要な部分の作業に該当するかどうかは，法人の選択による（法令129⑩）。

(3)　工事進行基準を適用した場合の各事業年度の収益の額及び費用の額

工事進行基準を適用した場合の各事業年度の収益の額及び費用の額は次のようになる（法令129③）。

各事業年度の収益の額
　＝工事の請負の対価の額×工事進行割合（注）－前事業年度までに計上した収益の額の
　　合計額
各事業年度の費用の額
　＝工事原価の額×工事進行割合（注）－前事業年度までに計上した工事原価の合計額
（注）　工事進行割合とは次の割合のほか，工事の進行割合を示すものとして合理的と認められるもの
　　に基づいて計算した割合をいい（法令129③），例えば，直接作業時間割合，施工面積割合により
　　計算する方法が考えられる。
工事進行割合
　＝すでに要した原材料費，労務費，経費の合計額÷工事原価の額

工事（追加の工事を含む）の請負の対価の額が事業年度終了の時において確定していないときは，その時の現況により当該工事につき見積もられる工事の原価の額をその請負の対価の額とみなすことになる（法令129④）。

(4)　工事進行基準に基づいて計上した未収入金

請負をした工事につき，工事進行基準の適用を受けている場合には，次の①の金額から②の金額を控除した金額（工事未収入金相当額）を金銭債権の帳簿価額として，一括評価金銭債権に係る貸倒引当金の対象として扱うことになる（法令130）。

---

①　請負工事の収益の額（総額）のうち，当期前の益金算入額及び当期の益金算入額の
　合計額
②　工事対価支払金額（対価請求権を移転した場合には，その対価請求権相当額を加算
　した金額）

---

(5)　部分完成基準と個々に引渡しが可能な場合

請け負った工事が上記(2)①の長期大規模工事に該当するかどうかは，その工事に係る契約ごとに判定するのであるが，複数の契約書により工事の請負に係る契約が締結されている場合であって，当該契約に至った事情等からみてそれらの契約全体で一の工事を請け負ったと認められる場合には，その工事に係る契約全体を一の契約として長期大規模工事に該当するかどうかの判定を行う（法基通2－4－14）。

その一方，部分完成基準が適用されるような工事であっても，工事の目的物について個々に引渡しが可能な場合には，工事進行基準が適用される（法基通2－1－1の4括弧書き）。つまり，工事の請負に係る一の契約においてその目的物について個々に引渡しが可能な場合であっても，その工事が長期大規模工事に該当するかどうかは，一の契約ごとに判定することとなるが，その目的物の性質，取引の内容並びに目的物ごとの請負の対価の額及び原価の額の区分の状況などに照らして，個々に独立した契約が一の契約書に一括して記載されていると認められる工事の請負については，その個々に独立した契約ごとに長期大規模工事の判定を行うことができる（法基通2－4－15）。

4 具体的処理

工事進行基準では，工事進行割合によって工事収益と費用を計上していくため，いわゆるインプット法により工事進捗度を測定するとなると工事総額の見積りが根幹となるため，設問の会社のような考え方もあり得るであろう。工事進行基準を採用する場合には，合理的な基準による進捗度の見積りが必要である。さらに，工事進行基準では，経費の見積り，利益率の設定が，それに劣らず重要であることにも，留意する必要がある。

5 裁判例・裁決例

所得税の事案であるが，工事進行基準は部分完成基準の適用を受ける出来高払の特約が付された請負契約に適用されるかということについて論じた裁判例がある（大阪地判昭38．3．19・Z037－1187，大阪高判昭42．6．30・Z048－1629）。

納税者は，全国各地のビルディング等の石工事を主とした事業を行っている個人である。納税者の事業所得の計算において，売上計上漏れがあるとした原処分庁の処分を巡り争いとなった。

納税者は，工事着工時，もしくは時宜に応じ，工事代金の内金を着工資金として受取ったものを一応前受金に仕訳し，工事の完成度に応じ，完成部分に対応する金額を収入金に振替えるように経理しており，即ち納税者の石工事の収入金はすべて出来高払の特約が付された請負契約によったものであるが，その収入金の確定時期は，注文者が竣工の検収をした時，又は注文者との間に，納税者の工事現場におい

て，現在出来高の検収がなされ，その竣工に対する完成度の割合，工事進捗度を計出し，前受金について工事進捗度に応じ，その対応額を算出した時であり，納税者は過去数年にわたり，右算定法に基いて，所得金額を算定してきたものであり，これに対し，原処分庁から何の異議の申出もなかったゆえ，納税者の採用する収入金算定法が正当であると主張した。

　裁判所は，出来高払の特約が付された請負契約については，検収により確定された出来高に対応する工事収入がその確定された年度の収入金として計上すべきものであるから，納税者の主張のように，既に現実に受領した前受金の範囲内において，工事進捗度に対応する額のみ確定した収入金として計上する収入金算定法は，所得税法上，不当であって是認できないとした。

　そして，企業及び税務会計上いわゆる工事進行基準といわれるものが存し，これはいわゆる工事完成基準を採用した場合に，工事進行中途の各事業年度の収益が過少となるので，これを防ぐため，決算期末に工事進行程度を見積もり，適正な工事収益率によって工事収益の一部を当期の収益として計上する方法であるが，工事進行基準の計算において，納税者が主張するような工事進捗度の算定方法では，前受金の授受がない場合には，前受金に対応する石工事量は算出することができないから工事進捗度は算定できないし，また，現在（検収時）の石工事量が前受金に対応する石工事量より多い時には工事進捗度が100％をこえることなって不合理となり，納税者の主張する工事進捗度は，要するに，前受金の範囲内において工事進捗度を（したがって収入金をも）考えようとするものであって，何等合理的な根拠を有しないとして納税者の主張を退けた。

　この事例は工事進行基準の基本的な考え方と前受金との関係を確認したものである。

3　工事請負契約の変更と損失と見込まれる場合

1　事　　例

　当社で請け負った工事について，大幅な作業の修正や戻しが発生した。これにより，予定見積原価は増額するが，請負価格は増額されず，損失が見込まれている。当社では工事進行基準を採用している。

② 対応する新会計基準

(1) 契約の変更

契約変更は，契約の当事者が承認した契約の範囲また価格（あるいはその両方）の変更である（新会計基準28）。大幅な作業の修正や戻しは，契約の範囲の変更であり，契約変更に該当する。

契約の変更は，次の3つのいずれかにより処理することになる。

> ① 独立した契約として処理する
> ② 既存の契約を解消して新しい契約を締結したものと仮定して処理する
> ③ 既存の契約の一部であると仮定して処理する

各処理を適用するにあたっての判定基準は，次のとおりである。

まず，契約変更が独立した契約として処理すべきかどうかを検討する。

契約の変更について，次の(1)及び(2)の要件のいずれも満たす場合には，当該契約変更を，独立した契約として処理する（新会計基準29）。

> (1) 別個の財又はサービスの追加により，契約の範囲が拡大されること
> (2) 変更される契約の価格が，追加的に約束した財又はサービスに対する独立販売価格に特定の契約の状況に基づく適切な調整を加えた金額分だけ増額されること

契約変更が上記の要件を満たさず，独立した契約として処理されない場合には，それぞれこの①から③のいずれかの方法により処理する（新会計基準31）。

① 契約変更日において，未だ移転していない財又はサービスが，契約変更日以前に移転した財またはサービスと別個のものである場合

契約変更を既存の契約を解約して新しい契約を締結したものと仮定して処理する。残存履行義務に配分すべき対価の額は，次のイ及びロの合計額とする。

> イ 顧客が約束した対価のうち，取引価格の見積りに含まれているが，収益として認識されていない額
> ロ 契約変更の一部として約束された対価

② 契約変更日において，未だ移転していない財又はサービスが，契約変更日に部分的に充足されている単一の履行義務の一部を構成する場合

変更契約を<u>既存契約の一部であると仮定して処理する</u>。これにより，履行義務の充足に係る進捗度及び取引価格が変更される場合には，契約変更日に収益の額を累積的な影響に基づき修正する。

③ ①と②と両方を含む場合

契約変更が変更後の契約における未充足の履行義務に与える影響を，それぞれ①又は②の方法に基づき処理する。

(2) 工事契約等から損失が見込まれる場合の取扱い

工事契約について，工事原価総額等（工事原価総額のほか，販売直接経費がある場合にはその見積額を含めた額）が工事収益総額を超過する（いいかえれば，工事損失が生じる）可能性が高く，かつ，その金額を合理的に見積もることができる場合には，工事損失のうち，工事契約に関して既に計上された損益の額を控除した残額を，工事損失が見込まれた期の損失として処理し，工事損失引当金を計上する（新会計基準適用指針90）。

3 法人税法の考え方

(1) 長期大規模工事となる場合

工事完成基準の方法により経理していた工事が，請負の対価の額の引上げ，追加工事等その他の事由により，着工事業年度後の事業年度（引渡事業年度を除く）において長期大規模工事に該当することとなった場合には，原則として，その事業年度において，既往事業年度分も含め，事業年度終了時における工事進行割合に応じた収益の額及び費用の額を計上することとなるが，その該当することとなった事業年度の確定申告書に計算に関する明細を記載した書類の添付がある場合に限り，既往事業年度分の収益の額及び費用の額の計上を引渡事業年度まで繰り延べることができる（法令129⑤・⑧）。つまり，工事途中での収益計上基準の強制変更については，既往に遡っての修正を求めない特例が設けられている。

ただし，長期大規模工事に該当することとなった事業年度以後の事業年度の確定決算において，工事進行基準により経理した場合又は特例の適用を受けなかった場合には，以後の事業年度についてはこの特例は適用しない（法令129⑤但し書き）。

(2) 損失が見込まれる場合

　長期大規模工事に該当する工事について，請負の対価の額の減額や工事期間の短縮があったこと等により，その着工事業年度後の事業年度において長期大規模工事に該当しないこととなった場合であって，その工事について工事進行基準の適用をしないこととしたときであっても，その適用しないこととした事業年度前の各事業年度において計上した当該工事の請負に係る収益の額及び費用の額を既往に遡って修正することはしない（法基通2-4-16）。

4　具体的処理

　工事進行基準では，原価の適正な見積りが重要となるが，設例の会社のように予定見積総原価が修正された場合には，修正された原価による収益から前期以前の収益を控除して，当期の収益を計上することとなり，法人税法上，損失が生じると見込まれる場合には，工事進行基準は適用できないこととなる。したがって，損失が生じると見込まれた事業年度後の事業年度においては，その工事について工事進行基準の適用はできず，その適用しないこととした事業年度前の各事業年度において計上した当該工事の請負に係る収益の額及び費用の額は，適用しないこととした事業年度の益金又は損金として計上する。

　ただし，その予定見積総原価の修正が，もともとの見積りに粉飾があったことによる場合は，仮装経理に基づく過大申告の場合の更正に伴う法人税額の還付の特例が適用されると考えられる（法法135）。

5　裁判例・裁決例

　工事進行基準が適用されている会社について，その適正性が争点となった税法に関する公表裁判例は見受けられない。

　ここでは，IHI（旧石川島播磨重工業）の工事進行基準の処理方法に関連する不適切会計処理問題に関する裁判例を紹介する（東京地判平26.11.27，東京高判平29.2.23，最判平30.10.11，LEX/DB25546852）。最高裁では，東京高裁の判断が維持された。

　高裁では，1審被告（東京証券取引所一部上場会社）が提出した半期報告書等（以下「本件各報告書」という）について，1審原告らが，これらの報告書の中に

重要な事項についての虚偽の記載があり，虚偽の記載に係る情報を信用して1審被告の株式を取得したことにより損害を被ったなどと主張して，損害賠償を求めたところ，原審において請求が一部認容，一部棄却となったため，双方が控訴した事案において，本件各報告書には「虚偽の記載」があったと認められるところ，その内容が連結損益計算書の連結営業利益や連結当期純利益という投資者の投資判断に大きな影響を与える重要な分野に属するものであり，かつ，その過大計上に係る金額が多額に及ぶことからすれば，「重要な事項」について虚偽の記載があることが明らかであるとし，1審原告の控訴に基づき，原判決を一部変更した。

　ここで虚偽の記載とされたのは，工事進行基準における過去の総発生原価見通しが不適正であったことによるものである。

　裁判所は，1審被告は，工期2年以上で請負金額30億円以上の工事については工事進行基準により，それ以外の工事は工事完成基準により工事収益の認識を行っていたところ，工事進行基準会計においては，総発生原価見通しという未確定な原価の見通しを行うことにより期間損益を認識することとなるため，工事進行程度の算定における信頼性は，工事総原価の見積りに大きく依存することになるとし，工事総原価を過少に見積もると，工事の進捗度，ひいては工事進行基準売上高が上がり，売上総利益が過大に計上される結果となり，収益計上の不確実性を極力排除して適正な損益計算を行うためには，精密な上記見積りが必要であり，その判断には慎重さが求められるが，他方において，当該見積りの時点においては，それが将来の予測に係るものであるという性質上，算定に当たって一定の幅が存在することも否定することができないとし，したがって，工事進行基準における過去の総発生原価見通しが不適正であったために過年度決算における期間損益の配分が不適正となったか否かの判断においては，当該決算時点で認識可能であった事実を前提として，企業会計準則の裁量を逸脱するものであったか否かによって決するのが相当であるとした。そして，課徴金決定をした金融庁の資料，社内調査の結果なども踏まえ，1審被告が提出した半期報告書等についての過年度訂正は，1審被告の中核事業の1つであるエネルギー・プラント事業の長期大規模工事で適用している工事進行基準会計において，不適正な原価の圧縮や期末において原価として計上すべき費用の把握漏れにより工事の総発生原価見通しが過少に見積もられ，これに伴う工事進捗率の上昇により売上げが過大に計上されたこと等により，利益が過大に計上されたこ

とが原因となっているというべきであって，企業会計準則の裁量を逸脱するもので
あったということができるから，本件各報告書には「虚偽の記載」（本件虚偽記
載）があったと推認するのが相当であるとした。

IV　ソフトウエアと知財

1　ソフトウエアの注文販売

1　事　　例

当社では，顧客から注文を受け，その顧客仕様のソフトウエアを製作販売してい
る。ソフトウエアの引渡しは，顧客のコンピュータにインストールすることにより
行われる　なお，サポートサービスは，引渡し後，別個に契約することとしている。

2　対応する新会計基準

(1)　ライセンスの供与

ライセンスは，企業の知的財産に対する顧客の権利を定めるものである。知的財
産ライセンスには，ソフトウエア及び技術，映画や音楽などのメディア・エンタテ
イメント　フランチャイズ，特許権，商標権及び著作権などが含まれる（新会計基
準指針14■）。

顧客との契約が，財又はサービスを移転する約束に加えて，ライセンスを供与す
る約束を含む場合には，契約における履行義務を識別する必要がある。この場合に
は，ライセンスを供与する契約が，他の財又はサービスを移転する約束と別個のも
のであるかを判定する必要がある。

他の財又はサービスを 移転する約束との関係	ライセンスを供与する 約束の履行義務	収益認識時期
別個のものでない	ライセンスを供与する約束 と当該他の財又はサービス を移転する約束の両方を一 括して単一の履行義務とし て処理する。	新会計基準35項〜40項に したがって，一定の期間 か一時点かを判定する。
別個のものでないが，ライセン スを供与する約束が主たる約束 である場合		新会計基準適用指針62項 〜66項に従って，一定の の期間か一時点かを判定 する。
別個のものであり，当該約束が 独立した履行義務である場合	ライセンスを独立した履行 義務として処理する。	

　ライセンスを供与する約束と当該他の財のサービスが別個のものでない場合（た
とえば，組込みソフトウエアを含めた有形固定資産の製造販売など）には，ライセ
ンス供与する約束と当該他の財又はサービスを移転する約束の両方を一括して，単
一の履行義務として処理し，新会計基準35項から40項（履行義務の充足による収益
の認識）に基づき，一定の期間にわたり充足される履行義務であるか，一時点で充
足される履行義務かを判定する（新会計基準指針61）。

　ライセンスを供与する約束が，他の財又はサービスを移転する約束と別個のもの
であり，当該約束が独立した履行義務である場合には，新会計基準指針62項から66
項（ライセンスを供与する場合の履行義務の充足による収益の認識基準）に基づき，
一定の期間にわたり充足される履行義務であるか，一時点で充足される履行義務か
を判定する。一時点で充足される履行義務の場合は，顧客がライセンスを使用して
ライセンスからの便益を享受できるようになった時点で収益を認識する。

　なお，新会計基準，新会計基準適用指針には明記されていないが，「別個のもの
でないが，ライセンスを供与する約束が主たる約束である場合」（たとえば，ソフ
トウエアの供与とソフトウエアのインストールなど）にも，新会計基準指針62項か
ら66項（ライセンスを供与する場合の履行義務の充足による収益の認識基準）に基
づき，判定するものと考えられる。

(2)　履行義務の識別

　ライセンスを供与する契約が，他の財又はサービスを移転する約束と別個のもの
であるかを判定するに当たっては，他の財又はサービスが，次の①及び②の要件を
満たすかどうかを検討する。いずれも満たす場合には，別個の財又はサービスとし

て判定される（新会計基準34）。

> ①　当該財又はサービスから単独で顧客が便益を享受することができること，あるいは，当該財又はサービスと顧客が容易に利用できる他の資源を組み合わせて顧客が便益を享受することができること（すなわち，当該財又はサービスが別個のものとなる可能性があること）
> ②　当該財又はサービスを顧客に移転する約束が，契約に含まれる他の約束と区分して識別できること（すなわち，当該財又はサービスを顧客に移転する約束が契約の観点において別個のものとなること）

　上記②財又はサービスを顧客に移転する約束が，契約に含まれる他の約束と区分して識別できるかどうかについては，当該約束の性質が，契約において，当該財又はサービスのそれぞれを個々に移転するものか，あるいは，当該財又はサービスをインプットとして使用した結果生じる結合後のアウトプットを移転するものかによって判断する（新会計基準指針6）。

　財又はサービスを顧客に移転する複数の契約が区分して識別できないことを示す原因には，例えば，次のイからハがある。

> イ　当該財又はサービスをインプットとして使用し，契約において約束している他の財又はサービスとともに，顧客が契約した結合後のアウトプットである財又はサービスの束に統合する重要なサービスを提供していること
> ロ　当該財又はサービスの1つ又は複数が，契約において約束している他の財又はサービスの1つ又は複数を著しく修正する又は顧客仕様のものとするか，あるいは他の財又はサービスによって著しく修正される又は顧客仕様のものにされること
> ハ　当該財又はサービスの相互依存性又は相互関連性が高く，当該財又はサービスのそれぞれが，契約において約束している他の財又はサービスの1つ又は複数により著しく影響を受けること

　設例は，ソフトウエアが顧客仕様のものであり，そのインストールサービスは，契約に定められた結合後のアウトプットを移転するためのインプットとして使用されると考えられることから，要件②を満たさず，別個のものでない，つまり，単一の履行義務として処理するものと判断できる。

　一方，サポートサービスは顧客仕様のソフトウエアのサポートサービスであり，他の企業のサポートサービスはできず，要件①を満たさない可能性がある。要件②については，ソフトウエアの製作販売とサポートサービスは，独立して履行することができ，互いに著しい影響を与えないため，相互依存性又は相互関連性が高くな

いと考えられ，また，契約の観点において別個になるものと考えられるため，ライセンスを独立した履行義務として処理するものと判断できる。

　よって，ソフトウエアとインストールサービスは1つの履行義務として識別され，サポートサービスは別個の履行義務として識別される。

　本設例においては，ソフトウエアの引渡しのほかに，ソフトウエアに著しく影響を与える活動を当社が行うことを顧客は期待していないと考えられ，知的財産にアクセスする権利の要件を満たさない。

　よって，ソフトウエアの引渡しは，知的財産を使用する権利と判断され，顧客がソフトウエアを使用できるようになった時点で，一時に収益を認識することになる。

(3)　ライセンスを供与する場合の履行主義の充足による収益の認識

　ライセンスを供する約束が，他の財又はサービスを移転する約束が独立した履行義務である場合には，ライセンスを顧客に供与する際の企業の約束の性質が，顧客に次の①又は②のいずれを提供するかを判定し，一定の期間にわたり充足される履行義務であるか，一時点で充足される履行義務であるかを判断する（新会計基準指針62）。

顧客に供与する約束の性質	収 益 認 識 時 期
①　ライセンス期間にわたり存在する企業の知的財産にアクセスする権利の場合	一定の期間にわたり充足される履行義務として処理する。
②　ライセンスが供与される時点で存在する企業の知的財産を使用する権利の場合	一時点で充足される履行義務として処理し，顧客がライセンスを使用してライセンスから便益を享受できるようになった時点で収益を認識する。

　次の(1)から(3)の要件のすべてを満たす場合は，①知的財産にアクセスする権利を提供するものとして取り扱われる。一方，これらの要件のいずれにも該当しない場合には，②知的財産を使用する権利を提供するものと取り扱われる（新会計基準指針63，64）。

(1)　ライセンスにより顧客が権利を有している知的財産に著しく影響を与える活動を企業が行うことが，契約により定められている又は顧客により合理的に期待されていること
(2)　顧客が権利を有している知的財産に著しく影響を与える企業の活動により，顧客が直接的に影響を受けること

　本設例においては，ソフトウエアの引渡しのほかに，ソフトウエアに著しく影響を与える活動を当社が行うことを顧客は期待していないと考えられ，知的財産にアクセスする権利の要件を満たさない。

　よって，ソフトウエアの引渡しは，知的財産を使用する権利と判断され，顧客がソフトウエアを使用できるようになった時点で，一時に収益を認識することになる。

③　法人税法の考え方

(1)　契約の識別

　ソフトウエアの注文販売は，ソフトウエアの開発の請負に係る契約に該当する。原則として個々の契約ごとに収益を計上することとなるが，新会計基準を適用する場合には，契約の結合や分割の規定を適用することができる（法基通2－1－1）。そして，一のソフトウエアの開発の請負契約につき契約の結合や分割の規定を適用を受けた場合には，同様の請負契約については，継続してその適用を受け，契約の結合や分割の規定に定めるところにより区分した単位ごとに収益の額を計上することに留意する必要がある。

①　原　　　則

　個々の契約ごとに計上する。

②　契約の結合

　同一の相手方（同一の相手方との間に支配関係その他これに準ずる関係のある者を含む）と同時期に締結した複数の契約が，その複数の契約で約束したソフトウエア開発に関する請負を組み合わせて初めて単一の契約となる場合は，複数の契約を結合して単一の契約とみなして計上

　但し，ⅰ)当事者間で合意された実質的な取引の単位を反映するように複数の契約（異なる相手方と締結した複数の契約又は異なる時点に締結した複数の契約を含む）を結合した場合のその複数の契約において約束したソフトウエア開発に関する請負を組み合わせた単位における収益の計上時期及び金額が，(ⅱ)上記又は下記③に定めるところにより区分した単位における収益の計上時期及び金額に比してその差

異に重要性が乏しいと認められる場合には，(i)に区分した単位ごとにその収益の額を計上することができる。

③ 契約の分割

　一の契約の中に複数の履行義務が含まれている場合，それぞれの履行義務に係るソフトウエア開発に関する請負を分割し，取引価格を配分して計上する。

　この場合の一の契約は，同一の相手方及びこれとの間に支配関係その他これに準ずる関係のある者と同時期に締結した複数の契約について，次のいずれかに該当する場合には，その複数の契約を結合したものを一の契約とみなしたものとなる（同通達注書き1）。

　ア　その複数の契約が同一の商業目的を有するものとして交渉されたこと。

　イ　一の契約において支払を受ける対価の額が，他の契約の価格又は履行により影響を受けること。

(2) 収益の計上時期

　収益認識に関する会計基準の適用対象となる取引である請負に係る収益の額については，その引渡し等の日が法22条の2第1項《収益の額》に規定する役務の提供の日に該当し，その収益の額は，原則として引渡し等の日の属する事業年度の益金の額に算入されることとなる（法基通2−1−21の7）。ソフトウエア開発の請負に係る収益については，工事完成基準の適用があるものを除き，目的物全部を完成して引き渡した日（完成引渡基準）の属する事業年度の益金の額に算入することとなる。

(3) 収益の計上額

　ソフトウエア開発の請負に係る収益は，開発したソフトウエアの引渡し時等の価額等により益金の額に算入する（法法22の2④）。この引渡し時の価額等とは，原則としてその請負につき第三者間で取引されたとした場合に通常付される価額をいう。なお，ソフトウエアの引渡し時等の日の属する事業年度終了の日までにその対価の額が合意されていない場合は，同日の現況により引渡し時の価額等を適正に見積もるものとされる（法基通2−1−1の10）。

　この規定の適用において，引渡し時の価額等が，当該取引に関して支払を受ける対価の額を超える場合において，その超える部分が，寄附金又は交際費等その他の損金不算入費用等に該当しない場合には，その超える部分の金額を益金の額及び損

金の額に算入する必要はないことに留意する。

　また，法人税基本通達２－１－１の11の変動対価の取扱いの適用により，値引き・割戻し等による対価の変動の可能性がある取引（返品・貸倒の可能性については除く）について，下記３要件のすべてを満たす場合は，変動対価につき引渡し等事業年度の確定した決算において，収益の額を減額し，又は増額して経理した金額は，引渡し時の価額等の算定に反映する。

① 　値引き等の事実の内容及び当該値引き等の事実が生ずることにより契約の対価の額から減額若しくは増額する可能性のある金額又はその算定基準が，当該契約若しくは法人の取引慣行若しくは公表した方針等により相手方に明らかにされていること又は当該事業年度終了の日において内部的に決定されていること

② 　過去における実績を基礎とする等合理的な方法のうち法人が継続して適用している方法により，の減額若しくは増額の可能性又は算定基準の基礎数値が見積もられ，その見積りに基づき収益の額を減額し，又は増額することとなる変動対価の額が算定されていること

③ 　①を明らかにする書類及び②の算定の根拠となる書類が保存されていること

《売上高又は使用量に基づくロイヤリティのイメージ》

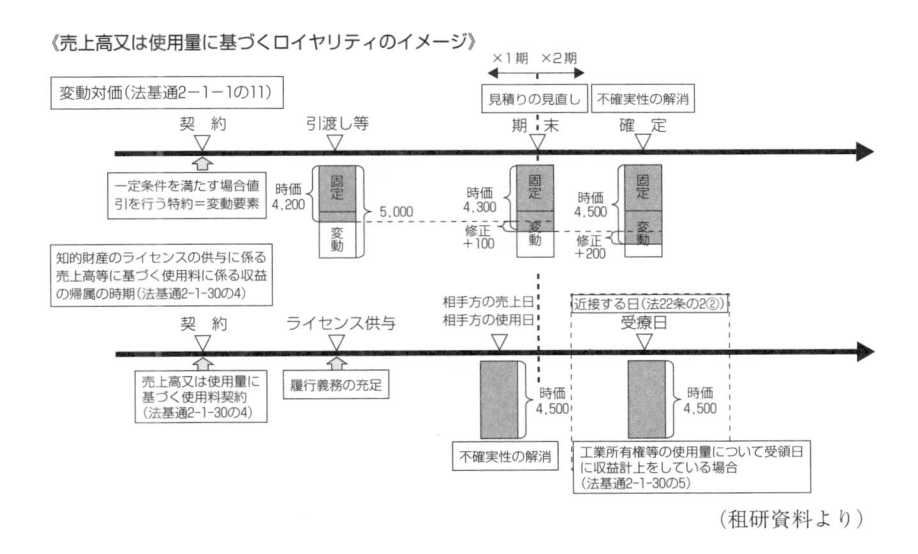

（租研資料より）

4 具体的処理

　設例の会社は，製作したソフトウエアを顧客のコンピュータにインストールした日の属する事業年度の益金の額に算入することとなる。

5 裁判例・裁決例

　ソフトウエアに係る譲渡対価は納税者から子会社に対する寄附金にあたるとされた裁判例がある（東京地判平21.2.5・Z259-11138，東京高判平22.5.25・Z260-11443）。

　連結親法人である納税者は，昭和55年7月1日，連結子法人であるBに対し，納税者のコンピュータ運用部門が開発し，納税者の証券業務のために用いていたソフトウエア（以下「本件旧ソフトウエア」という）を代金5億6,000万円で譲渡した。これが最初の譲渡である。納税者は，Bとの間で，昭和55年7月1日付け「委託業務に関する基本契約」を取り交わし，Bに対し，納税者の証券業務に係るデータ処理のほか，本件旧ソフトウエアに新たな機能を追加しバージョンアップをすることなどを内容とするシステム開発を委託した。Bは，納税者の委託に基づき，昭和55年7月から平成15年10月までの間，本件旧ソフトウエアに改変を加えるなどして新たなソフトウエアを開発した（以下「本件ソフトウエア」という）。なお，Bが開発した本件ソフトウエアの著作権は，著作権法15条が規定する職務著作としてBに原始的に帰属した。

　納税者とBは，平成15年10月1日，本件ソフトウエアの著作権を関連説明資料等とともに30億円で譲渡する旨の「ソフトウエア等譲渡契約書」（以下「本件譲渡契約書」という）を取り交わした。これが2度目の譲渡であり，Bは納税者から取得した旧ソフトウエアを改変して新ソフトウエアとして納税者に譲渡することとなる。納税者とBは，平成15年10月10日，本件譲渡契約書による譲渡の対象として，本件ソフトウエアに加え，BがDから5,676万円で取得したソフトウエア（以下「本件追加ソフトウエア」という）を追加する旨の合意をした。納税者は，平成15年10月27日，Bに対し，本件ソフトウエア及び本件追加ソフトウエアの各著作権等の譲渡を受ける対価であるとして，合計30億円を支払った。納税者とDは，平成15年10月，納税者が，Dに対し，本件ソフトウエア及び本件追加ソフトウエアの各著作権等を35億円で譲渡する旨合意し，Dは，納税者に対し，35億円を支払った。

納税者が，平成16年３月期の連結事業年度の法人税について，法人税の連結確定申告をしたところ，原処分庁は，このうち，本件ソフトウエアの著作権の対価分であると解される29億4,324万円（納税者がBに支払った上記の30億円から，本件追加ソフトウエアの対価分として，BがDに本件追加ソフトウエアの対価として支払った5,676万円を控除した額。以下「本件金員」という）について，実際には著作権の譲渡がされておらず，法人税法81条の６第２項により損金の額に算入しないとされている寄附金にあたるとして本件更正処分をしたため争いとなった。

　原処分庁は，納税者がBに対し，本件ソフトウエアの著作権等の対価として平成15年10月27日に本件金員を支払っているが，本件ソフトウエアの著作権は，納税者が，Bから譲渡を受けたと主張する同年10月より前から納税者に帰属していたから，本件金員は，本件ソフトウエアの著作権の対価ではあり得ないと主張した。

　そこで，裁判所は，まず，平成15年10月より前の時点における，納税者の本件ソフトウエアについての利用状況やその権限等について確認すると，納税者は，昭和55年以降，Bが開発した本件ソフトウエアを，納税者の内部の部署において，納税者の証券業務等を行うために，納税者に置かれた端末を通じて日常的に利用していたこと，納税者の各部署において，本件ソフトウエアを利用する上での不具合や機能追加の必要性があれば，それをBに伝え，Bにおいて納税者の利用上の便宜に応えるために，システムの開発・改善が加えられていたことがそれぞれ認められるとし，仮に本件ソフトウエアの著作権がBに帰属していたとするならば，納税者は，著作権者であるBとの間で利用許諾契約を締結し，また，通常はその利用許諾料を支払っていたと考えられるが，そのような事実を窺わせる証拠は何ら存在しないこと，平成12年度以降，納税者は，各事業年度において，一貫して，本件ソフトウエアを，納税者の減価償却資産である無形固定資産として資産計上していたこと，他方で，Bは，本件ソフトウエアに関し，その開発を始めた昭和55年７月から本件譲渡契約書を取り交わした平成15年10月に至るまで，Bの資産として計上したことは一度もなかったことが認められ，本件ソフトウエアの著作権は，いったんは開発者であるB社に原始的に帰属したものの，その後の納税者及びB社間の黙示の合意により納税者に移転しており，遅くとも本件譲渡契約が取り交わされる平成15年10月１日までには納税者が本件ソフトウエアの著作権を保有していたものと認められ，これを覆すに足りる的確な証拠はないとした。そして，Bは，納税者が発行済全株

式を保有する子会社であり，納税者がBの従業員も一括して採用し，納税者の役員がBの役員を兼務するなど人的に密接な関係があり，納税者とBは法人税法上の連結完全支配関係にあるところ，Bは平成15年当時巨額の不動産の含み損（約77億円）を抱えて債務超過の状態にあり，その対応策が納税者内部で検討され，対応が図られていたことが認められるから，以上の事実を総合するならば，納税者からBに対し税負担のない資金移転を行うための方策としてBから納税者に本件ソフトウエアの著作権を移転するという方法を作出したものと推認するのが相当であり，納税者のB社に対する本件金員（29億4,324万円）の支払は，納税者の主張するような著作権の対価としてのものではなく，B社に対する「金銭の…贈与」にほかならず，その全額が法人税法81条の6第2項の規定により損金の額に算入しない寄附金の額に該当するというべきであるとした。

この事例はソフトウエアの著作権の原始的取得にかかわらず，税務上は実態から見て，そのソフトウエアの著作権の帰属や譲渡時期を判断することを示している。

2　アップデートサービス付きソフトウエアライセンス契約

1　事　　例

当社は商品としてソフトウエアのコピーの利用権を販売している。当社と顧客はライセンス契約を締結するが，その契約には，通常サポート契約を含む。また，更新契約を含む場合もある。

2　対応する新会計基準

(1)　履行義務の識別

設例は，ライセンス契約と更新契約をそれぞれ別の履行義務とするか，単一の履行義務とするかどうかを，新会計基準34項，新会計基準指針6項にしたがって判断する。

通常サポート契約，更新契約をするしないにかかわらず，その更新により著しい修正を要する基本的な相互依存性又は相互関連性が低いと考えられれば，異なる別個の履行義務と認識する。

通常サポート契約，更新契約をしなければ，ソフトウエアの基本的な機能を提供

しない場合には，著しくソフトウエアを修正するものであり，相互依存性又は相互関連性が高いと考えられることから，単一の履行義務と識別される。

⑵　ライセンスを供与する場合の履行義務の充足による収益の認識

Ⅳ1②⑵②で述べた通り。

③　法人税法の考え方

　ソフトウエアのライセンス契約については，著作権の譲渡又は使用契約，公衆送信権の使用契約等の他，移植契約やサポート契約などが含まれる場合がある。これは，ソフトウエア自体がプログラムの著作物に該当し（著作権法10①九），ソフトウエアをウェブ等で使用できるようにすることは公衆送信に該当するからである。

　ライセンス契約はそのような成り立ちとなっているとしても，収益認識の立場からいうと，これについても原則として個々の契約ごとに収益認識することとなるが，新会計基準を適用する場合には，契約の結合や分割の規定を適用することができる（法基通2－1－1）。そして，一のライセンス契約につき契約の結合や分割の規定を適用を受けた場合には，同様のライセンス契約については，継続してその適用を受け，契約の結合や分割の規定に定めるところにより区分した単位ごとに収益の額を計上することに留意する必要がある。

　また，ライセンスの貸与契約やサポート契約，更新契約については，法人税基本通達2－1－21の4（履行義務が一定の期間にわたり充足されるもの）の「取引における義務を履行するにつれて，相手方が便益を享受すること。」に該当し，履行義務が一定の期間にわたり充足されるものとなるため，役務の全部を完了した日までの期間において履行義務が充足されていくそれぞれの日の属する事業年度の益金の額に算入することとなる。

　その金額は次の算式で計算される。

> 通常得べき対価の額×当期末の履行義務の進捗の度合を示すものとして合理的と認められる割合－前期までに収益の額とされた金額

　ただし，その使用料の額について，法人が継続して契約によりその使用料の額の支払を受けることとなっている日において収益計上を行っている場合には，当該支払を受けることとなっている日は，その役務の提供の日に近接する日に該当するも

のとして，その事業年度の確定決算にて収益経理（申告調整を含む）することも認められる（法基通2-1-30の5，法法22の2②③）。

4 具体的処理

設例の会社のライセンス契約には，本来のライセンス契約とサポート契約の複数の契約が内在している。そこで，ライセンス契約とサポート契約に分け，それぞれ，期間対応にて収益を計上することとなる。

5 裁判例・裁決例

ここで取り上げるのは源泉所得税に関する裁決例である。ライセンスの仲介販売等を行っている会社は，ライセンスの権利者からその権利を譲渡又は貸与してもらい，その権利を，エンドユーザーに対し譲渡又は貸与することとなる。もし，エンドユーザーへの売上内容がライセンスの譲渡であれば，仲介会社は譲渡収益を認識するのであるが，それ以前に権利者からライセンスを譲り受けていることとなる。もし，エンドユーザーへの売上内容がライセンスの貸与であれば仲介会社は使用料収入を認識するのであるが，仲介会社がライセンスを購入したという証拠がなければ，仲介会社は権利者からライセンスを貸与されているということとなる。そして，非居住者又は外国法人に対して，著作権の使用料を支払う場合，20.42％の源泉税を徴収する必要がある（所法161①十一ロ，同法212①，所基通161-35）。

このような背景で，対象会社とエンドユーザーとの契約を識別し，権利者（仲介業者）への支払の際，源泉徴収が必要かどうかを判断した裁決例である（平9.8.25裁決・東裁（諸）平9-23・F0-2-148）。

納税者は，ソフトウエアの輸出，輸入，販売業を営む法人であり，納税者は同社と兄弟関係にあるA社との間で平成7年2月15日付で締結されたMARKETING AGREEMENTに基づくマーケティング契約により共通の米国親会社所有のパッケージソフトについての権利を得，それをエンドユーザーに販売していた。マーケティング契約の内容は要旨次のとおりである。

① A社は本件パッケージソフトあるいは本件パッケージソフトから生ずる有価物の権利の法的な所有者であり，日本国内で本件パッケージソフトの販売，インストール及び保守等を行う権利はすべてA社に帰属する。

② A社は，日本国内で，一定の条件の下で納税者が本件パッケージソフトに係る販売，インストール及び保守等を行うことを許諾する。

③ A社は，納税者に，日本国内で，一定の条件の下で本件パッケージソフトの販売，インストール及び保守等に関連するパンフレット，書類及び販売促進のための資料を作成する権限を与える。

また，納税者とエンドユーザーとの間で締結する本件パッケージソフトに関する使用許諾契約の一例は要旨次のような内容となる。

① 当該契約は，「Aソフトウエア」と称するソフトウエアの使用許諾に関する契約である。

② 納税者が契約当事者となっている。

③ ユーザーである乙は，使用権料として，納税者に19,000,000円を支払う。

④ 乙は，使用権料の他，技術支援サービス料として納税者に使用権料の○％の2,850,000円を毎年支払う。

⑤ 乙が当該ソフトウエアを使用する場合，以下の制限がある。

　(ⅰ) 譲渡が不可能である。

　(ⅱ) 第三者に再使用を許諾できない。

　(ⅲ) 第三者のためのデータ処理及び第三者にサービスを提供できない。

　(ⅳ) 当該ソフトウエアはあらかじめ指定されたCPUにおいて，社内業務に限り使用できる。

⑥ 乙が納税者の指定CPUを他のCPUに変更する場合においては，納税者の承諾を必要とし，かつ，追加料金を支払わなければならない。

⑦ 当該契約が終了したときは，終了の原因を問わず，乙は，納税者に対して直ちに当該ソフトウエア，すべての関連資料及び秘密情報を返還し，かつ，当該ソフトウエアに関するすべてのコピー及び翻訳が破棄された旨を書面で納税者に通知しなければならない。

納税者は，A社に対する支払は，パッケージソフト購入の対価であるとして源泉徴収していなかったが，原処分庁は，その支払は著作権の使用の対価であるとして源泉所得税の納税告知処分等をしたため争いとなった。

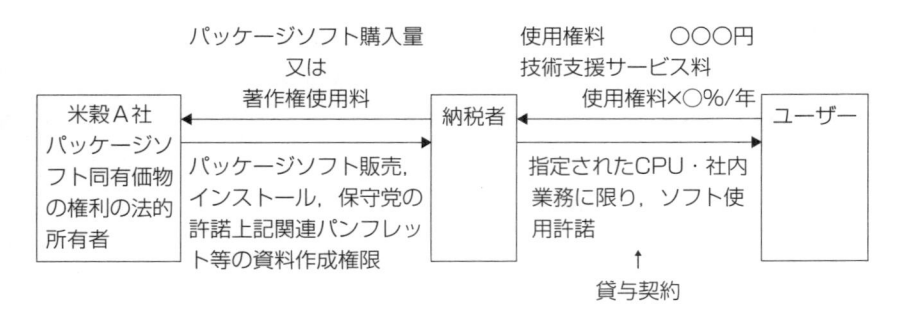

審判所は，上記契約内容から，本件対価は，A社を通じて米国親会社から付与された本件パッケージソフトの貸与権の使用料と認められ，また，本件パッケージソフトは著作権法に規定するプログラムの著作物の複製物であり，かつ，貸与権の行使は所得税法161条に規定する「著作権の使用」に含まれるから，納税者は本件対価について同法212条1項の規定により源泉徴収し，納付しなければならないことになるとして納税者の主張を退けた。

3　知財ライセンス契約

1　事　　例

　当社はA社との間で，A社に対し当社が有するコンプレッサーに関する特許及びノウハウに基づいて製品を製造し，使用し，販売するための実施権を与える旨の技術援助契約を締結した。この契約により，A社は販売したコンプレッサー1台当たり又は総販売額を基準として，当社にロイヤルティを支払うこととなる。

2　対応する新会計基準

(1)　ライセンス能力供与における履行義務の識別

　Ⅳ 1 2(1)(2)で述べた通り。

　設例においては，販売したコンプレッサー1台あたり又は総販売額に基づきロイヤリティの支払いが変動するものであり，変動対価として取り扱われる。この変動対価を特許等の実施権を供与する履行義務に配分することになると考えられる。

(2)　ライセンスを供与する場合の履行義務の充足による収益の認識

　Ⅳ 1 2(3)で述べた通り。

設例においては，支払が，販売したコンプレッサー1台あたり又は総販売額に基づくロイヤリティであり，顧客が権利を有している知的財産に著しく影響を与える活動を当社が行うことが，顧客により期待していると考えられる。また，当社の活動により顧客は直接的な影響を受け，当社の活動が生じたとしても財又はサービスが移転しないと考えられる。したがって，ライセンスにアクセスする権利であり，一定期間にわたり，充足される履行義務として処理される。

(3)　売上高又は使用量に基づくロイヤリティの収益の認識

知的財産のライセンス供与に対して受け取る売上高又は使用量に基づくロイヤリティが知的財産のライセンスのみに関連している場合，あるいは当該ロイヤリティにおいて知的財産のライセンスが支配的な項目である場合には，変動対価の見積もりの制限及び変動対価の見直しに関する定め（会計基準54，55）を適用せず，次の(1)又は(2)のいずれか遅い方で，当該売上高又は使用量に基づくロイヤリティについて収益を認識する（新会計基準指針67）。

> (1)　知的財産のライセンスに関連して顧客が売上高を計上する時又は顧客が知的財産のライセンスを使用する時
> (2)　売上高又は使用量に基づくロイヤルティの一部又は全部が配分されている履行義務が充足（あるいは部分的に充足）される時

売上高又は使用量に基づくロイヤリティについて，これに該当しない場合には，変動対価に関する定め（新会計基準50，55）を適用する（Ⅷ2②参照）。

本設例においては，実施権の供与に対して受け取る販売台数又は総販売額を基準としてロイヤリティを受け取るものであり，ライセンスに明確に関連するものであり，顧客の販売が生じるにつれて収益を認識すべきと考えられる。

③　法人税法の考え方

(1)　工業所有権等の譲渡に係る収益の帰属の時期の特例

特許権，実用新案権，意匠権及び商標権等の工業所有権等の譲渡については，原則としてその工業所有権等の引渡しの日の属する事業年度の収益の額に算入するが，法人が次に掲げる日において収益計上を行っている場合には，次に掲げる日は，その引渡しの日に近接する日に該当するものとして，その事業年度の確定決算にて収益経理（申告調整を含む）することも認められる（法基通2－1－16，法法22の2

②③）。

> ①　その譲渡に関する契約の効力発生の日
> ②　その譲渡の効力が登録により生ずることとなっている場合におけるその登録の日

　法人税においては，旧通達2−1−16で，工業所有権等の譲渡又は実施権の設定により受ける対価（使用料を除く）の額は，原則としてその譲渡又は設定に関する契約の効力発生の日の属する事業年度の益金の額に算入するが，例外的にその譲渡又は設定の効力が登録により生ずることとなっている場合において，法人がその登録の日の属する事業年度の益金の額に算入しているときは，これを認めていた。ここで「工業所有権」というのは，特許権，実用新案権，意匠権及び商標権の4つの権利をいうが，これらの権利に係る出願権及び実施権についても，これらに含めて同じように取り扱うという前提で旧通達2−1−16は定められていた。すなわち，工業所有権等の譲渡に係る収益の計上時期について，契約の効力発生の日を原則としつつ，工業所有権等の移転については登録がその効力発生の要件とされているので（特許法98①，実用新案法26等），一般的な実務を尊重して登録の日によることも認めていたものであり，この通達は，資産の譲渡についての収益の計上時期が法令上明確化されたことに伴い，法令に沿って旧通達2−1−16の取扱いの整理が行われたものであり，実質的な内容に変更はない（通達解説より）。

(2)　知的財産のライセンスの供与に係る収益の帰属の時期

　知的財産のライセンスの供与に係る収益の額については，次に掲げる知的財産のライセンスの性質に応じ，それぞれ次に定める取引に該当するものとして，収益を計上することになる（法基通2−1−30，2−1−21の2，2−1−21の3）。

> (1)　**ライセンス期間にわたり存在する法人の知的財産にアクセスする権利**
> 　履行義務が一定の期間にわたり充足されるものとして，その収益の額は，その履行義務が充足されていくそれぞれの日の属する事業年度の益金の額に算入される。
> (2)　**ライセンスが供与される時点で存在する法人の知的財産を使用する権利**
> 　履行義務が一時点で充足されるものとして，その収益の額は，その引渡し等の日の属する事業年度の益金の額に算入される。

(3)　工業所有権等の実施権の設定に係る収益の帰属の時期

　工業所有権等の実施権の設定により受ける対価（使用料を除く）の額につき法人

が次に掲げる日において収益計上を行っている場合には，次に掲げる日は，その引渡しの日に近接する日に該当するものとして，その事業年度の確定決算にて収益経理（申告調整を含む）することも認められる（法基通2－1－30の2，法法22の2②）。

> (1) その設定に関する契約の効力発生の日
> (2) その設定の効力が登録により生ずることとなっている場合におけるその登録の日

これは，新会計基準においてライセンスの供与についての定めが新たに設けられたことに伴い，旧通達2－1－16において定めていた実施権の設定に係る収益の帰属の時期の取扱いが2－1－30の2に移管されたものである。

(4) ノウハウの頭金等の帰属の時期

ノウハウの設定契約に際して支払（返金が不要な支払を除く）を受ける一時金又は頭金に係る収益の額は，そのノウハウの開示を完了した日の属する事業年度の益金の額に算入する。ただし，次の場合にはそれぞれ次による（法基通2－1－30の3・2－1－1の6）。

区　　　　分	益金算入時期
(1) ノウハウの開示が2回以上にわたって分割して行われ，かつ，その設定契約に際して支払を受ける一時金又は頭金の支払がほぼこれに見合って分割して行われることとなっている場合	その開示をした都度これに見合って支払を受けるべき金額をその開示をした日の属する事業年度の益金の額に算入する。
(2) ノウハウの設定契約に際して支払を受ける一時金又は頭金の額がノウハウの開示のために現地に派遣する技術者等の数及び滞在期間の日数等により算定され，かつ，一定の期間ごとにその金額を確定させて支払を受けることとなっている場合	その一時金又は頭金の支払を受けるべき金額が確定する都度その確定した金額をその確定した日の属する事業年度の益金の額に算入する。
(3) ノウハウの設定契約の締結に先立って，相手方に契約締結の選択権を付与する場合	その選択権の提供をノウハウの設定とは別の取引の単位として，いわゆるオプション料の額については，その支払を受けた日の属する事業年度の益金の額に算入する。

なお，法人税基本通達2－1－30の3は，収益認識基準の導入前の公正な会計慣行を踏まえた旧通達2－1－17の取扱いを実質的に存続することとしたものである。

⑸ **知的財産のライセンスの供与に係る売上高等に基づく使用料に係る収益の帰属の時期**

知的財産のライセンスの供与に対して受け取る売上高又は使用量に基づく使用料が知的財産のライセンスのみに関連している場合又はその使用料において知的財産のライセンスが主な項目である場合には，変動対価の取扱いは適用せず，次に掲げる日のうちいずれか遅い日の属する事業年度において当該使用料についての収益の額を益金の額に算入する（法基通2－1－30の4）。

⑴　知的財産のライセンスに関連して相手方が売上高を計上する日又は相手方が知的財産のライセンスを使用する日
⑵　その使用料に係る役務の全部又は一部が完了する日

なお，法人税基本通達本通達3－1－30の4は，知的財産のライセンスの供与に対して受け取る売上高又は使用量に基づくロイヤルティについての収益の計上時期について収益認識基準の考え方を取り入れるものであり，旧通達2－1－30の取扱いのうち，使用料の額が確定した日の属する事業年度の益金の額に算入する取扱いについては，おおむね本通達において代替できると考えられることから，当面の間これを認めるとする経過措置（平30.5.30 課法2－8 他2 課共同「法人税基本通達等の一部改正について」経過的取扱い⑷）を置いた上で廃止することとされた。

⑹ **工業所有権等の使用料の帰属の時期**

工業所有権等又はノウハウを他の者に使用させたことにより支払を受ける使用料の額について，法人が継続して契約によりその使用料の額の支払を受けることとなっている日において収益計上を行っている場合には，当該支払を受けることとなっている日は，その役務の提供の日に近接する日に該当するものとして，その事業年度の確定決算にて収益経理（申告調整を含む）することも認められる（法基通2－1－30の5，法法22の2②③）。

これは，使用料の支払を受けることとなっている日の属する事業年度において益金の額に算入する処理は，一般に公正妥当と認められる会計処理の基準に従ったものと考えられるため，工業所有権等又はノウハウを他の者に使用させたことにより支払を受ける使用料の額について，法人が継続して契約によりその使用料の額の支払を受けることとなっている日において収益計上を行っている場合には，当該支払

を受けることとなっている日は，その役務の提供の日に近接する日に該当するものとして，法人税法22条の2第2項《収益の額》の規定を適用することとしているものである。

なお，旧通達2－1－30の取扱いのうち，使用料の額が確定した日の属する事業年度の益金の額に算入する取扱いについては，新設された法人税基本通達2－1－30の4《知的財産のライセンスの供与に係る収益の帰属の時期》においておおむね代替できると考えられることから，当面の間これを認めるとする経過措置（平成30年改正通達経過的取扱い(4)）を置いた上で廃止される。

４ 具体的処理

設例の会社が締結した技術援助契約では，A社が実際に特許権等を使用して製品を製造し流通段階に載せるごとにA社に支払義務が生ずるのであるから，A社において製品を出荷した時点が契約の効力発生の日となる。

実務的には，出荷高を合理的に見積もって計上し，A社より支払案内書が到達した時点で収入金額を修正することとなる。

５ 裁判例・裁決例

工業所有権の収益計上の時期が争点となった裁決例がある（昭56.2.7裁決・国税不服審判所裁決例集6711－13頁・LEX/DB 26006170）。

納税者は，貿易業を営む同族会社であり，昭和53年10月31日に，A社との間で作成した，同日付契約書に記載された意匠権，商標権及びその他の権利（以下「本件工業所有権等」という）を，対価の額58,000,000円でA社に譲渡し，昭和53年12月期において入金した40,000,000円を当該譲渡に係る同期の収益として益金の額に算入したところ，原処分庁は，昭和54年5月4日に入金した当該譲渡に係る対価の額の残金18,000,000円（以下「本件残金」という）についても，当該譲渡の契約成立の日の属する昭和53年12月期の収益として，益金の額に算入すべきものとして本件更正処分等をしたため，これを不服として審査請求に至った。

納税者は，本件譲渡対価の額の計算の基は，納税者が将来に向って得られるべき，不特定期間分のロイヤルティが含まれており，A社から現実に入金するまでは，収益が発生しないものであるから，本件残金は，入金のあった日を含む昭和54年12月

期の収益とすべきものであると主張した。

　審判所は，本件契約書には，本件工業所有権等の引渡条件等について，次のとおり約定されている事実が認められるとした。

① 　2条1項によれば，納税者が，本件工業所有権等の譲渡に伴い，当該工業所有権等の移転登録又は名義変更に必要な一切の書類をA社に交付したことを，納税者，A社相互に確認していること。

② 　3条1項によれば，A社は，本件工業所有権等譲渡の対価として納税者に対し，昭和53年10月2日に15,000,000円，本契約成立と同時に25,000,000円及び登録名義の変更手続が一切完了したとの確認後18,000,000円を支払うこと。

③ 　7条2項によれば，A社が納税者に支払うべきロイヤルティは，昭和53年9月末日までにA社が出荷した分について発生し，以降は発生しないものとすること。

　そして，本件契約書の約定事項について検討したところ，①納税者が所有していた本件工業所有権等のすべては，その譲渡に係る契約成立日においてA社に移転し，納税者は，移転登録又は名義変更に必要な一切の書類をA社に交付しているため，A社は，当該契約成立日以後特許庁に対し，登録移転又は出願名義の変更手続をいつでもなし得る状態におかれているから，A社の登録申請等の日をもって，本件工業所有権等の譲渡時期が左右されるものではないと認められること，②納税者が受取っていたロイヤルティは，本件工業所有権等の譲渡に伴い，昭和53年10月1日以降はA社が受領する旨定められているのであり，一方，譲渡に係る対価の額については，その弁済方法を定めたものであると解され，当審判所が原処分関係書類等を調査したところによれば，定めのとおり履行されていることが認められること，③本件工業所有権等の譲渡は，各権利について個々の契約ではなく，包括的に定められたものであり，更に，納税者が主張するように，当該譲渡対価の額の計算の基礎がロイヤルティ収入によっていたとしても，それは単にその対価の額の決定の問題であると解されるから，本件契約成立時において当該対価の額58,000,000円に係る債権の額が確定したものと認められることにより，本件残金の収益計上時期は，本件工業所有権等の譲渡に関する契約の効力発生の日の属する昭和53年12月期とするのが相当であるとして納税者の主張を退けた。

　この裁判例は収益計上時期はあくまでも契約成立時であり，対価の額が具体的に

決定した時ではないことを確認したものである。

4　フランチャイズ収入

① 事　例
　当社は，唐揚げの持帰り店についてのフランチャイザー事業を行っている。当社は，当社とフランチャイズ契約を締結した加盟店に対し，統一店舗デザイン，商号，商標の使用，当社開発の唐揚げ及びサービスを提供する権利，営業上のノウハウを提供する。加盟店は，フランチャイズ契約締結時に加盟金を支払い，また，売上に比例したロイヤルティを支払う。

② 対応する新会計基準
　フランチャイズ契約も，ライセンスの供与の約束である。

　ライセンスの供与は，まず，他の財又はサービスを移転する約束と区別できるかどうかを判断する。本設例においては，フランチャイズの加盟金と売上に比例したロイヤリティが区別できるかどうかを判断する。フランチャイズ契約の内容によって判断が異なる場合もあるだろう。

　ライセンスの供与と他の財又はサービスを移転する約束と区別できる場合には，ライセンスを顧客に供与する際の企業の約束の性質について検討する。すなわち，知的財産へのアクセスの権利の提供（一定期間にわたり充足する履行義務）か，知的財産を使用する権利の提供（一時点で充足する履行義務）かを判定し，会計処理を適用する。

　フランチャイズの加盟金は，一般的に，企業が知的財産にアクセスする権利の3つの要件（Ⅳ 1 ②(3)参照）をすべて満たすものと考えられる。したがって，フランチャイズの加盟金は，知的財産にアクセスする権利を提供したものと考えられ，一定期間（契約期間）にわたり収益を認識することになると考えられる。

　また，売上比例のロイヤリティについては，当該ロイヤリティが知的財産のみに関連しており，当該ロイヤリティにおいて知的財産のライセンスが支配的な項目である場合には，次の(1)又は(2)のいずれか遅い方で，収益を認識する。設例においては，加盟店の売上が生じるにつれて収益を認識することになると考えられる。

(1) 知的財産のライセンスに関連して顧客が売上高を計上する時又は顧客が知的財産の
　　ライセンスを使用する時
(2) 売上高又は使用量に基づくロイヤルティの一部又は全部が配分されている履行義務
　　が充足（あるいは部分的に充足）される時

　これに該当しない場合には，通常の財又はサービスの提供に関する変動対価の定め（新会計基準50～55）に基づき，収益を認識する。

③　法人税法の考え方

　フランチャイズ契約において受け取る対価は，設備や資材の対価に該当するようなものを除き，基本的にノウハウの提供に対する対価に該当する。

　したがって，知財ライセンス契約の項のノウハウの頭金等の帰属の時期，及び，工業所有権等の使用料の帰属の時期を参照されたい。

④　具体的処理

　設例の会社が支払を受けるフランチャイズ加盟金は，ノウハウや著作権の使用料の頭金の他，減価償却資産の対価が含まれている。これらは返金不要なものであり，支払を受けた日の属する事業年度の益金の額に算入する。

　またロイヤルティについては，法人税基本通達2－1－21の4（履行義務が一定の期間にわたり充足されるもの）の「取引における義務を履行するにつれて，相手方が便益を享受すること。」に該当するが，継続して契約による支払日に収益経理することにより，その日の属する事業年度の益金の額に算入できる。

⑤　裁判例・裁決例

　フランチャイズ契約におけるロイヤリティの収益計上時期について判断がされた裁判例がある（東京地判平21.6.24・Z259－11231，東京高判平21.12.17・Z259－11351）。

　納税者は，住宅の建築請負工事等を事業とする株式会社であり，東北地方を中心に，住宅の建築請負工事に関するいわゆるフランチャイズ事業を行っていた。納税者は，同事業において，フランチャイズの本部（フランチャイザー）となり，代理店等との間でフランチャイズ契約を締結していた。この契約によるロイヤリティ収

入の計上漏れについて，原処分庁より更正処分等を受け，訴訟に及んだ。

　納税者は，フランチャイズ契約については，代理店において独立して事業継続が可能となるまではロイヤリティ料等の名目の金銭に関する債権は成立しないものとする旨の口頭の合意が別途されたと主張した。

　裁判所は，まず，法人税法において，ある収益をどの事業年度に計上すべきかは，一般に公正妥当と認められる会計処理の基準に従うべきであり，これによれば，収益は，その実現があった時，すなわち，その収入すべき権利が確定したときの属する事業年度に計上すべきものと考えられるとし，①納税者は，フランチャイズ契約に基づき，代理店等に対し，ロイヤリティとして，代理店等の売上金額である住宅建築に係る請負代金等の５％に相当する金額を請求する権利を有すること，②フランチャイズ契約において，ロイヤリティの支払につき，毎月末日に当該月の支払額を確定し，その翌月末日に現金で支払う旨定められていること，③納税者は，実際に，ロイヤリティの支払を代理店等に請求し，少なくともその一部については支払を受けていること，④ロイヤリティの全部又は一部を支払わなかった代理店等に対し，その支払を督促していることに照らせば，本件ロイヤリティの支払請求権は，遅くとも当該月の末日までに発生し，その額が確定するといえるから，これに係る金額は，各月末日が帰属する各事業年度の収益の額及び各課税期間の課税資産の譲渡等の対価の額として，これを計上する必要があるというべきであるとした。

　さらに，ロイヤリティの額及びその支払方法はフランチャイズ契約において最も重要な契約内容の１つであることからすれば，契約当事者間において，契約書に記載された条項とは異なる合意が口頭でされること自体が異例に属する事柄であり，納税者が主張するような口頭の合意があったとは認められないとして，納税者の主張を退けた。

V　サービスの提供

1　不動産の仲介斡旋報酬

1　事　　例

　当社は不動産仲介業を営んでいる。不動産売買の仲介契約は，専任媒介契約と専属専任媒介契約がほぼ同じくらいで，一般媒介契約が10％程度である。

2　対応する新会計基準

　不動産の仲介斡旋は，一定の期間にわたり充足される履行義務の３つの要件（新会計基準38，Ⅱ1 2 参照）のいずれも満たさないため，一時点で充足される履行義務と考えられる。したがって，資産に対する支配を顧客に移転することにより当該履行義務が履行されるときに，収益を認識する（新会計基準39）。

　通常の不動産の取引は，取引当事者間で契約を締結し，それ以降の一定の日に取引当事者間における代金の授受が行われ，同時に，所有権の移転登記が行われるという段取りを踏むのが一般的である。

　不動産の仲介斡旋報酬は，土地等の売買契約の成立を仲介するという請負の報酬であり，土地等の売買契約等の取引当事者間で，土地等の売買契約が成立することにより，仲介・斡旋に係る役務提供が完了し，手数料等の報酬請求権が確定すると考えられることから，土地等の売買契約の効力発生日に収益を認識することになろう。

　ただし，新会計基準指針14項で挙げられている資産に対する支配が顧客に移転した時点を決定する際の５つの指標（Ⅰ5 2 参照）に照らし，報酬請求権が取引完了時まで留保されているなどが契約内容に含まれている場合には，取引完了日（代金の授受及び所有権の移転登記）に収益を認識することも考えられる。

③ 法人税法の考え方

　土地，建物等の売買，交換又は賃貸借の仲介又は斡旋をしたことにより受ける報酬の額は，その履行義務が一定の期間にわたり充足されるものに該当する場合を除き，原則としてその売買等に係る契約の効力が発生した日の属する事業年度の益金の額に算入するとされる（法基通2-1-21の9）。

　これについては，宅地建物取引業者は，不動産取引の仲介をすると，特別の事情のない限り，商事仲立に関する商法550条1項が類推適用され，仲介の成功したとき，すなわち　当事者間に仲介に係る不動産取引が有効に成立したときに仲介手数料請求権を取得するのであるから，①仲介に必要な役務の提供があり，②仲介に係る契約が有効に成立し，かつ，③仲介手数料の額が具体的に約定されれば，特別な事由のない限り，約定日の属する事業年度の収益としてこれを計上すべきものであるとした裁判例がある（東京高判昭48.8.31・TAINS Z070-3159）。つまり，報酬額が具体的に約定されて，これを行使し得る状態になったとき確定するものと解すべきとする考え方である。

　しかし，仲介手数料の額が取引の完了時に減額されることも珍しくないという現実がある。そこで，①仲介手数料の額は必ずしも契約時に確定したとはいえないこと，②宅地建物取引業法を所管する国土交通省当局では，これらの不動産の売買等に係る仲介・斡旋の役務は，単に当事者間の契約成立のみをもって終わるのではなく，仲介業者としては取引完了まで責任を負うべきものとし，その報酬については，契約成立時点までは2分の1以下の収受にとどめ，残額は取引完了までは収受しないように指導している（昭27.6.27住発第298号建設省住宅局長通達）ことから，契約をもって必要な役務の提供が終了するとはいえないとする考え方もでてくる。それによれば，上記裁判例の3つの要件が契約効力発生日に満たされるとはいいきれない。

　そこで，継続適用を要件として，法人が，売買又は交換の仲介又は斡旋をしたことにより受ける報酬の額について，取引の完了した日（同日前に実際に収受した金額があるときは，その金額についてはその収受した日）において収益計上を行っている場合には，その完了した日は，その役務の提供の日に近接する日に該当するものとして　これを認めるとされている（法法22の2②，法基通2-1-21の9但し書き）。

　不動産仲介手数料は仲介契約の種類を問わず，売買契約が成立まで請求すること
はできない。したがって原則として，売買契約成立時に収益計上することとなるが，
継続適用を要件に，物件引渡完了時の収益とすることも可能である。

⑤　裁判例・裁決例

　ここでは，不動産仲介業者の斡旋報酬に関する2つの裁決例を紹介する。1つは
不動産仲介業者の報酬請求権の発生時期が争点となったもの，もう1つは媒介に係
る売買契約の発生時期が争点となったものである。

(1)　不動産仲介業者の報酬請求権の発生時期が争点となったもの

　不動産仲介業者の報酬請求権の発生時点はすべての受託業務が完了した時である
としたものである（昭47.6.21・裁事4−17・J04−2−06）。

　納税者は不動産仲介業を営む法人である。納税者はA（売主）との間で締結した
「Bマンション」分譲契約に基づく仲介手数料について，分譲代金の回収が未了の
ため，売上計上していなかったが，原処分庁は，分譲販売契約書に，「販売報酬は
販売全戸数契約完了または甲（売主）および関係各社が販売完了と認めた時，甲は
乙（納税者）に金1,000,000円を支払うこととする。」とあることから，当期の売上
げに計上すべきとして更正処分等をしたため，これを不服として審査請求に及んだ。

　審判所は，上記契約書によれば，①納税者はAのために同人のマンション分譲販
売につき宣伝，現地案内等の業務を代行する外，A（売主）と買主との売買契約の
さいの立会いおよび事務手続一切の業務，登記事務，登記立会い等（これを「契約
業務」と表示している）を行うこととなっていること，②上記「契約業務」につい
ては，当期末において分譲代金8戸分24,024,000円の未回収があり，また担保設定
登記7件が未完了であること，③上記契約書の原処分庁指摘の部分について，前段
の「販売全戸数契約完了」とは単に売買契約の締結のみを意味するものではなく，
同契約書に契約業務として掲げられた内容のすべてについての完了を意味するもの
と解することが相当と認められ，このことについてはAも「売買契約のみならず代
金の回収および登記（担保設定を含む）等一切の手続きの完了を意味する。」と証
言していること，そして，④分譲代金の回収は翌年6月14日，担保設定完了は同6
月12日，また販売報酬（仲介手数料）1,000,000円の支払は同6月14日に行なわれ

ていることから，本件仲介手数料の請求権は翌期において確定したものと認められるとして，納税者の請求を認めた。

(2)　媒介に係る売買契約の発生時期が争点となったもの

　専任媒介契約に基づき受領した仲介手数料は，媒介に係る売買契約の効力が発生したと認められる日の属する事業年度の益金の額に算入すべきであり，売買契約の目的物である建物がまだ建築されていないとしても，媒介に係る取引当事者間の不動産売買契約が締結されており，その契約の効力は生じているとしたものである（平3.6.5・裁事41－169・J41－3－01）。

　納税者は不動産仲介業を営む同族会社である。納税者は，平成元年1月10日にA社との間で，A社が所有する土地及びその土地の上に平成2年3月30日に竣工予定の建物（以下，土地と併せて「本件契約物件」という）に関する売買の専任媒介契約を締結した。

　A社と外国法人B社（以下，A社と併せて以下「本件契約当事者」という）は，平成元年7月31日に本件建物の建築請負契約及び本件土地の売買予約又は停止条件付売買と解すべき契約を納税者の媒介により締結し，同日，「不動産売買契約書」と題する契約書（以下「本件契約書」という）を作成した。

　納税者は，本件専任媒介契約に基づきA社から，平成元年8月7日に仲介手数料総額24,000,000円の半額に当たる12,000,000円（以下「本件受取手数料」という）を受領し，本件事業年度の決算においてこれを前受金として経理した。

　ところが，原処分庁は，本件受取手数料を本件事業年度の益金の額に算入する更正をしたため，納税者はこれを不服として審査請求に及んだ。

　納税者は，本件不動産売買契約は，①売買の対象となった土地及び建物のうち，建物は建築予定のものであっていまだ存在しないから，この部分は売買契約の効力が有効に成立していないこと，②建築予定の建物については，売買契約となっているが，請負契約と解すべきであること，及び，③将来，建物が完成した場合に本契約を成立させるという売買予約又は建物完成を停止条件とする停止条件付売買契約とみるべきであることを理由に，媒介に係る役務の提供はいまだ完了していないから，当該売買契約後に受領した仲介手数料に係る収益は，受領日の属する事業年度の益金にはならないと主張した。これに対し審判所は，①建築予定の建物であっても，建築図面，仕様書き等から当該建物を目的物として特定可能な場合には売買契

約は有効に成立すること，②本件不動産売買契約の形式及び内容からいっても請負契約と解すべき余地はないこと，及び③同様に売買予約又は建物完成を停止条件とする停止条件付売買契約とみるべき余地はないことから，本件不動産売買契約は有効に成立し，その効力は発生しているので，媒介に係る役務の提供は完了しているというべきであるとし，したがって，納税者の受領した仲介手数料は，受領日の属する事業年度の益金の額に算入されるとして，納税者の主張を退けた。

2　敷金・保証金

1　事　　例

当社は新社屋を建設し，その一部をオフィスビルとして一般テナントに貸し出すこととした。賃貸にあたって，テナントから保証料を預かることとしたが，毎年５％ずつ償却するほか，退出時には10％償却する。

2　対応する新会計基準

資産の賃貸借契約等の締結の際に，償却条件付敷金・保証金，礼金，更新料を収受する場合がある。これらは，顧客に返金が不要な部分があるのが一般的である。この償却条件付敷金・保証金，礼金，保証金については，謝礼，手数料，賃料の前払いという見方があり，考え方は統一されていない。新会計基準では，これらの礼金，更新料等は，対象とされていない。ただし，返金が不要な顧客からの支払に該当するものとして，新会計基準を適用するという考え方もある。これらの法的・経済的位置づけを検討し，適当な会計処理を行う必要がある。

返金が不要な顧客からの支払が，約束した財又はサービスの移転を生じさせるものでない場合には，将来の財又はサービスの移転を生じさせるものとして，当該将来の財又はサービスを提供する時に収益を認識する（新会計基準指針58）。

返金が不要な顧客からの支払が，約束した財又はサービスの移転を生じさせるものである場合には，当該財又はサービスの移転を独立した履行義務として処理するかどうかを判断する（新会計基準指針59）。

3　法人税法の考え方

　資産の賃貸借契約等を締結する際，敷金や保証金等の名目で収受する金額については，本来，賃貸借契約中に契約物件である資産に何かあった場合に備え，貸主が担保として預かるものである。新民法（債権法改正・2020.4.1施行）は，622条の2において，敷金について次のように定めている。

---

① 　敷金とは，いかなる名目によるかを問わず，賃料債務その他の賃貸借に基づいて生ずる賃借人の賃貸人に対する金銭の給付を目的とする債務を担保する目的で，賃借人が賃貸人に交付する金銭をいうこと

② 　賃貸人が，敷金から賃借人の債務を控除した残額を賃借人に返還しなければならない時期は　賃貸借契約が終了しかつ物件の返還を受けたとき，又は，賃借人が適法に賃借権を譲渡したときであること

③ 　賃貸人は，賃貸借期間の途中でも，賃借人の債務弁済に敷金を充当できる。他方，賃借人は，そのような充当することを賃貸人に請求できないこと

　民法においては，預り敷金については，いずれにせよ，賃借人の債務弁済に敷金を充当させるか，賃借人に返還するかということになるが，実際の取引においては，敷金，保証金と称していても，当初から返還を約していないものなども存在し，例えば，賃貸借契約書に，「保証金については，賃借人退去時に全額償却する。」とあれば，当初から，契約締結時において，返還を要しない金額に該当する。

　法人税基本通達2－1－40の2は，法人が，資産の販売等に係る取引を開始するに際して，相手方から中途解約のいかんにかかわらず取引の開始当初から返金が不要な支払を受ける場合には，原則としてその取引の開始の日の属する事業年度の益金の額に算入するとある。

　ただし，その返金が不要な支払が，契約の特定期間における役務の提供ごとに，それと具体的な対応関係をもって発生する対価の前受けと認められる場合において，その支払を当該役務の提供の対価として，継続して当該特定期間の経過に応じてその収益の額を益金の額に算入しているときは，これを認めるとあり，要は，いつ返還不要になるかの見極めが重要となる。

　さらに同通達2－1－41では，資産の賃貸借契約等に基づいて保証金，敷金等として受け入れた金額であっても，賃貸借の開始当初から返還が不要なものを除いて，期間の経過その他当該賃貸借契約等の終了前における一定の事由の発生により返還しないこととなる部分の金額は，その返還しないこととなった日の属する事業年度

の益金の額に算入することになるということが留意的に述べられている。

4　具体的処理

設例の会社がテナントから預かる保証料については，毎年5％ずつ収益計上することになるが，退出時に償却する10％は初めから返却しない金額となるため，契約時に収益計上することとなる。

5　裁判例・裁決例

ビル賃貸借契約に当たり収受する敷金の収益計上時期に関しては，次のような最高裁の判例がある（最判昭56.1.22・TAINS Z116-4730）。

判決では，賃貸借が終了したときは，その理由の如何を問わず，賃貸人は，建物及び附帯施設の償却費としてそれが契約成立の日から5年以内のときは敷金相当額の1割，10年以内のときは2割5分，10年を超えるときは4割を申し受ける旨の約定がある場合，別に特約が存在しなければ賃貸人は契約終了の際右償却費を契約締結に際し賃借人から預託を受けた敷金から控除して（他に当該賃貸借に関して生じた債務があればそれも控除して）その残額を賃貸人に返還すれば足りるという契約関係にあるものと解されることより，授受された敷金のうち返還を要しない部分の金額は，右返還を要しないことが確定した契約の成立日及びその日から5年又は10年を経過した日を含む事業年度の収益に計上すべきものとした。

最近の裁決事例では，建物賃貸借契約において敷引とされた金員についてのものがある（平22.10.18裁決・裁事81・J81-3-10）。敷引とは，賃貸物件の賃貸借契約時に保証金から差し引かれる金員のことで，家賃の滞納分や退去時の原状回復費用として差し引かれるものである。

納税者は，不動産貸付業を営んでいる有限会社である納税者は，平成17年11月24日，Ｄ社（平成19年4月にＥ社から商号変更した）を借主とし，納税者を貸主とする定期建物賃貸借契約を締結し（期間20年。以下，当該契約を「本件建物賃貸借契約」という），敷金として139,641,000円を同社から受領した。なお，敷金139,641,000円のうち54,641,000円は，本件建物賃貸借契約において敷引とされている（以下，当該敷引とされた金額を「本件敷引金」といい，本件建物賃貸借契約における当該敷引に係る特約を「本件敷引特約」という）。

納税者は，本件敷引金について，240月（20年間）による均等償却相当額227,670円（税込み）を平成17年12月以降の毎月末に雑収入として計上し，平成18年10月期の法人税及び本件課税期間の消費税等の申告をした。なお，平成19年10月期については，納税者は，当該金額を毎月末に雑収入に計上していなかったとして，法人税の修正申告をした。

　原処分庁は，本件敷引金について，その全額を平成18年10月期の収益の額及び本件課税期間の課税資産の譲渡等の対価の額に算入すべきである等として更正処分等を行ったため，納税者はこれを不服として審査請求に至った。

　納税者は，本件敷引金は実質的な前受家賃であるから，本件建物賃貸借契約における賃貸借期間で均等償却した額を毎期収益に計上すべきである旨主張した。

　これに対し審判所は，本件敷引金は，①従前の建物賃貸借契約の解除に伴い返還を要しないこととなった金額の一部が，本件建物賃貸借契約の予約契約の敷金に振り替えられたものと認められること，②本件建物賃貸借契約では敷金の一部とされ前受家賃としては合意されておらず，納税者において前受家賃とする合理的理由がないこと，③借主は，本件敷引金について前払家賃とはしなかったことからすると，本件建物賃貸借契約において敷引とすることにより，契約当事者の双方が返還を要しないことに合意（確認）したものと認められる。

　そして，本件建物賃貸借契約において，本件敷引金が契約開始後に納税者の任意の方法で償却できるものとされていることからすれば，本件敷引金は，本件建物賃貸借契約が締結された時点において，納税者において返還を要しないことが確定していたものと認められることから，同時点において，一種の権利の設定の対価として返還を要しない確定収入となり，納税者は，自己の所有として自由に処分することができると認められる。

　したがって，本件敷引金は，本件建物賃貸借契約が締結された日の属する事業年度において，その全額を収益に計上すべきものと解するのが相当であるとして，納税者の主張を退けた。

　他に，不動産賃貸借契約締結にあたって，差入保証金の一部を返還しないこととしていた契約を，後日，中途解約の場合にのみ当該一部を返還しない契約に改めた場合，既往において課税された差入保証金の返還不要部分は取り消されるべきであるとする納税者の主張を排斥した裁決例がある（昭63.4.8・裁事35−87）。

3 家賃・地代

1 事　　例

　当社は派遣スタッフについて，借上げ社宅を用意しているが，スタッフからは家賃の半額を受け取ることとしており，当月分の家賃は当月分の給与支払い時に控除することとしている。なお，当社はスタッフの給与について，末日〆，翌10日払いとしている。

2 対応する新会計基準

　土地，建物等の不動産のリース取引（契約上，賃貸借となっているものも含む）は，リース取引に関する会計基準にしたがって処理を行う（リース取引に関する会計基準の適用指針19，20）。

3 法人税法の考え方

　新会計基準についての法人税基本通達の対応では，資産の賃貸借は，履行義務が一定の期間にわたり充足されるものに該当し，その収益の額はその履行義務が充足されていくそれぞれの日の属する事業年度の益金の額に算入されることとなる（法基通2－1－29・2－1－21の2）。その進捗度の見積りは，通常は経過期間となるため，その収益は毎事業年度定額で，益金の額に算入されることになる（法基通2－1－29（注）3）。

　ただし，資産の賃貸借契約に基づいて支払を受ける使用料等の額は，前受けに係る額を除き，当該契約又は慣習によりその支払を受けるべき日において収益計上を行っている場合には，その支払を受けるべき日は，その資産の賃貸借に係る役務の提供の日に近接する日に該当するものとして，これを認めるとされている（法法22の2②，法基通2－1－29ただし書）。

　この点について，原則として賃貸料の支払日に収益計上するとしている所得税と法人税では収益の計上基準が異なるので留意する必要がある。

4 具体的処理

　受取家賃については，履行義務が一定の期間にわたり充足されるものに該当し，

当月分の家賃は当月分の収益として計上すべきであるが，設問の会社のように，給与支払い時に控除して受け取るとしているのであれば，給与支払い時の収益として計上することも認められる。ただし，会社が賃貸人に支払う家賃については，短期前払費用の特例の適用はないことに留意する必要がある。

5 裁判例・裁決例

　古い事案ではあるが，他から賃借した建物をそのまま別の第三者に賃貸している場合の受取家賃及び支払家賃の計上時期について問題となった裁決例がある（昭54.1.24・裁事17-48・J17-3-03）。この裁決例は，収益の計上基準についてのものではなく，費用の計上時期についてのものではあるが，紐付き見合い関係にある営業外損益についての計上時期について述べたものであり，広い意味で受取家賃の収益計上について示すものである。

　納税者は食料品卸売業を営む法人であるが，昭和52年3月31日にA社に対して支払ったB市C町に所在する建物（以下「本件建物」という）に係る同年4月分から昭和53年3月分までの家賃の額1,080,000円（以下「本件支払家賃」という）及び同日にD社に対して支払った昭和52年4月分から昭和53年3月分までの電子計算組織の賃借料の額6,421,536円（以下「本件賃借料」という）をそれぞれ昭和52年3月期の損金の額に算入したところ，原処分庁は，本件支払家賃及び本件賃借料は，昭和53年3月期の費用であるとして更正処分等をしたため争いとなった。納税者は，本件支払家賃及び本件賃借料は，いずれも「特定の期間損益事項にかかる法人税の取扱いについて」通達（昭和42年9月30日付査調4-9，直法1-278，直審（法）82国税庁長官通達。以下「旧期間損益通達」という）の記1の(2)に定める「前払費用」に該当するから，昭和52年3月期の損金の額に算入すべきであると主張した。

　この旧期間損益通達は，法人税法上は期間損益計算を硬直的に適用させるものでなく，「法人が継続して適用する会計処理で，それを適用することに相当の理由があると認められる場合には，課税上さしたる弊害がないと認められる限り，当該法人の所得の金額の計算上もその会計処理をできるだけ認めることが税務行政の執行の円滑化に資するものと考えられるので，法人が当該事業年度に計上している損金または当該事業年度に計上している益金で，その事業年度についてこれを更正しても，翌事業年度以降当然に損金として認容され，または益金として計上されること

となる特定の期間損益事項について，一定の要件のもとに法人の会計処理を認める」という趣旨のものであるが，特定の期間損益事項についてその計算基準を認める条件として一種の確認手続き（いわゆるアグリーメント方式）を要求していたため，その手続きをめぐってとかくトラブルが絶えなかった。そのため，昭和55年5月の通達改正において廃止されたものであるが，その一部は法人税基本通達2－2－14（短期の前払費用）に引き継がれた。

　審判所は，①納税者がA社から本件建物を賃借し，昭和52年3月31日に，同年4月分から昭和53月3月分までの家賃の額1,080,000円を同社に支払い，昭和52年3月期の損金の額に算入したこと及び納税者が本件建物をE社に賃貸し，昭和52年3月22日に，同年4月分から昭和53年3月分までの家賃の額1,674,000円を同社から受取り，昭和52年3月期に前受金勘定に計上していたこと，②納税者は，A社から賃貸した本件建物を自己の事業の用に全く供することなくそのままE社に転貸していること，③本件建物の賃貸借については，当初，E社とA社との間で話合いが進められていたものであるが，(i)本件建物は納税者の事務所の裏側に所在し，本件建物への出入は当該事務所内を通行しなければできないこと，(ii)本件建物に係る使用電力の計量は，当該事務所に係る使用電力の計量と区分されることなく，当該事務所に設置されている電力量計により行われていること，(iii)本件建物にはガス及び水道の設備はないため，当該事務所内の設備を使用せざるを得ないことなど本件建物をE社がA社から直接借受け難い事情があることから，やむなく納税者が一旦A社から賃借し，これをそのままE社に転貸することとしたものであること，(iv)本件受取家賃については，本件支払家賃にE社の本件建物利用に伴う電気，ガス及び水道の代金等の額を加算する方法により計算していることを認め，納税者の本件建物に係る賃貸借取引は，営業外取引であると認められるから，本件支払家賃及び本件受取家賃は納税者の営業外損益に該当し，また，本件支払家賃と本件受取家賃は，明らかに紐付き見合関係にあることが認められるとした。

　そして，旧期間損益通達は，特定の期間損益事項について，法人が一定の計算基準を継続して適用する会計処理で，その計算基準を適用することに相当の理由があることが確認されたものについて，課税上さしたる弊害がないと認められる限り，法人の計算を認めるというものであるが，本件支払家賃は，本件受取家賃と見合関係にあるので，本件支払家賃に係る会計処理は，旧期間損益通達のアグリーメント

手続きの対象外であり，納税者の本件支払家賃に係る会計処理は，一般に公正妥当と認められる会計処理に基づくものではないと認められるとして，本件支払家賃1,080,000円は，昭和52年3月期の損金の額に算入すべきでないとした。

　一方，本件賃借料については，納税者が受ける事務受託手数料との間には直接的な関係がないので，旧期間損益通達に基づき，その支出をした事業年度の損金の額に算入すべきであるとした。

4　スポーツクラブ入会金

1　事　　例

　当社はスポーツクラブを運営している。利用者は入会時に入会金及び2か月分の利用料を支払うが，これらの金額は途中退会の場合も返金しない。また，月々の利用料については，当月末までに翌月分の利用料を支払うこととし，途中退会の場合は，退会月の前月20日までに申し出る必要がある。

2　対応する新会計基準

　契約によっては，契約における取引開始日又はその前後に，顧客に返金が不要な支払を課す場合がある。

　例えば，スポーツクラブ会員契約の入会手数料，電気通信契約の加入手数料，サービス契約のセットアップ手数料，供給契約の当初手数料などがある（新会計基準指針141）。

　契約における取引開始日又はその前後に，顧客から返金が不要な支払を受ける場合には，その支払が約束した財又はサービスの移転を生じさせるものか，その支払が将来の財又はサービスの移転に対するものかどうかを判断する（新会計基準指針57）。

　返金が不要な顧客からの支払が，約束した財又はサービスの移転を生じさせるものでない場合には，将来の財又はサービスの移転を生じさせるものとして，その将来の財又はサービスを提供する時に収益を認識することになる（新会計基準58）。

　ただし，契約更新オプション（既存の顧客が契約を更新する際，企業が更新後の契約期間において他の顧客よりも低い価格で財又はサービスを取得する権利）を顧

客に付与する場合において，当該オプションが重要な権利（通常の値引きの範囲を超える値引きなど）を顧客に提供するものに該当するときは，その支払について，契約更新される期間を考慮して収益を認識する。

その支払が約束した財又はサービスの移転を生じさせるものである場合には，その財又はサービスの移転を独立した履行義務として処理する（新会計基準指針59）。

契約締結活動（例えば，契約のセットアップに関する活動）又は契約管理活動で発生するコストの一部に充当するために，返金が不要な支払を顧客に要求する場合がある。

この活動が財又はサービスを顧客に移転するという履行義務ではない場合，履行義務の充足に係る進捗度をコストに基づくインプット法により見積もるにあたっては，その活動及び関連するコストの影響を除いて算定する（新会計基準指針60）。

③　法人税法の考え方

法人税基本通達 2 － 1 －40の 2 （返金不要の支払の帰属の時期）(4)では，「返金が不要な支払」の例として，スポーツクラブの会員契約に際して支払を受ける入会金を挙げている。

この通達は，新会計基準の採用如何に関わらず適用されるものであり，中途解約のいかんにかかわらず返金不要の支払については，原則として取引開始時に収益計上するが，契約等の特定期間における役務の提供ごとに，それと具体的な対応関係をもって発生する対価からなるものと認められる場合には，当該特定期間の経過に応じて益金算入することを認めるとするものであり，スポーツクラブ入会金は前者に該当する。

④　具体的処理

設例の会社について，利用者入会時に受け取る金員のうち入会金は，中途解約のいかんにかかわらず返金不要の支払いに該当するため，入会時に収益計上するが，2 か月分の利用料は，契約等の特定期間における役務の提供ごとに，それと具体的な対応関係をもって発生する対価からなるものに該当する。したがって，月々の利用料と同様に，利用期間の経過に応じて収益計上することとなる（法基通 2 － 1 －21の 5 ・ 2 － 1 －21の 6 ）。

5 裁判例・裁決例

　有料老人ホームの入居者が支払う入居一時金につき，入居契約に基づいて収受した日の属する事業年度の益金の額に算入すべきであるとした裁決例がある（平13.12.18裁決・裁事62−227・J62−3−18）。

　納税者Aは，老人ホームを経営する目的で設立された法人であり，介護専用型有料老人ホーム（以下「本件施設」という）を運営している。入居者との間で締結する入居契約書には次のように定められている。

　①　信頼関係が著しく害されたことに基づくAからの契約解除の通告もしくは本件入居者からの契約解除届の提出によりこの契約が解除され予告期間が満了したとき，又は，本件入居者の死亡によりこの契約が終了したときは，その期間の契約満了又は契約終了の時に，Aの本件入居一時金についての返還義務が免除される。

　②　本件入居者が法定伝染病により隔離される場合，その他本件入居者の責めに帰さない事由によりこの契約が解除されたとき，又は，Aの都合によりこの契約を解除し，本件入居者が退去したときは，Aは本件入居一時金を全額返還する。

　Aは，平成10年5月期，平成11年5月期及び平成12年5月期（以下，併せて「本件各事業年度」という）において預かった本件入居一時金のうち，当該各事業年度において本件入居契約が満了又は終了したことにより入居一時金収入勘定に振り替えた金額を除き，期末残高を預かり入居一時金勘定に計上し，当該残高のうち預かり事業年度後に本件入居契約が満了又は終了した場合に，当該満了又は終了した事業年度において当該入居者から預かった本件入居一時金の額を預かり入居一時金勘定から入居一時金収入勘定に振り替え，同額を益金の額に算入している。原処分庁は，本件入居一時金は，本件入居者が納税者の経営する本件施設に入居した時点において返還を要しないことが確定するものであるから，本件入居者の入居した日の属する事業年度の益金の額に算入すべきものであるとして更正処分等をし，納税者はこれを不服として審査請求に及んだ。

　納税者は，その経営する介護専用型有料老人ホームの入居者から収受した本件入居一時金の収益の計上時期につき，契約上，契約終了時にその返還義務を免除されるとされており，返還義務は入居契約時から契約終了までの間常に存在するから，

本件入居一時金は契約終了時の収益に計上すべきであると主張した。

　これに対し，審判所は，本件入居一時金は，入居者が終身にわたって介護を受ける権利を取得するために支払われるものであり，そして，納税者は，それについて特定保管の義務を負わず，実際にもホームの運転資金にあてられており，本件入居一時金を自己の所有として自由に利用できたものであるから，本件入居一時金はそれを収受した日の属する事業年度の益金の額に算入すべきであるとして，納税者の主張を退けた。

5　解約不能契約

1　事　　　例

　当社はセミナー等を開催する事業を行っており，事前申込制をとっている。セミナー開始前1週間後からは，解約に応じていない。

2　対応する新会計基準

　契約における取引開始日又はその前後に，顧客から返金が不要な支払を受ける場合には，履行義務を識別するために，①その支払が約束した財又はサービスの移転を生じさせるものか，②その支払が将来の財又はサービスの移転に対するものかどうかを判断する（新会計基準57）。

　設例の支払は，将来のセミナーの受講，つまり，将来の財又はサービスの移転に対するものであるため，その将来の財又はサービスを提供する時であるセミナー開始日に収益を認識することになる（新会計基準指針58）。

3　法人税法の考え方

　法人税基本通達2－1－40の2（返金不要の支払の帰属の時期）では，返金不要の支払について，次のように述べている。

---

　①　原則として，返金不要の支払は，その取引の開始の日の属する事業年度の益金の額に算入する。
　②　返金不要な支払が，契約の特定期間における役務の提供ごとに，それと具体的な対応関係をもって発生する対価の前受けと認められる場合において，その支払を当該役

> 務の提供の対価として，継続して当該特定期間の経過に応じてその収益の額を益金の額に算入しているときは，これを認める。

　ここで気を付けなければいけないのは，「返金不要＝解約不能」ではないということである。例えば，「入学金は学生たる身分を取得するための対価であるから，その収益計上の時期は学生たる身分を取得する時期であると解すべきである。」（昭46.12.10・裁事3－10）という公開裁決事例があるように，返金不要となった時に益金の額に算入するのではなく，その契約に係る取引開始の時に益金の額に算入することとなる。

　また，その取引が，期間対応するものであるならば，期間の経過に応じて益金の額に算入できることにも留意する必要がある。

④　具体的処理

　設例の会社は，セミナー開始1週間前の日にその受講料を収益計上するのではなく，セミナー開始日の収益に計上することとなる。そして，そのセミナーが数日にわたるものであるならば，継続適用を条件に，セミナー終了日の収益とすることも可能である。

⑤　裁判例・裁決例

　自動車の運転免許の技能教習料等のうち未教習部分に係る金額について前受金経理を相当であるとした裁決例がある（昭56.10.28・裁事23－107・J23－3－01）。

　請求人は，一般乗用自動車運送事業及びゴルフ場業等を営む同族会社であるが，自動車教習所も経営している。

　納税者は，その経営する自動車教習所において，受講者が納入した技能教習料，学科教習料及び映画鑑賞代のうち，各事業年度末日における当該受講者の未教習部分及び未提供部分に係る金額を前受金勘定に計上したところ，原処分庁は，教習の有効期間が入所日から6か月間であること及び納入された教習料等は返金されない旨の役務提供契約となっていることを理由として，納入後6か月を経過した受講者に係る未教習の技能教習料並びに入所料として納入された額のうち学科教習料及び映画鑑賞代は，各事業年度の益金の額に算入すべきであるとして更正処分等をした

ためそれを不服として審査請求に至った。

　審判所は，既納の技能教習料のうち，未教習部分に係る金額は，受講者に返還請求権があること及び入所後6か月を経過した受講者も未教習部分に対し受講する権利があることなどから，入所後6か月を経過した時点で既納の技能教習料のすべてを実現した収益とするのは相当でないと認めた。また，既納の学科教習料のうち，未教習部分に係る金額については，いったん納入されると受講者に返還請求権がないこと及び納税者は受講者に対し道路交通法規則に従い入所後6か月以内に学科教習をする義務があり，受講者が6か月以内に終了できる時間割表によって学科教習を実施していることなどからみれば，入所後6か月を経過した受講者の未教習に係るものは実現した収益とし，入所後6か月以内の受講者の未教習に係るものは，未実現の収益とするのが合理的であるとした。

　この裁判例は返還不要部分の見極めが重要であることを示している。

6　運送収入

1　事　　例

　当社は小型荷物の運送を行っている。輸送代金は荷物引受時又は配達時に受け取る他，月末締め翌月10日口座引落によるものがある。

2　対応する新会計基準

(1)　原則的な取扱い

　新会計基準では，企業は約束した財又はサービスを顧客に移転することにより履行義務を充足した時に又は充足するにつれて，収益を認識する（新会計基準35）。資産が移転するのは，顧客がその資産に対する支配を獲得した時又は獲得するにつれてである。

　契約における取引開始日に，履行義務が一定の期間にわたり充足されるものか，一時点で充足されるものかについて判定する。

　なお，物流業における輸送サービスは，集荷，梱包，一時保管，配達などのサービスが想定されるが，企業が顧客との約束における義務を履行するにつれて，顧客が便益を享受するものであり，集荷から配達までの期間にわたり収益を認識するも

のになると考えられる。

　また，新会計基準では，複数の顧客に対する複数の契約を結合して，単一の契約として取り扱うことは認められていない。したがって，複数の顧客への輸送サービスはそれぞれ別個の履行義務として識別し，複数の顧客ごとの輸送サービスをそれぞれの履行義務するまでの期間にわたって収益を認識する。

(2) 船舶による運送サービスの代替的な取扱い

　一定の期間にわたり収益を認識する船舶による運送サービスについて，一航海の船舶が発港地を出発してから帰港地に到着するまでの期間が通常の期間である場合には，複数の顧客の貨物を積載する船舶の一航海を単一の履行義務とした上で，当該期間にわたり収益を認識することができる（航海完了基準）（新会計基準指針97）。通常の期間には，運送サービスの履行に伴う空船廻航期間を含み，運送サービスの履行を目的としない船舶の移動又は待機期間を除かれる。その期間は短時間であると規定され，複数の顧客の貨物を積載しても財務諸表間の可能性を大きく損なうものではないと考えられるため認められた代替的な取扱いである。

③　法人税法の考え方

　運送取扱営業の報酬請求権は運送品を運送人に引き渡したときに報酬請求権を取得するとされ（商法561②），運送業における運送収入の額についても，その履行義務が一定の期間にわたり充足されるものに該当する場合を除き，原則として，その運送に係る役務の提供を完了した日の属する事業年度の益金の額に算入することになる（法基通2－1－21の11）。

　一方，運送業は，一般に同質のサービスを反復継続的に，かつ大量に提供するという性質を持つ。そのような場合には，厳密に役務提供完了日基準を適用し収益計上することは，あまり意味がなく，むしろ，多少は理論的精緻さを犠牲にしても，実行可能な一定の基準を継続適用することにより，その損益計算の合理性は十分に担保されるのではないかと考えられる。

　そこで，法人が，運送契約の種類，性質，内容等に応じ，運送収入に係る収益の計上基準として合理的であると認められるものにより継続してその収益計上を行っている場合には，その合理的と認められる日は，その運送収入に係る役務の提供の日に近接する日に該当するものとして，これを認めるとされている。

ここで，例示された基準は次のものである（法基通2－1－21の11ただし書）。

(1) 発売日基準

乗車券，乗船券，搭乗券等を発売した日（自動販売機によるものについては，その集金をした時）にその発売に係る運送収入の額につき収益計上を行う方法。役務提供前に収益計上することとなるが，会計実務上の簡便性というメリットがある。

(2) 積切り出帆基準

船舶，航空機等が積地を出発した日に当該船舶，航空機等に積載した貨物又は乗客に係る運送収入の額につき収益計上を行う方法。役務提供開始時に収益計上となる。

(3) 航海完了基準

一の航海（船舶が発港地を出発してから帰港地に到着するまでの航海をいう）に通常要する期間がおおむね4月以内である場合において，当該一の航海に係る運送収入の額につき当該一の航海を完了した日に収益計上を行う方法。航海の途中で荷下ろし完了した貨物があっても，その時点で収益計上せず，航海完了まで収益計上が繰り延べられる。おおむね4月以内という期間制限は，実例に照らして，ほとんどの外航航路における一の航海が通常この程度の期間内に完了すると認められていることによる（小原一博編著『法人税基本通達逐条解説』八訂版109頁 税務研究会出版局）。

(4) 交互計算等に係る配分確定日基準

運送業を営む2以上の法人が運賃の交互計算又は共同計算を行っている場合における当該交互計算又は共同計算によりその配分が確定した日に収益計上を行う方法。鉄道の相互乗り入れの場合や海上運送業の運賃同盟のような場合に，運賃の交互計算や共同計算がされることになる。

(5) 滞船料に係る金額確定日基準

海上運送業を営む法人が船舶による運送に関連して受払いする滞船料について，その額が確定した日に収益計上を行う方法。滞船料とは，船舶が約定期間を超過して停泊した期間の港費（とん税や港湾施設使用料など）その他諸経費，あるいは次の航海にかかわる損失などに対して，用船者または荷主から船主に対して支払われる料金である。

なお，早出料は，定められた停泊期間満了の前に荷役作業が終了したときに船主

が荷主に支払う割戻金であるが，これについても，その額が確定した日の属する事業年度の損金の額に算入することができる。

4 具体的処理

　設例の会社では，原則として運送料収入を配達完了日の属する事業年度の益金に算入することとなるが，荷物引受時に代金を受け取っているものについては，役務の提供の日に近接する日として継続適用を要件に引受時の収益として計上することができる。

5 裁判例・裁決例

　運送業については，特に取り上げるべき裁判例・裁決例はない。

Ⅵ　長期割賦販売

1　引渡基準

1 事　　例

　当社は，呉服の販売を行っており，50万円を超えるものは，分割払いを認めている。基本的に商品を渡した時にその売上げを収益計上しているが，分割払いとしたものについては，賦払金の受取り時に収益計上している。

2 対応する新会計基準

　新会計基準の5つのステップに従って，収益を認識する。

(1) 割賦販売における割賦基準

　割賦販売における割賦基準に基づく収益計上は，新会計基準では認められていない。

　現行の日本の実務と大きく異なる可能性があるが，国際的な比較可能性の確保の

観点から，代替的な取扱いは定められていない。

(2)　重要な金融要素が含まれる場合

契約の当事者が明示的又は黙示的に合意した支払時期により，財又はサービスの顧客への移転に係る信用供与についての重要な便益が顧客又は企業に提供される場合には，顧客との契約は重要な金融要素を含むものとする（新会計基準56）。長期割賦販売は，重要な金融要素を含む可能性がある。

顧客との契約に重要な金融要素が含まれる場合，約束した対価の額に含まれる金利相当分を切り離して収益認識することができる。

収益は，約束した財又はサービスが顧客に移転した時点で（又は移転するにつれて），当該財又はサービスに対して顧客が支払うと見込まれる現金販売価格を反映する金額で認識する（新会計基準57）。

簡便法として，契約における取引開始日において，約束した財又はサービスを顧客に移転する時点と顧客が支払を行う時点の間が1年以内であると見込まれる場合には，重要な金融要素の影響について約束した対価の額を調整しないことができるものとしている（新会計基準58）。

③　法人税法の考え方

法人が，割賦販売等に該当する資産の販売若しくは譲渡，工事（製造を含む）の請負又は役務の提供をした場合における収益については，原則として，その資産の販売等に係る目的物の引渡し又は役務の提供の日の属する事業年度において，その資産の販売等に係る収益の額及び費用の額を益金の額及び損金の額に算入する（法法22の2①・④）。

しかし，2018年4月改正前法人税法においては，販売者の担税力にも配慮して，所定の要件を満たす商品の割賦販売等については，資産の延払条件付譲渡又は工事等の延払条件付請負と同様に，延払基準により収益の額及び費用の額を計上することができるとされていた（旧法法63①）。2018年4月の法人税法の改正により，この延払基準が廃止されたのであるが，経過措置が適用となる長期割賦販売等と一定のリース取引では，引き続き延払基準が適用できる。

長期割賦販売等とは，資産の販売等で次に掲げる要件に適合する条件を定めた契約に基づき行われる資産の販売等をいう（旧法法63⑥，旧法令127）。

④ 具体的処理

設例の会社の分割払いを認めた取引が，上記③で示す３回以上，２年以上，３分の２以下という要件を満たすならば，引き続き賦払金の受取り時に収益計上処理可能である。

⑤ 裁判例・裁決例

その販売が定型的に定めた約款に基づく割賦販売に該当しないとして，割賦基準による経理を否認した原処分を取り消した裁決例（全部取消し）がある（昭47．8．16・J05-3-05）。この事案は，長期割賦販売等に係る「月賦，年賦その他の賦払の方法により３回以上に分割して対価の支払を受けること」という要件について，「月賦，年賦その他の賦払の方法により対価の支払を受けることを定型的に定めた約款」という条件が付されていた旧法人税法62条２項が適用されていた時代のものであるが，事実認定の部分について参考となる部分があるため紹介する。なお，ここで検討されている要件は，この「３回以上」というものだけである。

納税者は，注文洋服の割賦販売業を営む同族法人である。原処分庁は，納税者が割賦販売に際し定めている約款について，これが法人税法62条（割賦販売に係る収益及び費用の帰属事業年度）２項に規定する「月賦，年賦その他の賦払の方法により対価の支払を受けることを定型的に定めた約款」に該当しないとして，納税者が同法施行令119条（割賦基準の方法）に規定する割賦基準の方法により経理していることを否認し，売上計上漏れとして9,252,500円を収益の額に算入するとともにそれに対応する原価4,378,996円を費用の額として認容した。

審判所は，納税者における割賦販売契約の実態をみると，賦払いの回数は，原則として６回（回数は６回のものが最も多く５回および７回がこれに次ぎ，５回から７回までのものがそのほとんどを占めている）であり，また，賦払金額もボーナス

時期を除いて概ね均等となっている事実が認められるとし，これは，納税者の事務室に「月賦回数，6回払を原則とする」との「月賦販売基準」が掲示されている事実及び外交員の申述からみて，納税者が賦払回数について，その基準を定め，常々，外交員に対し指導を行なっている結果であると認められ，また，納税者はその後，その指導内容の趣旨を徹底させるため，別途「月賦販売基準」を作成して，外交員に携行させている事実も認められるとした。

　そして，以上の事実等を総合的に検討すると，納税者が割賦販売に際し定めている約款には賦払いの回数及び賦払いの金額についての明文はないが，その他の要件については法人税法62条2項に定めている割賦販売の要件を十分満たしているものと認められ，また，納税者の割賦販売の実態からみれば賦払回数についてはその大部分が5回から7回に限定されており，賦払金額についても概ね均等とされていること等から判断して，納税者には，法人税法62条の適用があるものと認められるので納税者が行なっている割賦基準の方法による経理を否認した原処分は失当であるとした。

　経過措置適用の長期割賦販売等の要件には，上記のような「約款」要件はないが，この事案のように当然に実質判定されることとなる。

　他に延払基準についての裁判例では，分割払いの営業権譲渡代金18,514,500円のうち，調査対象事業年度中に支払を受けた9,514,500円と翌事業年度に支払を受けるべき3,000,000円の合計12,514,500円のみを収益に計上し，貸借対照表に未収入金3,000,000円を表示したことについて，法令の定める延払基準の方法によって経理したものといえないのは明らかであり，右のうち当該事業年度に支払を受けた金額については適法な延払基準の方法によって経理されたものとし，翌事業年度に支払を受けるべき金額についてのみ違法として否認すれば足りると解すべきものではないとして原審判決を取り消した東京高裁判決がある（納税者控訴，最高裁にて上告棄却確定。東京地判昭46.6.29・Z062-2753，東京高判昭49.1.31・Z074-3261，最判昭50.2.25・Z080-3489）。

2 延払基準の廃止

1 事　　　例

　当社は事務機器の割賦販売を主に行っている。平成30年度の法人税法の改正により延払基準が廃止されたが，当社には多額の引渡済の商品に係る未収の賦払金がある。

2 対応する新会計基準

　Ⅳ 1 2で述べた通りである。

3 法人税法の考え方

　収益認識に関する会計基準の導入により，同会計基準を適用した法人は，引渡基準により収益を認識することになり，同会計基準を適用しなければならない法人とそうでない法人との間で不公平が生ずることを避けるため，法人税法においては，すべての法人について，2018年 4 月以後に資産の販売等が行われた割賦販売等について，同基準の対象外とされるリース取引を除き，延払基準は廃止された（平30改正法附則28）。

(1) 経 過 措 置

　激変緩和の観点から，次の対象法人の経過措置事業年度の所得の金額の計算については，次のとおり経過措置が講じられている（改正法附則28・33，改正法令附則13・19，改正法規附則 3・6）。

① 経過措置対象法人

　2018年 4 月 1 日前に長期割賦販売等に該当する資産の販売等（リース譲渡を除く。以下「特定資産の販売等」という）を行った法人（同日前に行われた長期割賦販売等に該当する特定資産の販売等に係る契約の移転を受けた法人を含む）（改正法附則28①，改正法令附則13③）。この要件は延払基準の採用の有無を問わない。

② 経過措置事業年度

　対象法人の2018年 4 月 1 日以後に終了する事業年度から2023年 3 月31日以前に開始する事業年度まで（改正法附則28①）。

③　経過措置の内容

　　改正前の規定を従前どおり適用できる（改正法附則28①，改正法令附則13①）。

④　経過措置事業年度中に延払基準の方法により経理しなかった場合等の処理

　　次の場合に該当する場合には，その未計上収益額及び未計上費用額（注）を一括して次の事業年度の益金の額及び損金の額に算入する（改正法附則28②）。

　　ア　経過措置事業年度の確定した決算において延払基準の方法により経理しなかった場合

　　　…その経理しなかった決算に係る事業年度

　　イ　2023年3月31日以前に開始した各事業年度の所得の金額の計算上益金の額及び損金の額に算入されなかったものがある場合

　　　…同日後最初に開始する事業年度

　（注）　「未計上収益額及び未計上費用額」：その長期割賦販売に該当する特定資産の販売等に係る収益の額及び費用の額から，上記アの経理しなかった事業年度又は上記イの2023年3月31日後最初に開始する事業年度（以下「基準事業年度」という）開始の日前に開始した各事業年度の所得の金額の計算上，益金の額及び損金の額に算入されるものを除いたもの

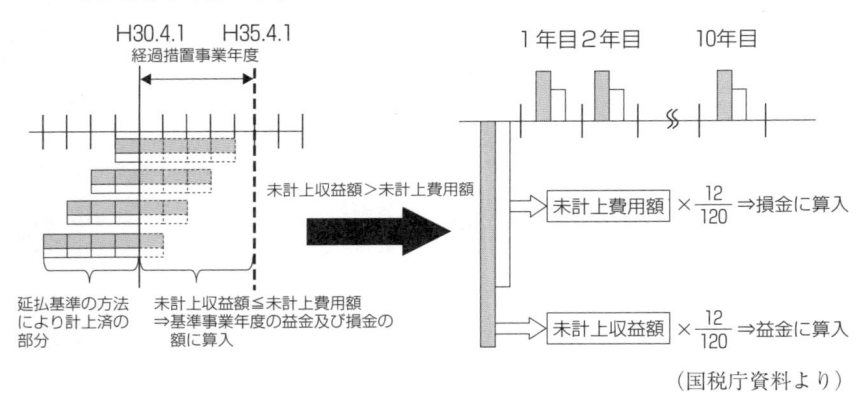

（国税庁資料より）

⑤　未計上収益額及び未計上費用額の10年均等取崩し

　　上記④ア又はイの場合に該当する場合において，その特定資産の販売等に係る未計上収益額がその特定資産の販売等に係る未計上費用額を超えるときは，法人の選択により，上記④を適用せず，その未計上収益額及び未計上費用額を120で除し，これにその事業年度の月数を乗じて計算した金額（以下「10年均等取崩額」という）を，基準事業年度以後の各事業年度の所得の金額の計算上，益金の額及び損金

の額に算入することができる（改正法附則28③）。

(2) 延払基準の方法

延払基準を適用した場合の各事業年度の収益の額及び費用の額は次のようになる（旧法令124①一）。

各事業年度の収益の額＝長期割賦販売等の対価の額×賦払金割合(注)
各事業年度の費用の額＝（長期割賦販売等の原価の額＋手数料の額）×賦払金割合(注)
（注）　賦払金割合
$$= \frac{分母の金額に係る賦払金であって当期中に支払期日の到来するもの(*)の合計額}{長期割賦販売等の対価の額}（旧法令124②）$$
（＊）　すでに当期前に支払を受けている金額を除き，翌期以後において支払の期日が到来する賦払金で当期中に支払を受けた金額を含む

延払基準は，個々の長期割賦販売等ごとに選択適用等できるが，いったん選択適用した譲渡等についてはその後継続して適用する必要がある。また，延払基準を適用するためには，確定した決算において延払基準で経理することが必要である。

(3) リース取引についての特例

売買として取り扱われるリース取引に該当する契約に基づきリース資産の貸付けをした場合においても，原則として，リース資産の引渡しがあった日において譲渡利益を計上することになるが，リース譲渡による収益の額又は費用の額を延払基準の方法により経理することも認められる（法法63①）。その場合，各事業年度の収益の額を，その事業年度におけるリース期間の月数がリース期間の月数で按分した元本相当額とその事業年度におけるリース期間に帰せられる利息相当額との合計額とすることも認められる（法法63②，法令124①二・③④）。

また，上記契約において，リース料を賃貸料として収益に計上している場合においても長期割賦販売における延払基準を適用でき，リース期間中に収受すべきリース料の額の合計額を長期割賦販売等の収益の額として取り扱う（法基通2－4－2の2）。

④　具体的処理

設例の会社は，2018年4月1日前に長期割賦販売等に該当する資産の販売等を行っており，2018年4月1日以後に終了する事業年度から2023年3月31日以前に開始する事業年度までは，引き続き延払基準を適用することができる。2023年4月1

日以後最初に開始する事業年度において，引渡し済の商品に係る未計上収益額及び未計上費用額は一括して益金の額及び損金の額に算入する必要がある。

5　裁判例・裁決例

　延払基準を適用するためには，確定した決算において延払基準で経理することが必要であるとされる。この事例は，所轄税務署長が納税者の補脱について更正処分を行うにあたり，納税者が第1，第2期については発生主義，第3期については法の許していない現金主義によっていたため，発生主義により，脱漏額を捕捉して所得を算出することも考えられたが，これでは，脱漏額が巨額に昇るため，納税者の希望により，第1，第2期に遡って実現主義（延払基準のようなもの）を適用して，第1期から第3期の各法人について更正処分をしたことの適法性が争点となったものである（東京地判昭40.3.31・Z041-1379（原告控訴，東京高判昭40.12.16・Z041-1443（棄却・確定）。

　裁判所は，第1，第2期に発生主義を適用することを納税者が求めるのは，それらの期において5年間の時効期間が満了することによることを指摘し，所轄税務署長および東京国税局（被告）が，納税者の要望に基づき第1，第2期に遡って実現主義により課税すべきものとしたことは，なんら違法ではないとした。さらに，納税者はたとえ納税者の要望があったとしても，納税者が発生主義によって決算をし，株主総会の決議を経て確定申告をしている以上，実現主義によって所得を算出することは許されないと裁判では納税者は主張するが，商法の観点と税法の観点とは必ずしも一致しなければならないものではなく，東京国税局が納税者の希望に基づき第1期，第2期に遡って実現主義により課税したからといって，これにより，株主総会の決議を経た決算関係がただちに左右されることとはならないのみならず，実現主義が発生主義より金利等の点で納税者に有利であり，しかも，納税者がそれによって更正処分を行うことを要望している以上税務官庁がこれを認容しても，なんら納税者に不利益を課するものではないから，そのことをもって違法というのは当らず，納税者の主張は，すでに第1，第2期について更正の時効期間が経過していることを奇貨とし，ことさら租税負担の回避を企図するものとも解されるのであって，この点に関する納税者の主張は，その失当であることは，多言を要しないとして，納税者の請求を棄却した。

3 賦払金，対価又は原価の異動等

① 事　例

　当社は自動車の販売会社であり，分割払いによる販売も行っている。顧客の希望により，前期に60回払いとして契約したものについて，顧客会社の自主廃業により，今期と来期の2回に分けて回収することとなった。当社はこの売上について，前期は延払基準により収益認識していた。

② 対応する新会計基準

　Ⅳ1②で述べた通りである。

③ 法人税法の考え方

(1) 契約変更により賦払金の額が異動した場合

　延払基準の方法を適用している長期割賦販売等に該当する資産の販売等について，契約の変更により，賦払金の履行期日又は各履行期日ごとの賦払金の額が異動した場合には次のように取り扱われる（旧法基通2－4－9）。

　イ　契約の変更後においても長期割賦販売等に該当する場合には，変更後の履行期日及び各履行期日ごとの賦払金の額に基づいて延払基準の計算を行う。ただし，その変更前にすでに履行期日の到来した賦払金の額については，影響させない。

　ロ　契約の変更により長期割賦販売等に該当しないこととなった場合には，繰り延べられている延払損益については，一括して，該当しないこととなった日の属する事業年度の益金の額及び損金の額に算入する。

(2) 対価の額又は原価の額に異動を生じた場合

　延払基準の方法を適用している長期割賦販売等に係る対価の額又は原価の額につき，その後値増し，値引き等があったため，長期割賦販売等に係る対価の額又は原価の額に異動を生じた場合には，契約の変更後においても長期割賦販売等に該当する場合を除き，次のいずれかの方法により計算する（旧法基通2－4－10）。

　イ　異動事業年度以後の各事業年度の延払基準の計算において，異動後の対価の額又は原価の額及び異動事業年度開始の日以後に受けるべき賦払金の額の合計

額を基礎として，延払基準の計算を行う方法

ロ　値増し，値引き等に係る金額をこれらの事実の生じた日の属する事業年度の益金の額又は損金の額に算入し，異動前の契約に基づいて延払基準の計算を行う方法

イを採用した場合の計算例は次のようになる。

$$
\begin{array}{l}\text{当該異動事業年度}\\\text{以後の核事業年度}\\\text{に計上すべき対価}\\\text{の額又は原価の額}\end{array} = \left[\begin{array}{l}\text{異動後の}\\\text{対価の額}\\\text{又は原価}\\\text{の額}\end{array} - \begin{array}{l}\text{異動事業年度の}\\\text{前事業年度まで}\\\text{に計上した当該}\\\text{譲渡等に係る対}\\\text{価の額又は原価}\\\text{の額}\end{array}\right] \times \dfrac{\begin{array}{l}\text{異動後の契約に元づく当該事業}\\\text{年度の賦払金の収入額（収入す}\\\text{べき金額で未収のものを含む）}\end{array}}{\begin{array}{l}\text{異動事業年度開始の日}\\\text{以後に受ける対価の額}\end{array}}
$$

　この調整方法は，異動額をその異動事業年度以後の事業年度の賦払金の収入金額に応じて平均的に調整するものである。

　この延払基準の計算方法に基づく計算例を次に示す。

①　当初契約における長期割賦販売等に係る対価の額‥‥‥5,000万円

　　　　　　　　　　　　　　　　　　　（毎期1,000万円）

②　同上の原価の額‥‥‥‥‥‥‥‥‥‥‥‥‥‥‥‥‥‥‥‥3,500万円

③　当期前の事業年度で計上した収益の額‥‥‥‥‥‥‥‥1,000万円

④　当期前の事業年度で計上した費用の額‥‥‥‥‥‥‥‥‥800万円

⑤　当期値引額‥‥‥‥‥‥‥‥‥‥‥‥‥‥‥‥‥‥‥‥‥‥200万円

⑥　当期以後に受ける対価の額‥‥‥‥‥‥‥‥‥‥‥‥‥‥3,800万円

　　　　　　　　　　　　　　　　　（4,000万円－200万円）

⑦　当期に受けた賦払金の収入金額‥‥‥‥‥‥‥‥‥‥‥‥950万円

　　　　　　　　　　　　　　　　　　（3,800万円÷4）

当期計上の収益の額及び費用の額は次のようになる。

$$
収益の額 = 3,800 \times \dfrac{950}{3,800} = 950
$$
$$
費用の額 = (3,500 - 前期計上額800) \times \dfrac{950}{3,800} = 675
$$

（単位：万円）

④　具体的処理

　設列の会社の取引については，契約変更後も長期割賦販売等に該当しそうである。したがって，変更後の履行期日及び各履行期日ごとの賦払金の額に基づいて延払基準の計算を行うこととなる。

⑤　裁判例・裁決例

　延払基準の方法を適用している長期割賦販売等の契約変更に関して，特に参考となる裁判例等はない。

Ⅶ　商品引換券とポイント付販売

1　商品引換券（売上計上基準と未使用引換券）

①　事　　　例

　当社はカードゲーム場を運営する法人である。当社では，プレイ券を発行し，プレイヤーはその券と引換えにゲームに参加することができる。プレイ券は10枚綴りとなっており，未使用プレイ券の枚数は当社で把握している。

②　対応する新会計基準

　財又はサービスを顧客に移転する前に顧客から対価を受け取る場合，顧客から対価を受け取った時又は対価を受け取る期限が到来した時のいずれか早い時点で，顧客から受け取る対価について「契約負債」を貸借対照表に計上する（新会計基準78）。「契約負債」とは，財又はサービスに移転する企業の義務に対して，企業が顧客から対価を受け取ったもの又は対価を受け取る期限が到来しているものをいう（新会計基準11）。商品引換券の発行は，契約負債に該当する。

　財又はサービスを移転し，履行義務を充足したときに，「契約負債」の消滅を認識し，収益を計上する（新会計基準指針52）。

顧客から企業に返金が不要な前払いがなされた場合，将来において企業から財又はサービスを受け取る権利が顧客に付与される。企業はその財又はサービスを移転するための準備を行う義務を負う。顧客はその権利のすべては行使しない場合がある。この行使されない権利を「非行使部分」という。

　契約負債における非行使部分について，企業が将来において権利を得ると見込む場合には，非行使部分の金額について，顧客による権利行使のパターンと比例的に収益を認識する（新会計基準指針54）。企業が将来において権利を得ると見込まない場合には，非行使部分の金額について，顧客が残りの権利を行使する可能性が極めて低くなったときに収益を認識する。

　例えば，企業Aが商品券を500,000を現金で発行したとしよう。そのうち，10％である50,000について，顧客が権利を行使しないと見込んだ，翌年度に216,000使用された。この場合の仕訳を示すと次のようになる（『「収益認識に関する会計基準」への対応について』平30.6.1国税庁参照を一部修正）。

発行年度	（借方）現　　金	500,000	（貸方）契約負債	500,000
翌年度（半分引換）	（借方）前 受 金	240,000	（貸方）売 上 高	200,000
			消 費 税	16,000
			雑 収 入※	24,000

> ※　権利行使部分450,000のうち，216,000が使用された（48％）ため，非行使部分の50,000のうち48％の240,000を収益として認識
> 非行使部分　　500×10％×1,000＝50,000
> 権利行使率　　48％（216枚÷（500枚－50枚）
> 非行使部分の収益認識　　50,000×48％＝240,000

③　法人税法の考え方

(1)　商品引換券等の収益計上基準の基本的考え方

　商品券，ビール券，プリペイドカード，エステ券等の商品引換券等を発行し，その代金を受領したことによる収益については，従来，これを一種の預り金として処理し，実際に顧客から商品等の引換請求があった時点に収益を計上するとする会計慣行が古くから存在した。これは，商品引換券等の発行による収益についても，予約販売の収益計上基準の考え方と同様に，商品等の販売引渡時の収益として計上とすることが整合性が得られるとする考え方である。

　しかし，商品引換券等については，一般に払戻しがされないため，発行代金は発

行者にとって確定的な収入であるということができる。さらに，商品引換券等が発行された場合，残額が僅少であるとか，プリペイドカードのように当初から収集目的で購入した等の理由から，顧客が引換えをすることなく死蔵したり，あるいはカード自体を紛失したり失念したために長期間引換えがなされないまま，発行者において事実上給付義務を免れることとなる部分が一定の確率で必ず発生することになる。

税法上は，商品引換券等は，原則として商品引換券等との引換えにより商品を引渡した時に益金算入することとする。これは新会計基準と同様の処理である。

商品引換券等に係る権利の行使が見込まれる部分のうち，引渡し未済部分については，商品引換券等の発行の日から10年が経過した日又は一定の事実が生じた日（以下「10年経過日等」という）の属する事業年度終了の時において未計上となっている商品引換券等に係る対価の額を一括して益金算入するのが原則である。（法基通2－1－39）。ただし，商品引換券等に係る権利を行使しないと見込まれる部分については，10年経過日前の各事業年度において，合理的な方法で計算された額を益金算入することができるとの規定を設けている。（法基通2－1－39の2）。

(2) 10年経過日等とは

未計上となっている商品引換券等に係る対価の額を一括して益金算入することとなる10年経過日等とは次の日である（法基通2－1－39）。

① その商品引換券等の発行の日（適格合併，適格分割又は適格現物出資によりその商品引換券等に係る契約の移転を受けたものである場合にあっては，その移転をした法人がその商品引換券等を発行した日）から10年が経過した日

② ①に掲げる日前に次に掲げる事実が生じた場合には，その事実が生じた日

　ア　法人が発行した商品引換券等をその発行に係る事業年度ごとに区分して管理しないこと又は管理しなくなったこと。

　イ　その商品引換券等の有効期限が到来すること。

　ウ　法人が継続して収益計上を行うこととしている基準 (注) に達したこと。

　(注)　例えば，発行日から一定年数が経過したこと，商品引換券等の発行総数に占める法人税基本通達2－2－11（商品引換券等を発行した場合の引換費用）に規定する未引換券の数の割合が一定割合になったことその他の合理的に定められた基準のうち法人が予め定めたもの（会計処理方針その他のものによって明らかとなっているものに限る）がこれに該当する。

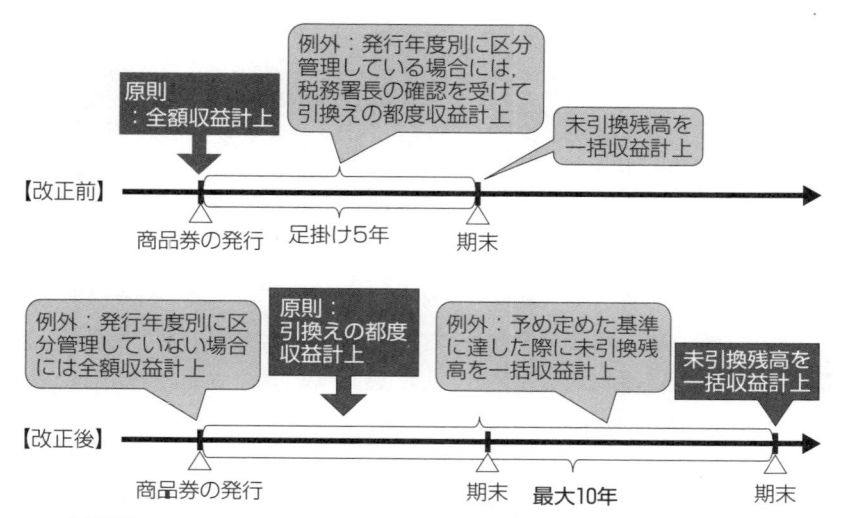

※ 経過措置：新たに基準を定めるまでの間は，従来どおり商品券の発行時又は足掛け
　　5年目において未引換残高を一括収益計上できる

（租研資料より）

(3) 商品引換券等に係る非行使部分

　商品引換券等に係る権利のうち相手方が行使しないと見込まれる部分の金額（以下「非行使部分」という）があるときは，次の算式等合理的な方法で計算された金額を益金の額に算入できる（法基通2－1－39の2）。

事　業　年　度	益　金　算　入　額
① 10年経過日等の属する事業年度までの各事業年度	益金算入額＝（非行使部分に係る対価の額×権利行使割合※）　　　　　　　　－前期末までに益金に算入した金額 （※）　権利行使割合＝実際に行使された金額÷相手方が行使すると見込まれる部分の金額 （注）　非行使部分の見積りを行う場合には，過去における権利の不行使の実績を基礎とする等合理的な方法により見積もられたものであること及びその算定の根拠となる書類を保存していることを要する。
② 10年経過日等の属する事業年度	非行使部分に係る対価の額のうち益金の額に算入されていない残額

(4) 2018年4月1日前に終了した事業年度に契約した取引

　商品引換券等の発行により受領した対価の額は，原則としてその発行した日の属する事業年度の益金の額に算入するが，所轄税務署長（又は所轄国税局長）の確認

を受け，継続適用などを要件として，特例も認められる（旧法基通2－1－39，平30.5基通一部改正経過的取扱い(2)）。

① 収益の計上時期

区　　分		収 益 の 計 上 時 期
ア　原則		商品引換券等を発行した日
イ　特例	引換済分	商品引換券等の対価の額を，商品の引渡し等に応じその商品の引渡等に応じその商品の引渡し等のあった日の属する事業年度の収益に計上する。
	未引換分	発行事業年度の翌期首から3年を経過した日の属する事業年度（発行日から足掛け5年目の事業年度）において未引換残券の対価の額を収益に計上する。

※　数種類の商品引換券等を発行している場合にはそれぞれについて原則又は特例の適用を選択できる。

② 適用要件

次のすべての要件を満たす必要がある。

ア　商品引換券等を発行事業年度ごとに区分して管理すること
イ　あらかじめ所轄税務署長（調査課所管法人にあっては所轄国税局長）の確認を受けること
ウ　継続して適用すること
エ　発行事業年度の翌期首から3年を経過した日前に商品引換券等の有効期限が到来するものは，その有効期限の翌日に収益に計上すること

(5) 商品引換券等の発行による原価

① 商品引換券等の引換費用の考え方

　商品引換券等は，原則として商品引換券等との引換えにより商品を引渡した時に益金算入することとなるが，商品引換券等に係る権利の行使が見込まれる部分のうち，引渡し未済部分については10年経過日等の属する事業年度終了の時において未計上となっている商品引換券等に係る対価の額を一括して益金の額に算入する（法基通2－1－39）。さらに，商品引換券等に係る権利を行使しないと見込まれる部分についても合理的な方法で計算された金額を益金の額に算入する（法基通2－1－39の2）。このように，商品引渡し未済分の商品引換券等について，益金の額に算入した場合，対応する費用の額を見積計上しなければ，費用収益対応の原則を満

たさず，その事業年度の収益に係る売上原価が損金の額に算入されないことになる。そこで，法人税基本通達2-2-11では，商品引換券等を発行した場合の期末未引換券に対応する引換費用について，見積費用の算定方法を示している。

② 商品引換券等の引換費用の取扱い

商品引換券等に係る収益に対応する引換費用は次のように取り扱われる（法基通2-2-11）。

A 商品の引渡し等の日に収益を計上した場合，実際の原価の額を計算してその事業年度の損金の額に算入する。

B 10年経過日等前に法人が発行した商品引換券等をその発行に係る事業年度ごとに区分して管理しないこと又は管理しなくなったこと又は法人が継続して収益計上を行うこととしている基準に達したことにより引渡し未済部分を収益に計上した場合，次の区分に応じ，次の金額をその事業年度の損金の額に算入する。この損金の額に算入した金額は毎期洗替えするため翌期の益金の額に算入する。

区　　分	益　金　算　入　額
ア　未引換券を発行事業年度ごとに管理している法人	未引換券のうち当期発行分及び前9年発行分の対価の額の合計額×原価率（※）
イ　未引換券を発行事業年度ごとに管理していない法人	（当期発行及び前3年発行の商品引換券等の対価の額の合計額－当期及び前3年に引換済の商品引換券等の対価の額の合計額）×原価率（※）

（※）　原価率とは次の区分に応じそれぞれにより計算した割合をいう

区　　分	原　　価　　率
(i)　商品の引渡し又は役務の提供を他の者が行うこととなっている場合	分母の商品引換券等と引換えに他の者に支払った金額の合計額÷当該事業年度において回収された商品引換券等に係るその発行の対価の額の合計額
(ii)　(i)以外の場合	分母の金額に係る当該事業年度の売上原価又は役務提供の原価の額÷その引渡し又は提供を約した商品又は役務と種類等を同じくする商品又は役務の販売又は提供に係る当該事業年度の収益の額の合計額

③ 2018年4月1日前に終了した事業年度に契約した取引

2018年4月1日前に終了した事業年度に契約した取引においては，商品引換券等に係る収益に対応する引換費用は次のように取り扱われる（旧法基通2-2-11）。

A　商品引換券等を発行した日にその発行に係る収益を計上している法人

　　イ　当期中に引換済のものは，実際の原価の額を計算してその事業年度の損金
　　の額に算入。

　　ロ　当期末に未引換のものは，次の区分に応じ，次の金額をその事業年度の損
　　金の額に算入。この損金の額に算入した金額は毎期洗替えするため翌期の益
　　金の額に算入。

区　　分	益　金　算　入　額
(i)　未引換券を発行事業年度ごとに管理している法人	未引換券のうち当期発行分及び前３年発行分の対価の額の合計額×原価率
(ii)　未引換券を発行事業年度ごとに管理していない法人	(当期発行及び前３年発行の商品引換券等の対価の額の合計額－当期及び前３年に引換済の商品引換券等の対価の額の合計額)×原価率

　　商品引換券と引換えに物品の給付等を行う場合には，その物品の給付等を
　行う時に，その物品の給付等に係る資産の譲渡等を行った，つまり課税取引
　となる（消基通９－１－22）。非行使部分については，課税取引とならない。

B　A以外の特例の取扱いを適用している法人

　　実際の原価の額を計算してその事業年度の損金の額に算入。

④　2018年４月１日前に終了した事業年度に契約した取引でポイントが１年経過後
　に失効する場合

　上記③の算式において，期末残高に対応する引換費用について，見積費用の計算
の基礎とされるのは発行年度から４年度目までのものであり，これは消滅時効を考
慮したものと思われる。もし，会員が１年以内に商品券を引き換えなかった場合に，
その商品券が無効となるとしたならば，上記算式による見積りは適当でない。その
場合の考え方は下記ポイントサービスについて示された裁決例と同じとなる。つま
り，当期末未回収のポイントのうち，前期以前に発行されたポイントは失効してい
るものとして除外したのち，当期発行翌期末未回収となるポイントを控除しなけれ
ばならず，例えば次の算式で表される（平12.4.5非公開裁決・TAINS Ｆ０－２－
079)。

期末見積原価の額＝（当期末有効ポイント−当期発行翌期末未回収となるポイント）
　　　　　　　　　　×原価率
当期末有効ポイント＝期末残高−当期末有効期限切れポイント
当期発行翌期末未回収となるポイント＝当期末有効ポイント×有効期限切れ増加割合
有効期限切れ増加割合＝（当期末有効期限切れポイント−前期末有効期限切れポイント）
　　　　　　　　　　÷前期末有効ポイント残高

　このように，見積費用の算定では，その事例に合わせて適切に見積もる必要がある。

(3)　消費税との関係

　企業が商品引換券を発行し，交付した場合には，その交付に係る相手先（顧客）から収受した金品は，資産の譲渡等の対価に該当せず，不課税である（消基通6−4−5）。

④　具体的処理

　設例の会社では，プレイ券を管理しているので，そのデータにより権利行使割合を算出し，非行使部分に対応する権利行使割合分を期末に益金算入することとなる。さらに，10年経過日等の属する事業年度において，非行使部分に係る対価の額のうち益金の額に算入されていない残額を益金算入する必要がある。

⑤　裁判例・裁決例

　プリペイドカードの発行に際して収受する対価につき，発行時に収益計上することなく預り金として処理し，現実に所持者が商品等と引換えをした時点で収益計上する方法は，引換未了部分に係る発行代金相当額は永久に預り金として処理され続けるとの弊害があり，認められず，旧通達方式が公正処理基準であるとした裁判例がある（名古屋地判平13.7.16・TAINS Z251−8948）。

　納税者は，石油類の卸，小売業を営む株式会社であり，平成9年1月期（以下「本件事業年度」という）中，関係先店舗で「B」という名称のプリペイドカード（以下「本件商品券」という）を発行した。本件事業年度における本件商品券の総発行対価は，合計5億332万5,238円，そのうち未使用部分に係る発行金額は，合計9,987万1,420円である。納税者は，本件事業年度分の法人税の申告（以下「本件申

告」という）において，本件商品券については，商品との引換えが終了した4億345万3,818円のみを計上し，未使用部分に係る合計9,987万1,420円分は預り金として処理し，収益としては申告しなかった。本件商品券の未使用部分に係る発行対価を本件事業年度の収益として計上するとした場合，当該部分に係る原価額は合計8,012万1,288円となる。

　これに対して原処分庁は，納税者の本件事業年度分の法人税につき，本件商品券の前記未使用部分に係る収益及び納税者が本件事業年度以前に発行した灯油前売券（以下「灯油券」という）の販売価格148万3,640円を計上しなかったことは法人税基本通達2－1－33（以下「本件通達」という）に反するとして，これらを所得金額1,372万9,550円に加算し，ここから本件商品券及び灯油券の未使用部分に係る原価額3,560万1,660円等を減算した3,720万2,540円を本件事業年度の納税者の所得金額と認定して更正処分等を行った。納税者はこれを不服として審査請求を経て訴訟に及んだ。なお，原処分庁は本訴において，灯油券に係る収益が本件事業年度に申告すべき所得であるとの主張を撤回した上，本件商品券に係る原価額を前記のとおり8,012万1,288円と訂正等した。

　裁判での争点は，納税者が本件申告においてしたように，商品引換券等の発行に際して収受する対価につき，発行時に収益計上することなく預り金として処理し，現実に所持者が商品等と引換えをした時点で収益計上する方法（以下「原告方式」という）により申告することは，法人税法22条に反するかどうかである。

　判決では，次の理由により，納税者の請求を棄却した。

　まず，昭和41年12月に「税法において課税所得は，納税者たる企業が継続して適用する健全な会計慣行によって計算する旨の基本規定を設けるとともに，税法においては，企業会計に関する計算原理規定は除外して，必要最小限度の税法独自の計算原理を規定することが適当である。」とする「税制簡素化についての第一次答申」が発表された。これを受けて，昭和42年5月の税制改正により法22条4項が新設された。商品引換券等を発行した場合の発行代金については，これを一種の預り金として処理する会計慣行が古くから存した。簿記に関する解説書の中にも，商品引換券等が発行された場合の会計処理について，商品引換券等が後日それと引換えに商品を引き渡すという債務を示す証券であることから，発行した際に商品券勘定の貸方に記載し，後日商品を引き渡した際に借方に記入する旨解説しているものが

あった。平成10年4月に税務大学校が発行した簿記会計の解説書にも同旨の記載があることが認められる。原告方式は，簿記の方式としては社会的に一応認知された方法であり，かつ，一定期間継続的に行われてきたことは否定できない。

しかしながら，商品引換券等，ことにプリペイドカードが発行された場合，残額が僅少であるとか，当初から収集目的で購入した等の理由から，顧客が引換えをすることなく死蔵したり，あるいはカード自体を紛失したり失念したために長期間引換えがなされないまま，発行者において事実上給付義務を免れることとなる部分が一定の確率で必ず発生すると考えられる。現に，戦前に発行された商品引換券等が本件通達の制定された昭和55年ころまで預り金処理されていたという事例もあったことが認められる。原告方式により処理した場合には，このような引換え未了部分に係る発行代金相当額は永久に預り金として処理され続けることとなる。かかる事態は企業の会計処理として妥当なものとはいい難い上，発行者が事実上，確定的な利益を享受するにもかかわらず，税務当局は当該発行代金部分に対する課税をなし得なくなるという税務上重大な弊害を生ぜしめることが明らかである。

しかも，本件通達の制定後，税務会計に関する解説書や税務関係雑誌，法人税法や基本通達の解説書において，原告方式に弊害があること及び商品引換券等の発行代金については通達方式によるべきことが繰り返し説明されていることが認められる。本件通達が発せられたのは昭和55年であり，本件事業年度までの間に17年近くもの期間が経過していることからすれば，たとえ最近の簿記の解説書の中に商品引換券等の記帳処理につき前記のような解説をしているものが依然として存するとしても，遅くとも本件事業年度当時においては，税務申告上は原告方式によらず通達方式によるべきこと及びその合理性が既に広く知られていたというべきであり，したがって，原告方式によりなされた本件申告は，公正妥当処理基準に合致しない方式に基づく申告として国税通則法24条所定の更正の要件を具備していたというべきである。

そこで進んで判断するに，商品引換券等の発行代金が発行時において発行者の確定的な収入になると解することに会計理論上特段の問題はない。（この場合，期末において引換え未了の部分については引換費用の見積計上を認める必要があるが，これについては別途基本通達2－2－11に取扱いが定められている）。通達方式は，原告方式のような弊害がなく，公正かつ妥当な方法であると認められる上，前記の

とおり，本件事業年度当時，企業の会計処理の基準として既に広く知られたものとなっていた。このような通達方式により納税者の所得額を算定することは適法であるとしてその請求を棄却した。

2　ポイント付販売

1　事　　例

当社では，ポイント会員制度を採用し，買上げ1,000円ごとに1ポイント進呈している。このポイントは1ポイント1円として，商品と交換できるが，1年以上未使用のポイントは失効するものとしている。

2　対応する新会計基準

ポイントプログラム，またはポイントサービスとは，各種の商品・役務の購入金額あるいは来店回数等に応じて，一定の条件で計算されたポイントを顧客に与えるものであり，顧客は，ポイントを次回以降の購入代金の一部に充当したり，商品と交換することができる。

ポイントの利用のされ方をみると，ポイントの性格は，(i)売上値引，(ii)売上割引，(iii)おまけ景品（販売促進費），(iv)民法でいう予約に似たもの，(v)売上前受金，(vi)企業通貨などが考えられ，その価値の認識と測定において，各々が混在していて1つに特定することはできない（高安満「マイレージサービスに代表されるポイント制に係る税務上の取扱い－法人税・消費税の取扱いを中心に－」税大論叢58号）とされるが，法人がポイントを発行した場合，その付与したポイント相当額は，その法人において負債としての性質を持つものであるといえる。

新会計基準では，既存の契約に加えて追加の財又はサービスを取得するオプションを顧客に付与する場合，そのオプションが，その契約を締結しなければ顧客が受け取れない「重要な権利を顧客に提供するとき」は，そのオプションから履行義務が生じるとして，契約負債として認識する（新会計基準適用指針48）。

この場合には，将来の財又はサービスが移転する時，あるいはそのオプションが消滅する時に収益を認識する。

重要な権利を顧客に提供する場合とは，例えば，追加の財又はサービスを取得す

るオプションにより，顧客が属する地域や市場における通常の値引きの範囲を超える値引きを顧客に提供する場合をいう。

いいかえれば，企業が商品を販売した顧客にポイントを付与する場合，そのポイントが通常の値引きの範囲を超える場合には，そのポイントに係る額を契約負債として認識し，将来のポイント使用時，又は，ポイントが消滅する時に収益を計上することになる。顧客は実質的に将来の財又はサービスに対して企業に前払いを行っており，将来の財又はサービスが移転する時，あるいは当該オプションが消滅する時に収益を認識するという考え方に基づくものである（新会計基準指針140）。

追加で付与したオプションが重要な権利を顧客に提供する場合には，既存の契約の履行義務と，追加して付与したオプションの履行義務が生じることになる。したがって，取引価格をそれぞれの履行義務への配分が必要となる。履行義務への取引価格の配分は，独立販売価格の比率で行うこととされている（新会計基準66）。

追加の財又はサービスを取得するオプションの独立販売価格を直接観察できない場合には，オプションの行使時に顧客が得られるであろう値引きについて，次の(1)及び(2)の要素を反映して，当該オプションの独立販売価格を見積る（新会計基準指針186）。

(1) 顧客がオプションを行使しなくても通常受けられる値引き

(2) オプションが行使される可能性

追加の財又はサービスを無料又は値引価格で取得するオプションには，販売インセンティブ，顧客特典クレジット，ポイント，契約更新オプション，将来の財又はサービスに対するその他の値引き等が含まれる（新会計基準適用指針139）これらの付与が，津上の値引きの範囲を超える場合には，ポイントに係る額は契約負債に計上することとなる（新会計基準指針140）。

なお，従来の実務において適用されてきた顧客に付与するポイントについての引当金処理は認められず，代替的な取扱も認められていない（新会計基準指針186）。

例えば，商品Ａの売上額10,000に対し，自社で利用されるポイント1,100を付与する（消化率100％と仮定）場合の仕訳は次のようになる（『「収益認識に関する会計基準」への対応について』平30.6.1国税庁を一部修正）。なお，消費税率10％とする。

<商品の売買時>

（借方）現 金 11,000	（貸方）収 益 9,009
	契 約 負 債 991
	仮 受 消 費 税 1,000

　上記の仕訳における数値は，取引価格を独立販売価格の比率に基づき商品の販売とポイントに配分し，収益及び負債について次の算式により計算したものである。

収益：（10,000×10,000）÷（10,000＋1,100）＝9,009
契約負債：（10,000×1,100）÷（10,000＋1,100）＝991

《イメージ》

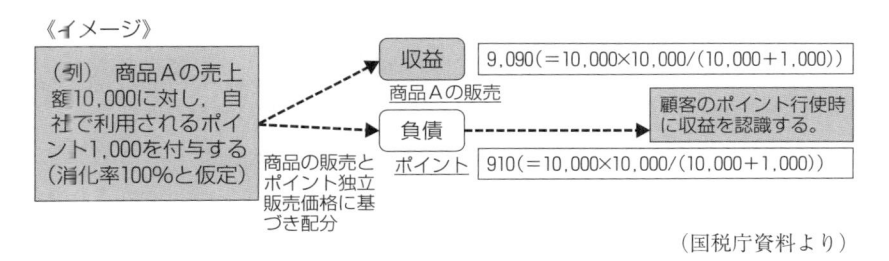

（国税庁資料より）

<ポイント使用時>

（借方）契 約 負 債 991	（貸方）売 上 991

③　法人税法の考え方

(1)　ポイント等を付与した場合の収益の計上の単位

　法人税法においては，次に掲げる要件のすべてに該当するときは，継続適用を条件として，自己発行ポイント等について当初の資産の販売等とは別の取引に係る収入の一部又は全部の前受けとすることができるとしている（法基通2－1－1の7）。

　①　その付与した自己発行ポイント等が当初の資産の販売等の契約を締結しなければ相手方が受け取れない重要な権利を与えるものであること
　②　その付与した自己発行ポイント等が発行年度ごとに区分して管理されていること
　③　法人がその付与した自己発行ポイント等に関する権利につきその有効期限を経過したこと，規約その他の契約で定める違反事項に相手方が抵触したことその他の当該法人の責に帰さないやむを得ない事情があること以外の理由により一方的に失わせることがてきないことが規約その他の契約において明らかにされていること

④　次のいずれかの要件を満たすこと
　ア　その付与した自己発行ポイント等の呈示があった場合に値引き等をする金額が明らかにされており，かつ，将来の資産の販売等に際して，たとえ1ポイント又は1枚のクーポンの呈示があっても値引き等をすることとされていること
　イ　その付与した自己発行ポイント等が当該法人以外の者が運営するポイント等又は自ら運営する他の自己発行ポイント等で，アに該当するものと所定の交換比率により交換できることとされていること

(2)　自己発行ポイント等の付与に係る収益の帰属の時期

　法人が上記(1)の取扱いを適用する場合には，前受けとした額は，将来の資産の販売等に際して値引き等をするに応じて，その失効をすると見積もられる自己発行ポイント等も勘案（注1）して，その値引き等をする日の属する事業年度の益金の額に算入する。しかし，商品引換券等の取扱いと同様に，その自己発行ポイント等の付与の日から10年が経過した日（同日前に次に掲げる事実が生じた場合には，その事実が生じた日）の属する事業年度終了の時において行使されずに未計上となっている自己発行ポイント等がある場合には，その自己発行ポイント等に係る前受けの額をその事業年度の益金の額に算入する（法基通2－1－39の3）。

①　法人が付与した自己発行ポイント等をその付与に係る事業年度ごとに区分して管理しないこと又は管理しなくなったこと
②　その自己発行ポイント等の有効期限が到来すること
③　法人が継続して収益計上を行うこととしている基準（注2）に達したこと
　（注1）　失効をすると見積もられる自己発行ポイント等の勘案を行う場合には，過去における失効の実績を基礎とする等合理的な方法により見積もられたものであること及びその算定の根拠となる書類が保存されていることを要する。
　（注2）　例えば，付与日から一定年数が経過したこと，自己発行ポイント等の付与総数に占める未行使の数の割合が一定割合になったことその他の合理的に定められた基準のうち法人が予め定めたもの（会計処理方針その他のものによって明らかとなっているものに限る）が上記③の基準に該当する。

(3)　消費税との関係

　消費税法では，消費税の課税標準は課税資産の譲渡等の対価の額とさだめ，その対価の額は，「対価として収受し，又は収受すべき一切の金銭又は金銭以外の物若しくは権利その他経済的な利益の額」としている。

　本設例において，対価として収受し，又は収受すべき一切の金銭等の額は，10,000円であり，この金額が課税売上の課税標準となる。よって，商品の売買時の

課税売上の対価は10,000円となり，課税売上に対する消費税額は1,000円となる。ポイント使用時においては，対価の授受がないため，課税売上の対価1,000円，対価の変換等1,000円と認識され，消費税額はゼロとなる。

【売　　　手】

<商品の売買時>

	金　額	税　額
課税売上の対価	10,000	1,000

<ポイント使用時>

	金　額	税　額
課税売上の対価	1,000	80
対価の返還等	△1,000	△80
差引 消費税額		0

【買手（参考）】

<商品の売買時>

	金　額	税　額
課税仕入れの対価	10,000	1,000

<ポイント使用時>

	金　額	税　額
課税仕入れの対価	1,000	80
対価の返還等	△1,000	△80
差引 消費税額		0

　このように，自社ポイントの付与は，会計・法人税・消費税のいずれかの処理が異なることとなるため注意が必要である。

4　具体的処理

　設例の会社において，法人税基本通達2－1－1の7の要件について満たしているものとすると，継続適用を条件として，自己発行ポイント等について前受金処理することができそうである。

⑤ 裁判例・裁決例

発行したポイントの残高を何時の売上の修正とするか等が争点となった裁決例がある（平29.3.1裁決・東裁（法・諸）平28-87・F0-2-703）。

X社はポイントサービスを採用しており，X社は会員となった顧客に対し，その購入金額に応じてポイントを付与し，付与された会員は，そのポイントを次回以降の会計時に購入金額への充当又は景品との交換に使用できるが，サービスを利用した最終購入日から一定期間ポイントカードの利用がない場合，蓄積したポイントは全て失効する仕組みとなっていた。X社は，付与したポイントの各事業年度末未使用残高の増額分に相当する金額を売上高から減算して法人税等の申告をしたところ，原処分庁から，当該金額は，各事業年度末において債務が確定していないことから，売上高からの減算は認められないなどとして法人税等の各更正処分及び過少申告加算税の各賦課決定処分を受けたため，これらの処分の一部の取消しを求めた。

審判所は，X社による顧客への本件サービスの提供は，X社が顧客の次回以降の来店，商品等の購入を期待して行うものであり，本件ポイントの使用に要する費用は，販売費等に該当するため，基本通達2-2-12の債務確定3要件を満たすことが必要であるとし，付与されたポイントにより，購入金額への充当又は景品との交換が行えるのは，次回以降の会計時であり，ポイントの付与時において，具体的な給付原因となる事実が発生しているということはできないので，これら要件のうち，「当該債務に基づいて具体的な給付をすべき原因となる事実が発生していること」を満たさないとした。

また，金品引換券を現実に引き換えた日の属する事業年度の損金の額に算入する旨定めた基本通達9-7-2（金品引換券付販売に要する費用）の例外である同通達9-7-3は，「その金品引換券が販売価額又は販売数量に応ずる点数等で表示されており，かつ，たとえ1枚の呈示があっても金銭又は物品と引き換えることとしているものであるとき」は，その引換えに要する費用について損金経理により，未払金に計上することを認める旨定めているが，本件ポイントについては，顧客に付与した時点において，具体的な給付原因となる事実が発生しているとは認められないとして，X社の請求を退けた。

VIII 売上の修正等

1 変動対価の識別，売上値引き，返品，割戻し

1 事 例

　当社とA社との契約では，当社が部品を100ユニット販売するたびにその１％の売上を返金することとなっている。今期，前期末にA社に納入した部品について，A社から重量不足を指摘され，代金の一部を返還することとなった。

2 対応する新会計基準

　新会計基準では，履行義務を充足した時に又は充足するにつれて，取引価格のうち，履行義務に配分した額について収益を認識する（新会計基準46）。取引価格を算定する際には，変動対価の影響を考慮する（新会計基準17，48）。変動対価とは，顧客と約束した対価のうち変動する可能性のある部分をいう（新会計基準50）。

　契約において，顧客と約束した対価に変動対価が含まれる場合，財又はサービスの顧客への移転と交換に企業が権利を得ることとなる対価を見積もり，収益を認識する（新会計基準50）（変動対価の見積りについてはⅧ2②を参照）。

　変動対価が含まれる取引の例として，値引き，リベート，返金，インセンティブ，業績に基づく割増金，ペナルティー等の形態により対価の額が変動する場合や，返品権付きの販売等がある（新会計基準指針23）。

　設例の取引について，１％の売上返金，売上品の量目不足による売上値引きは，現時点で確定した金額ではなく，変動対価の取扱いとなる。

　変動対価は，契約条件に示されることが多いと考えられるが，次の２つのいずれかの状況によっても示される場合もある（新会計基準指針24）。

- (イ)　企業の取引慣行や公表した方針等に基づき，契約の価格よりも価格が引き下げられるとの期待を顧客が有していること
- (ロ)　顧客との契約締結時に，価格を引き下げるという企業の意図が存在している

こと

③ 法人税法の考え方

(1) 売上の修正項目と変動対価

売上計上後に生じるその売上に係る項目としては，売上値引き，返品，割戻し，及び売上割引がある。売上値引きとは，本来，売上品の量目不足，品質不良，破損等の理由により代価から控除される額をいい，返品は品違いや瑕疵等による商品返却を，売上割戻しは，一定期間に多額又は多量の取引をした得意先に対する売上代金の返戻をいう。ただし，最近では，この売上値引きと売上割戻しが混同されて使用されている例も多い。いずれにせよ，これらは売上の修正項目となる。

これに対して，売上割引きは，代金支払期日前の支払に対する売掛金の一部免除等をいい，金融費用としての性質を有し，以下でいう売上の修正項目とは異なる。

収益認識に関する会計基準の導入により，売上げの修正項目による対価の変動を顧客と約束した対価のうち変動する可能性のある部分として「変動対価」と呼ぶこととなり，法人税法でも，新会計基準を採用しており，次問で示す一定の要件を満たす場合は，この変動対価の取扱いに対応することとなった。ここで，貸倒れ及び買戻しの事実は値引き，値増し，割戻しその他の事実から除かれていることに注意しなければならない。

(2) 前期損益修正となる場合

売上の修正項目の中には，その修正原因が，引渡し時事業年度において潜在的なものである場合には，事前予測不能であることから，当初申告時に変動対価の取扱いをする余地はない。では，予期せぬ売上げの修正項目に過年度において該当した場合，遡って変動対価の取扱いをするのかというと，引渡し時事業年度において，正しい取引価格で収益を認識しようとする変動対価の趣旨に反する。

そこで，引渡し等事業年度後の事業年度の確定した決算において，会計上，公正処理基準に従って「修正の経理」（申告調整による修正を含む）を行った場合，当初益金算入額に加減算した後の金額が「（税法上の）時価」であるときは，その修正の経理による増減額は，引渡し等事業年度に遡らず，修正の経理を行った事業年度の益金の額又は損金の額に算入することとなる（法令18の2①・②）。その他にも，引渡し等事業年度後に生じた事情により「（税法上の）時価」が変動したとき

は，その変動により増加し，又は減少した「（税法上の）時価」は，その変動することが確定した事業年度の益金又は損金に算入する（法令18の2③）。

　つまり，前期以前の各事業年度においてその収益の額を益金の額に算入した資産の販売又は譲渡，役務の提供その他の取引について，契約の解除又は取消し，値引き，返品等の事実が生じた場合でも，これらの事実に基づいて生じた損失の額は，その事実が生じた事業年度の損金の額に算入することになる（法基通2－2－16）。

　なお，資産の販売等に係る収益の額について，値引きにより変動する可能性があるときは，資産の引渡し等事業年度における収益計上額について値引きの見込額を控除した金額とすることを認めるとともに，引渡し等事業年度の翌事業年度以後の事業年度において値引きの事実が生じた場合で，法人税法施行令18条の2第1項の適用を受けないときは，値引きの確定時点において収益の額を減額することが法令上も明らかにされたことから，旧通達2－2－16で定めていた値引きについての取扱いは削除されている。

4 具体的処理

　設例の取引について，1％の売上げ返金は，変動対価の取扱いとなるが，重量不足を指摘され代金の一部を返還した部分については，変動対価の取扱いの対象とならない。

5 裁判例・裁決例

　売上の修正項目に関しては量目不足により，後日代金の返還が確定した場合に，更正の請求は認められるかが争点となった裁決例がある（平11.2.26裁決・裁事57－1・J57－1－01）。

　鉄工業を営む納税者は，K社との間で同社が発行した平成7年7月31日付の外注工事注文書（品名及仕様欄に「＊＊＊セイサク」，納期欄に「95－08－30」，金額欄に「51,301,000」と記載されている）に基づき，製品を製作して納入する取引を行い，本件取引に係る取引金額51,301,000円を平成8年6月期の益金の額に算入した。納税者は，納入した製品に係る受領金額が過大であったという理由で，K社から12,634,711円（消費税に相当する金額368,001円を含み，以下「本件返還金」という）の支払を求められ，平成9年2月28日に同社の預金口座へ全額を振り込んで支

払った。納税者は，原処分庁に対し，製品売上高に計上した12,266,710円（本件返還金から消費税に相当する金額を差し引いたもの）と上記消費税に相当する金額368,001円のうち雑収入に計上した257,601円の合計額12,524,311円を平成8年6月期の所得金額から減額すべき旨の更正の請求をしたが認められなかったため，審査請求に及んだ。

　納税者は，①代金請求時に重量計算の誤りがあり，代金の一部を返還したのであるから，更正の請求は認められるべきであり，②原処分庁は法人税基本通達2－2－16を適用して更正をすべき理由がないとしているが，代金の返還は国税通則法施行令6条1項2号に該当するから，更正の請求は認められるべきである旨主張した。

　審判所は，①返還金を支払うことを確定したのは翌事業年度であるから，返還金に相当する損失は翌事業年度の損金の額に算入すべきであり，更正の請求の要件を欠くこと，②法人税基本通達2－2－16は，当期に発生した損失は既往の事業年度の益金に対応するものであっても当期の損失に計上するという，一般に公正妥当な会計処理の基準の考え方を表したものであることにより，更正の請求は認められないとして，納税者の主張を退けた。

2　変動対価の見積り

1　事　　例

　資材製造業である当社は親会社との取引において，親会社の販売実績により，当社からの販売金額が調整されることとなっている。調整金の決定は当社の決算後であるが，決算確定前に親会社から親会社販売見込額の連絡がされている。

2　対応する新会計基準

(1)　変動対価の識別

　変動対価の識別については，Ⅷ1②で述べた通りである。

(2)　変動対価の見積り

　取引価格に変動対価を含む場合には，変動対価の額を見積ることになる。

　変動対価の額の見積りにあたっては，次の①最頻値による方法又は②期待値による方法のいずれかのうち，企業が権利を得ることとなる対価の額をより適切に予測

できる方法を用いる（新会計基準51）。

<blockquote>
① 最頻値による方法：発生し得ると考えられる対価の額における最も可能性の高い単一の金額（最頻値）による方法
② 期待値による方法：発生し得ると考えられる対価の額を確立で加重平均した金額（期待値）による方法
</blockquote>

(3) 変動対価の見積りの制限

　これらの方法により見積もられた変動対価の額については，発生し得る対価の額を確実に予測することは困難なため，「変動対価の額に関する不確実性が事後的に解消される際に，解消される時点までに計上された収益の著しい減額が発生しない可能性が高い部分」，つまり，収益の減額や取消しが生じない部分に限り，取引価格に含める（新会計基準54）。

　この判定にあたっては，収益が減額される確率，減額の程度を考慮する。具体的には，次に該当する場合には，収益が減額される確率又は減額の程度を増大させる可能性のある要因であり，変動対価の額の見積りを取引価格に含めるべきかどうかを慎重に判断する必要がある（新会計基準指針25）。

<blockquote>
① 市場の変動性又は第三者の判断若しくは行動等，対価の額が企業の影響力の及ばない要因の影響を非常に受けやすい場合
② 対価の額に関する不確実性が長期間にわたり解消しないと見込まれる場合
③ 類似した種類の契約についての企業の経験が限定的であるか，又は当該経験から予測することが困難である場合
④ 類似の状況における同様の契約において，幅広く価格を引き下げる慣行又は支払条件を変更する慣行がある場合
⑤ 発生し得ると考えられる対価の額が多く存在し，かつ，その考えられる金額の幅が広い場合
</blockquote>

(4) 変動対価の見積りの見直し

　見積った取引価格は，各決算日に見直しを行う（新会計基準55）。

　取引価格が変動する場合には，変動の影響を契約に含まれる履行義務に配分するが，そのうち，既に充足した履行義務に配分された額については，取引価格が変動した期の収益の額を修正する（新会計基準74）。

③　法人税法の考え方

(1)　変動対価の取扱い

　法人の各事業年度の資産の販売等に係る収益の額として，その事業年度の所得の金額の計算上益金の額に算入する金額は，別段の定めがあるものを除き，その販売もしくは譲渡をした資産の引渡しの時における価額又はその提供をした役務につき通常得べき対価の額に相当する金額とするとされている（法法22の2④）。この通常得べき対価の額に相当する金額とは，一般的には第三者間で通常付される価額（いわゆる時価）をいい（法基通2－1－1の10），値引きや割戻しについては，譲渡資産等の時価をより正確に反映させるための調整と位置づけることができる。

　そして，値引き・割戻し等による対価の変動の可能性がある取引（返品・貸倒の可能性については除く）について，次に掲げる要件のすべてを満たす場合には，変動対価につき引渡し等事業年度の確定した決算において，収益の額を減額し，又は増額して経理した金額は，引渡し時の価額等の算定に反映することとされた（法基通2－1－1の11）。これらの要件は，新会計基準には設けられていないものであり，税法における法的安定性と予測可能性を確保する要件であるといえる。

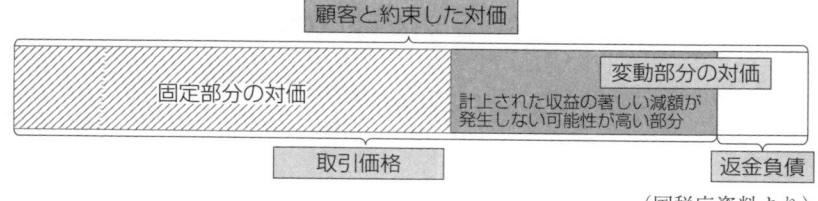

（国税庁資料より）

　ア　値引き等の事実の内容及びその該値引き等の事実が生ずることにより契約の対価の額から減額もしくは増額する可能性のある金額又はその算定基準が，その契約もしくは法人の取引慣行もしくは公表した方針等により相手方に明らかにされていること又はその事業年度終了の日において内部的に決定されていること

　イ　過去における実績を基礎とする等合理的な方法のうち法人が継続して適用している方法によりアの減額もしくは増額の可能性又は算定基準の基礎数値が見積もられ，その見積りに基づき収益の額を減額し，又は増額することとなる変動対価の額が算定されていること

ウ　アを明らかにする書類及びイの算定の根拠となる書類が保存されていること

(2)　売上割戻しの計上時期

　売上割戻しについては，相手方との契約内容により，その事実が生じる時期が異なるため，その計上時期も，相手方との契約内容によることになる。

　ア　上記(1)の要件を満たす場合

　　売上割戻しの金額を引渡し時の価額等の算定に反映する（法基通２−１−１の11）。

　イ　変動対価の取扱いをしない場合

　　売上割戻しの金額をその通知又は支払をした日の属する事業年度の収益の額から減額する（法基通２−１−１の12）。

　ウ　売上割戻しの金額につき相手方との契約等により特約店契約の解約，災害の発生等特別な事実が生ずる時まで又は５年を超える一定の期間が経過するまで相手方名義の保証金等として預かることとしているため，相手方がその利益の全部又は一部を実質的に享受することができないと認められる場合（アの場合を除く）

　　売上割戻しの金額を現実に支払った日（その日前に実質的に相手方にその利益を享受させることとした場合には，その享受させることとした日）の属する事業年度の収益の額から減額する（法基通２−１−１の13）。

　ところで，2018年６月の法人税基本通達改正前においても，売上げ割戻しの計上時期について，次のように定められていた。

＜旧法人税基本通達２−５−１（売上割戻しの計上時期）＞
　販売した棚卸資産に係る売上割戻しの金額の計上の時期は，次の区分に応じ，次に掲げる事業年度とする。
　　ア　その算定基準が販売価額又は販売数量によっており，かつ，その算定基準が契約その他の方法により相手方に明示されている売上割戻し
　　　販売した日の属する事業年度。ただし，法人が継続して売上割戻しの金額の通知又は支払をした日の属する事業年度に計上することとしている場合には，これを認める。
　　イ　アに該当しない売上割戻し
　　　その売上割戻しの金額の通知又は支払をした日の属する事業年度。ただし，各事業年度終了の日までに，その販売した棚卸資産について売上割戻しを支払うこと及びその売上割戻しの算定基準が内部的に決定されている場合において，法人がその

基準により計算した金額を当該事業年度の未払金として計上するとともに確定申告書の提出期限（法第75条の２（確定申告書の提出期限の延長の特例）の規定によりその提出期限が延長されている場合には，その延長された期限とする）までに相手方に通知したときは，継続適用を条件としてこれを認める。

　つまり，(1)のア，ウの要件を満たす場合については，新会計基準の変動対価の取扱いが実質的に認められていたことになる。

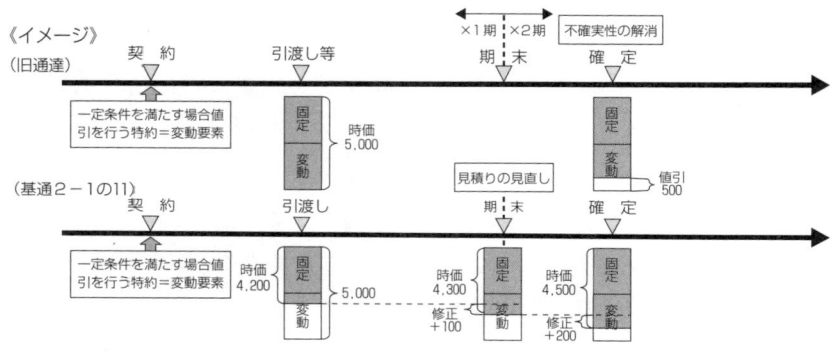

（租研資料より）

(3)　消費税法との関係

　消費税上は，対価として収受し，又は収受すべき一切の金銭の額等が課税標準となる。したがって将来の値引き，値増し，割戻等につき，変動対価の取扱いを適用し，収益の額を減額し，又は増額して経理した金額は，消費税の課税売上高に影響しないことに留意する。

　これは，消費税法において，みなし譲渡の適用があるのは，個人事業者の自家消費と役員に対する贈与に限定されているためである（消法４⑤）。

　値引き，値戻しの額が確定したときに「売上げに係る対価の返還等」として納付すべき消費税額から控除するか，課税資産の譲渡等の金額から直接控除することとなる。

④　具体的処理

　設例の会社については，あらかじめ連絡された販売見込額により変動債務を見積り計上することとなる。

5　裁判例・裁決例

　売上割戻しの計上時期に関しては，売上割戻金が事業年度中に債務として確定していると認められ更正処分の全部が取り消された裁決例がある（平11.6.21裁決・大裁(法・諸)平10第140号・F0−2−085）。

　納税者は，繊維製品の輸入代行業を営む法人である。平成10年1月期において，売上先であるA社及びB社に対し，それぞれ売上値引（売上割戻し）459,570,528円，17,117,868円の合計金額476,688,396円（以下「本件割戻金」という）を所得の金額の計算上，損金の額に算入し，また，本件割戻金に係る消費税額を本件課税期間の課税標準額に対する消費税額から控除して，それぞれ法定申告期限までに申告した。

　これに対し，原処分庁は，法人税について，本件割戻金が本件事業年度の所得の金額の計算上，損金の額に算入できないとして，更正処分等をしたため，納税者はこれを不服として審査請求に及んだ。

　審判所は，①本件割戻金の算定基準は，納税者が売上先との間で，平成8年2月1日に締結した基本契約書に基づき平成9年12月12日に作成された協議書によって，売上先にそれぞれ明示されていること，また，②本件事業年度の販売実績に基づいて算出されていることが認められ，③本件割戻金は，平成10年1月31日，相殺によって決済され，売上先においてはそれぞれ本件割戻金に対応する仕入割戻金が計上されているから，本件割戻金は，本件事業年度中に債務として確定したことが認められるとした。さらに，本件割戻金は，事業年度の取引金額に3％の割戻率を乗じて算出するのであるから，事業年度が終了しなければ金額が算定できず，おのずと決算修正項目となるとして，本件割戻金は，本件事業年度の所得の金額の計算上，損金の額に算入されるべきであるから，損金の額に算入しないとした法人税の更正処分等及び消費等の更正処分等は，その全部を取り消すべきであるとした。

　この裁決例は，平成30年度の法人税法改正前の事案であり，上記に示した旧法人税基本通達2−5−1による売上割戻しの計上時期を認めたものである。

3 返品権付き商品又は製品の販売

① 事　　例

　当社は，雑誌の発行を行っており，書店等に雑誌を卸している。この雑誌は2か月に1度発行するものであり，次の発行時期に売れ残っているものがあれば，無条件で当社で買い戻すこととなり，実際の処理としては，その金額に対応する売掛金が支払われないこととなる。

② 対応する新会計基準

　顧客との契約で，商品又は製品の支配を顧客に移転する際に，商品又は製品を返品して顧客が支払った対価の全額又は一部の返金を受ける権利を顧客に付与する場合がある（新会計基準指針84）。これを返品権付きの商品又は製品の販売という。この場合には，次の処理を行う（新会計基準指針85）。

---

①　企業が権利を得ると見込む対価の額で収益を認識する。収益の額には，返品されると見込まれる商品又は製品の対価は除かれる。
②　返品されると見込まれる商品又は製品については，収益を認識せず，商品又は製品の受取対価の額で返金負債を認識する。
③　返金負債の決済時に顧客から商品又は製品を回収する権利について資産（返品資産）を認識する。

　仕訳で示せば，次のとおりである。

前提：顧客へ1個200円の商品（原価120円）を100個販売し，その返品額は2個と見込んだ。消費税率は10%とする。

（借方）売　掛　金	22,000	（貸方）売　　　　　上	19,600
		返　金　負　債	400
		仮　受　消　費　税	1,600
売　上　原　価	11,760	棚　卸　資　産	12,000
返　品　資　産	240		

　この返金負債は，返品見込みの商品又は製品に対する顧客からの受取対価の額を表しており，返品資産は，返金負債の決済時に顧客から商品又は製品を回収する権利を表している。

　企業が権利を得ると見込む対価の額（売上）は，新会計基準における取引価格の

算定に関する定めに基づいて算定する（新会計基準86）。

　商品又は製品の販売後，各決算日に，企業が権利を得ると見込む対価の額及び返金負債の額を見直し，認識した収益の額を変更する（新会計基準87）。

　また，返金負債の決済時に顧客から商品又は製品を回収する権利として認識した資産（返品資産）の額は，当該商品又は製品の従前の帳簿価額から予想される回収費用（当該商品又は製品の価値の潜在的な下落の見積額を含む）を控除し，各決算日に，当該控除した額を見直す（新会計基準88）。

　返品権付販売については，従来の会計処理である，販売時に対価の全額を収益として認識し，過去の返品実績に基づいて返品調整引当金を計上するといった会計処理は認められず，代替的な取扱いも定められていない。

③　法人税法の考え方

(1)　返品調整引当金の廃止

　事業者が当期に売り上げた商品につき，契約に基づき次期以降に買い戻しを行う場合において，返品が予想される商品の利益部分について返品調整引当金として計上する場合がある。2018年度改正前法人税法では，内国法人で出版業等の対象事業（注1）を営むもののうち，常時，その販売する対象事業に係る棚卸資産の大部分につき，販売の際の価額による買戻しに係る特約等（注2）を結んでいるものが，その棚卸資産の特約に基づく買戻しによる損失の見込額として，各事業年終了の時において損金経理により返品調整引当金勘定に繰り入れた金額については，その繰り入れた金額のうち，最近における当該対象事業に係る棚卸資産の当該特約に基づく買戻しの実績を基礎として政令で定めるところにより計算した金額に達するまでの金額は，当該事業年度の所得の金額の計算上，損金の額に算入するとされていた（旧法法53①）。

（注1）　対象事業とは，次の事業をいう（旧法令99）。
　　①　出版業
　　②　出版に係る取次業
　　③　医薬品（医薬部外品を含む），農薬，化粧品，既製服，蓄音機用レコード，磁気音声再生機用レコード又はデジタル式の音声再生機用レコードの製造業
　　④　③の物品の卸売業
（注2）　販売の際の価額による買戻しに係る特約等とは，次の事項を内容とする特約をいう（旧法令100）。

① その内国法人において，販売先からの求めに応じ，その販売した棚卸資産を当初の販売価額によって無条件に買い戻すこと。

② 販売先において，その内国法人から棚卸資産の送付を受けた場合にその注文によるものかどうかを問わずこれを購入すること。

収益認識に関する会計基準の導入により，同会計基準を適用した法人は買戻し特約が付された取引について買戻しによる返金の見込み額を収益の額から控除することとされた。資産の販売等による収益の額は，資産の販売等をした資産の引渡しの時における価額による（法法22の2④）。資産の引渡しの時における価額は，資産の販売等に係る資産の買戻しの事実が生ずる可能性のある場合においても，その可能性がないものとした場合における価額とすることとされた（法法22の2⑤二）。また，返品調整引当金繰入額を損金経理することができなくなること，平成8年の税制調査会法人課税小委員会報告において，「引当金は，具体的に債務が確定していない費用又は損失の見積りであることから，常にその見積りが適正なものであるかどうかが問題となる。公平性，明確性という課税上の要請からは，そうした不確実な費用又は損失の見積り計上は極力抑制すべきである」，「廃止を含め抜本的な見直しを行うことが適当」との指摘がされていることから，2018年度税制改正により，返品調整引当金制度は廃止された。

(2) 経 過 措 置

激変緩和の観点から，次の①の経過措置法人の次の②の経過措置事業年度の所得の金額の計算については，次のとおり経過措置が講じられた（改正法附則25，改正法令附則9，改正法規附則2，連結納税制度は改正法附則32，改正法令附則18，改正法規附則5）。

① 経過措置法人

改正法の施行の際現に対象事業を営む法人（改正法の施行の際現に営まれている対象事業につき2018年4月1日以後に移転を受ける法人を含む。改正法附則25①）。

② 経過措置事業年度，経過措置の内容及び繰入限度額

下記の経過措置事業年度では，改正前の規定を従前どおり適用できることとなるが，繰入限度額は次のように制限が加えられることとなる（改正法附則25①）。

開始事業年度	繰入限度額
平成30年4月1日から2021年3月31日まで	改正前の規定による繰入限度額
2021年4月1日から2022年3月31日まで	改正前の規定による繰入限度額×9／10
2022年4月1日から2023年3月31日まで	改正前の規定による繰入限度額×8／10
2023年4月1日から2024年3月31日まで	改正前の規定による繰入限度額×7／10
2024年4月1日から2025年3月31日まで	改正前の規定による繰入限度額×6／10
2025年4月1日から2026年3月31日まで	改正前の規定による繰入限度額×5／10
2026年4月1日から2027年3月31日まで	改正前の規定による繰入限度額×4／10
2027年4月1日から2028年3月31日まで	改正前の規定による繰入限度額×3／10
2028年4月1日から2029年3月31日まで	改正前の規定による繰入限度額×2／10
2029年4月1日から2030年3月31日まで	改正前の規定による繰入限度額×1／10

《損金算入限度額のイメージ（3月決算保人の例）》

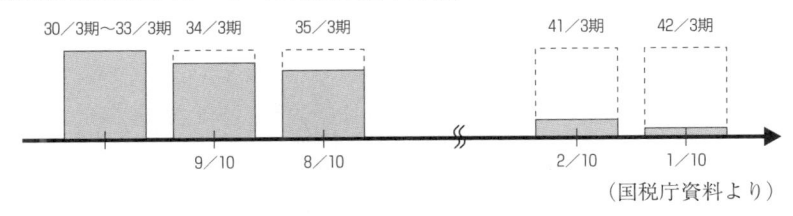

（国税庁資料より）

③　経過措置適用後の最初の事業年度の処置

　法人の2030年4月1日以後最初に開始する事業年度の前事業年度の所得の金額の計算上損金の額に算入された返品調整引当金勘定の金額は，その最初に開始する事業年度において益金の額に算入する（改正法附則25②）。また，適格合併等（適格合併，適格分割又は適格現物出資をいう。以下同じ）に係る合併法人等（合併法人，分割承継法人又は被現物出資法人をいう。以下同じ）の2030年4月1日後に開始する事業年度においてその合併法人等がその適格合併等により引継ぎを受けたこの経

過措置の適用に係る返品調整引当金勘定の金額又は期中返品調整引当金勘定の金額は，その事業年度において益金の額に算入する（改正法附則25③）。

④　経過措置の適用を受けない場合等

2018年4月1日前に対象事業を営んでいた法人で同日の属する事業年度の同日前の期間に対象事業を廃止したことにより経過措置法人に該当しない法人の同日の属する事業年度の前事業年度の所得の金額の計算上損金の額に算入された返品調整引当金勘定の金額は，同日の属する事業年度において益金の額に算入する（改正法附則25④）。また，2018年4月1日の属する事業年度の同日前の期間内に対象事業の移転を受けるとともに返品調整引当金勘定の金額又は期中返品調整引当金でに対象事業を廃止したことにより経過措置法人に該当しない法人のその引継ぎを受けた返品調整引当金勘定の金額又は期中返品調整引当金勘定の金額は，同日の属する事業年度において益金の額に算入することとなる（改正法附則25④，改正法令附則9④）。

(3)　返品債権特別勘定

①　制度の概要

返品調整引当金と似たものに返品債権特別勘定がある。法人税法基本通達9－6－4（返品債権特別勘定）では，出版業を営む法人のうち，常時，その販売する出版業に係る棚卸資産の大部分につき，一定の特約（注）を結んでいるものが，雑誌（週刊誌，旬刊誌，月刊誌等の定期刊行物をいう。以下同じ）の販売に関し，その取次業者又は販売業者（以下これらの者を「販売業者」という）との間に，次のア及びイに掲げる事項を内容とする特約を結んでいる場合には，その販売した事業年度において繰入限度額以下の金額を損金経理により返品債権特別勘定に繰り入れることができるとしている。

ア　各事業年度終了の時においてその販売業者がまだ販売していない雑誌（当該事業年度終了の時の直前の発行日に係るものを除く。以下「店頭売れ残り品」という）に係る売掛金に対応する債務を当該時において免除すること

イ　店頭売れ残り品を当該事業年度終了の時において自己に帰属させること

　（注）　一定の特約とは，次に掲げる事項を内容とする特約である。

　（i）　販売先からの求めに応じ，その販売した棚卸資産を当初の販売価額によって無条件に買い戻すこと

　（ii）　販売先において，当該法人から棚卸資産の送付を受けた場合にその注文によるものかどうかを問わずこれを購入すること

返品債権特別勘定の基本的考え方は，週刊誌などの定期刊行物は，次号が刊行さ

れた時点で陳腐化し，出版社に返品されると廃棄処分の対象となるため，期末時点で店頭にあり，その後返品される商品はスクラップ評価が妥当であるとの実態により，売掛債権を評価減するという意味合いのものである。

　新会計基準では，両者共に返金負債で対応するようだが，法人税法では返品調整引当金は廃止され，返品債権特別勘定の規定は残ることとなる。

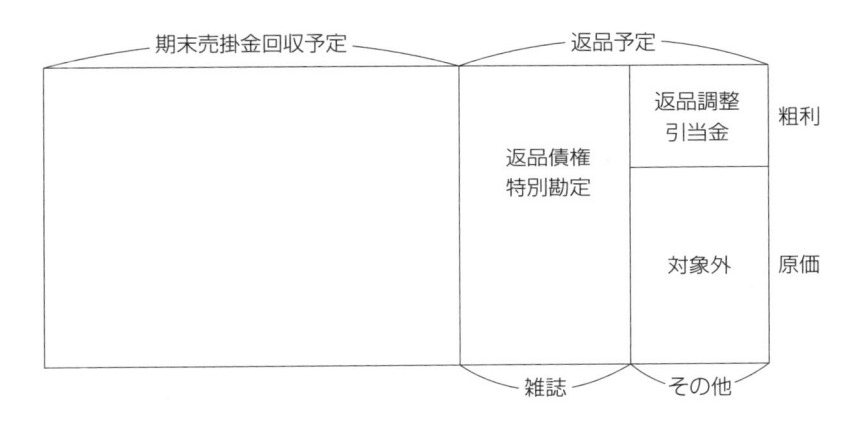

②　繰入限度額

　返品債権特別勘定の繰入限度額は，次に掲げるいずれかの金額である（法基通9－6－5）。

> ア　当該事業年度終了の時における雑誌の販売に係る売掛金（当該事業年度終了の時の直前の発行日に係るものを除く）の帳簿価額の合計額に当該雑誌の返品率(注)を乗じて計算した金額から店頭売れ残り品の当該事業年度終了の時における価額に相当する金額を控除した金額
> イ　当該事業年度終了の日以前2月間における雑誌の販売の対価の額（当該事業年度終了の時の直前の発行日に係るものを除く）の合計額に当該雑誌の返品率(注)を乗じて計算した金額から店頭売れ残り品の当該事業年度終了の時における価額に相当する金額を控除した金額
> 　（注）　返品率とは，買戻事業年度（当該事業年度及び当該事業年度開始の前1年以内に開始した各事業年度をいう）における次の(i)に掲げる金額のうちに次の(ii)に掲げる金額の占める割合をいう。
> 　　(i)　当該雑誌の販売対価の額の合計額
> 　　(ii)　上記①(注)に規定する特約に基づく当該雑誌の買戻しに係る対価の額の合計額

(4)　消費税との関係

　新会計基準では，売上の額は，返品が見込まれる額として認識した返品負債を控

除した額となる。一方，法人税では，買戻しの事実が生じる可能性がある場合においても，その可能性がないものとした場合における価額を収益の額として認識する（法法2の2⑤二）。消費税においては，対価として収受し，又は収受すべき一切の金銭等の額とされており（消法28），法人税法と消費税は同様の処理になるものと考えられる。したがって，企業会計において新会計基準を適用する場合には，法人税及び消費税の計算において一定の調整が必要となる。

④ 具体的処理

設例の会社については，返品見込額について，返金負債を計上するか，返品債権特別勘定への繰入として処理することとなる。

返品債権特別勘定の計算に用いられた雑誌部分については，返金負債として二重に控除することは適切でないと思われる。

⑤ 裁判例・裁決例

返品権付販売に関して，納税者の取引形態は，納税者が主張する委託販売ではなく買戻条件付販売と認められるから，取引先への納入済み商品について計算書未着分についても，期末売掛金としてその事業年度の売上金額に加算するのが相当であり，これに伴い，前事業年度末の売掛金を認定し，売上金額から控除すべきであるとした裁決例がある（平5.10.29裁決・裁事46－124・J46－3－11）。

納税者は，出版業を営む同族会社であるが，平成元年2月1日から平成2年1月31日までの事業年度（以下「本件事業年度」という）について，所得金額を零円とした法人税の青色の確定申告書（以下「本件確定申告書」という）を提出し，その後，所得金額を9,740,099円，課税留保金額を零円，納付すべき税額を3,045,100円と記載した修正申告書（以下「本件修正申告書」という）を平成2年11月30日に提出した。これに対し，原処分庁は，平成2年12月25日付で所得金額を18,066,268円，課税留保金額を2,451,000円及び納付すべき税額を6,787,100円とする更正処分並びにこれに係る過少申告加算税の額を561,000円とする賦課決定処分をしたため，納税者は，これらの処分を不服として審査請求をした。

納税者は，本件商品の取引について，当初から委託販売として継続的に会計処理をしており，原処分庁が認定している買戻し条件付売買による売上計上基準は採用

していないので，委託販売による計算書未着分は，売上げに計上する必要がないと主張した。また，本件修正申告書では，本件事業年度末の棚卸高として計上すべきであった委託販売先の取次店へ積送した本件商品の期末在庫分を所得金額に加算したものであるとした。

これに対し審判所は，出版業において，通常，委託取引と呼ばれる取引は，出版社が取次店に対して見込み数量による出版物を送付し，取次店は自己の都合により，何割かの代金を支払い，その後，逐次売却した代金の支払とともに売れ残り品を返品することにより，それに相当する金額を買掛金（出版社の売掛金）から差し引くという特約のある売買取引であり，出版物という商品の特殊性から返品の条件がついているものの，その本質は，一般の棚卸資産の販売と異なるところはないと認められ，売主からみれば買戻し条件付きの売買，買主からみれば返本特約付きの売買であるといえるとした。

そして，納税者がＡ販売と締結した取引約定書及びＢ販売と締結した約定書には，それぞれ返品についての特約は明記されているが，委託販売に関する項目は記載されていないこと，納税者とＡ販売及びＢ販売以外の売上先との間で作成された約定書等はないが，納税者とこれら売上先との取引は，出版業において，通常，委託取引と呼ばれる取引と異なるところは認められないこと，Ａ販売の仕入管理課員○○及びＢ販売の書籍仕入課長××は，当審判所に対して，納税者との取引は，返本特約付きの売買である旨申述しており，両社が納税者との取引を返本特約付きの売買（納税者からみれば買戻し条件付きの売買）であると認識していること，また，両社以外の本件売上先との取引も，出版業界において，通常，委託取引と呼ばれている取引と異なるところは認められないことから，納税者と売上先との間における本件商品に係る取引は，買戻し条件付きの売買とみるのが相当であるとし，したがって，納税者の本件商品に係る売買取引を，買戻し条件付きの売買であると認定し，本件商品の売上げを本件商品の引渡しのあった日の属する事業年度の益金の額に算入することとした原処分の判断に誤りはないとした。

さらに，委託販売に基づく経理であるならば，本件確定申告書及びこれに添付された決算書に原処分庁が認定した期末売掛金の原価に相当する期末棚卸高の計上がなされてしかるべきところ，これがないこと，同様に，委託販売に基づく経理であるならば，受託者が販売をした日又は受託者からの計算書が到達した時点で収益を

計上すべきところ，納税者は，売上代金が入金された時点をもって収益を計上していること等から，納税者と本件取引先との取引が，委託販売による経理処理によっていたとは認められないとした。

　これにより，審判所が実際の所得金額を計算すると，本件事業年度の売上金額を認定する場合，本件事業年度中の入金額に本件事業年度末の売掛金の額を加算した金額から前事業年度末の売掛金の額を控除すべきであるので，結果的に本件事業年度における納税者の所得金額は零円となり，本件修正申告に係る所得金額に満たないとして，本件更正処分の全部を取り消した。

4　売上リベート（変動リベート）

1　事　　例

　当社は家電製品を販売し，家電量販店Ａに卸している。この販売高が100ユニットに達するたびに，当社はリベートとして５％支払うが，１年間の販売高が累積1,000ユニットに達したときは，更に全体の５％を上乗せしてリベートを支払うこととしている。

2　対応する新会計基準

　リベートは，謝礼名目で授受される金銭であり，例えば，事前の取り決めを上回る売上実績に対する報奨金であるインセンティブ，一定以上の多量な取引であらかじめ取り決めた額や率を支払金額から減ずるバリューディスカウント，商品を購入時に購入代金の一部が払い戻しされるキャッシュバックなどがあり，会計上，売上割戻し又は仕入割戻しに該当する。

　設例の売上リベートと変動リベートについて，変動対価を含む取引価格で取引価格を見積もるべきかについて検討する。

　①　変動対価の識別

　　売上高に応じて変動するリベートであり，変動対価を含むといえる。

　②　変動対価の適切な見積り

　　対価の額を適切に予測できる方法を選択する。

③　変動対価の見積りの制限

　変動対価の額に関する不確実性が事後的に解消される際に，解消される時点までに計上された収益の著しい減額が発生する可能性があるかどうかを検討する。収益が減額される確率及び減額の程度が高いと判断される場合には，これらを勘案して取引価格額を算定する。具体的には，販売ユニット数，１年間の販売高が累積1,000ユニットに達成する確率を見積る。市場の動向に過去の実績，現在の進捗度合などを勘案する。

③　法人税法の考え方

　税法では，リベートは，取引に際して，相手先に契約外で利益を供与するものである賄賂等，不正利益供与の側面から取り上げられることも多い。

　法人税基本通達２－１－１の12（売上割戻しの計上時期）では，販売した棚卸資産に係る売上割戻しについて変動対価の取扱いを適用しない場合には，その売上割戻しの金額をその通知又は支払をした日の属する事業年度の収益の額から減額するとしている。つまり，リベートについても，前問の変動対価の３要件をすべて満たすときは，前問で算定される変動対価につき引渡し等事業年度の確定した決算において収益の額を減額し，又は増額して経理した金額は，引渡し等事業年度の引渡し時の価額等の算定に反映することとなり，変動対価の取扱いをしないときは，通知又は支払をした日又は収受した日の属する事業年度の収益の額から減額又は増額することとなる（法基通２－１－１の11）。

　インセンティブ，バリューディスカウント，キャッシュバックについては，取引当事者間で明確な基準が設けられていることも多く，変動対価の取扱いの対象となることも多い。

　一方で，リベートは取引関係の維持のために使われることから，支払が留保される例もあり，その場合は，これを現実に支払った日や実質的に相手方にその利益を享受させることとした日のいずれか早い日の属する事業年度の売上割戻しとして取り扱われる（法基通２－１－１の13）。一定の事由が生じたときには，支払った者に返還することを条件にリベートが支払われる場合，例えば，３年間の専属販売契約に違反した場合は返還するという条件付で支払われるリベートについても，実際の受取時に収益計上することとなり，返還義務が解除される日，支払基準日から３

年を経過するごとに収益計上するような処理は認められない。

　キャッシュバックのように相手方に対価が支払われることが条件となっている場合には，支払側は，その支払う対価に関連する資産の販売等に係る法人税法22条の2第1項《収益の額》に規定する日又は同条2項に規定する近接する日とその対価を支払う日又はその支払を約する日のいずれか遅い日の属する事業年度においてその対価の額に相当する金額をその事業年度の収益の額から減額することとなる。

　リベートのもう1つの側面である賄賂等であるが，これについて，支払側では交際費等に該当するが，費途不明の交際費等となる場合も多く，損金の額に算入しない（法基通9－7－20）。その場合は，当然のことながら，変動対価の取扱いもないこととなる（法基通2－1－1の11括弧書き）。

④　具体的処理

　設例の会社について，リベートの発生条件に従って，返金負債を見積り計上することとなるが，販売高の達成基準の到達するかどうかは，過去の実績等により合理的に見積もることとなる。上乗せリベートについて，景気動向などの変動要素が大きく，見積り誤りの額が少なくないと思われるならば，それについては，あえて返金負債を計上しないこととする。

⑤　裁判例・裁決例

　上乗せリベートの計上時期に関し，仕入先からの特別リベートは，通知日に益金に算入するとした裁決例がある（平13.7.9裁決・裁事62－199・J62－3－16）。

　土木建築業等を営む納税者は，平成12年8月まで，Ｆ社から生コンを仕入れており，その仕入れに係る単価調整のための割戻しとして，すべての仕入先を対象とする仕入割戻金（通常リベート）及び大口取引先等の特定の仕入先を対象とする仕入割戻金（特別リベート）を受け取り，雑収入として経理処理していた。

　納税者は，Ｆ社が平成9年12月27日に持参した現金6,000,0000円を受け取り，当該現金を原処分に係る調査の担当職員が確認するまで，納税者の事務所内の金庫に保管していた。納税者は，この現金は納税者が，Ｆ社と仕入割戻金の算定基準について協議中に一方的に持参したものであり，仕入割戻金に該当するが，その時点では預り金であると主張した。

審判所は，本件特別リベートは，予め契約により定まっているものではないところ，Ｆ社は，納税者に対して過去の取引に係る特別リベートの精算であることを納税者の代表者に告げた上で現金を手渡したものであるので，Ｆ社からの通知により納税者が認識した日の属する事業年度の益金に計上するのが相当であるとした。

5　値　増　金

① 事　　例

　当社は工事の下請け業者である。元請けとの契約では，資材高騰の際には，請負金額を増額する特約が付されている。

② 対応する新会計基準

　値増金とは，請け負った工事について，資材の値上がり等に応じて請負代金を増額する場合の増額分をいう。値増金は，中小の請負業者は内部留保等も少なく，環境の変化に対応できないことから，原材料の高騰などのリスクについて，元請け側が負担してあげようというものであり，その意味合いにおいて，リベート等と異なる。値増金はこのような性格のものであるから，引渡し時等にその支払が確定しているものとは考え難い。

　設例の値増金について，変動対価を含む取引価格で取引価格を見積もるべきかについて，検討する。

　　① 変動対価の識別

　　　資材の値上がり等に応じて請負代金を増加するものであり，変動対価といえる。

　　② 変動対価適切な見積り

　　　対価の額を適切に予測できる方法を選択する。

　　③ 変動対価の見積りの制限

　　　変動対価の額に関する不確実性が事後的に解消される際に，解消される時点までに計上された収益の著しい減額が発生する可能性があるか否かを検討する。収益が減額される確率及び減額の程度が高いと判断される場合には，これらを勘案して取引価格を算定する。

③ 法人税法の考え方

　法人税基本通達2－1－1の15（値増金の益金算入の時期）では，法人が請け負った建設工事等に係る工事代金につき資材の値上がり等に応じて一定の値増金を収入することが契約において定められている場合において，値増金の益金算入時期について次のように定めている。

区　　　　分	収 益 認 識 時 期
(1)　建設工事等が法人税基本通達2－1－21の2に規定する履行義務が一定の期間にわたり充足されるものに該当する場合（2－1－21の7本文の取扱い（引渡等基準）を適用する場合を除く）	値増金を収入することが確定した日の属する事業年度以後は，進捗度に応じた収益の額の算定に反映する。
(2)　(1)の場合以外の場合	その建設工事等の引渡しの日の属する事業年度の益金の額に算入する。
(3)　その建設工事等の引渡しの日後において相手方との協議によりその収入すべき金額が確定する値増金	その収入すべき金額が確定した日の属する事業年度の収益の額を増額する。　値増金が資材調達コストに見合うものとして支払われる場合については，Ⅱ4「工事代金が未確定の場合」を参照されたし。

　(1)は，新会計基準を適用し，一定の期間にわたり充足される履行義務に該当する場合には，契約により値増金を収入することが確定した日以後は，提供する役務につき通常得べき対価の額に確定した値増金の額を加えた額とすることとしている。

　(2)は，新会計基準を適用しない場合において，契約で収入すべき値増金の額の具体的な算定方法が定められているときは，その建設工事等の引渡しの段階で既に契約に基づき収受すべき値増金の額が計算可能となるため，建設工事等の引渡しの日の属する事業年度の益金とすることとしている。

　(3)は，契約で収入すべき値増金の額の具体的な算定方法が定められていないときは，相手方との交渉の結果その額が確定することになり，その収入すべき金額が確定した日の属する事業年度の益金とすることとしている。

④ 具体的処理

　設例の契約では，事前に資材の高騰を見越して，増額金を見積もることは困難である。したがって，実際に増額金の支払が決定した事業年度の収益として，計上す

ることとなる。

5 裁判例・裁決例

原石運搬工事の損益計上時期は単位当たりの作業量の検収すなわち役務の提供の完了の時であるとした裁決例があるが，この費用は値増金に係るものであり，その収益計上時期についても触れているためここで紹介する（昭56.8.19・裁事22－105・J22－3－02）。

土木工事業を営む同族会社である納税者は，Ａ建設から受注したＣダム原石運搬工事等（以下「本件工事」という）について，を未完成工事として会計処理したところ，原処分庁は，本件工事はその契約代金の請求及び受入方法等から総運搬数量を定めた単価契約に基づくものであり，部分的に完成引渡し済の工事であると認定し，これに係る工事利益に相当する額として，昭和54年12月期に4,249,900円，昭和55年12月期に17,496,871円を益金の額に加算して更正した。納税者はこれを不服として審査請求に及んだ。

審判所は，次のように認定した。

本件工事についてのＡ建設からの注文件数は，作業単価の上昇に伴う値増金に係るもの及びトラックの常備等の雑工事（一括して１件とみる）を含めて６件から成り，注文金額は，トラックの常備等の雑工事を除いて，ダムコンクリート打設量に対する原石の投入数量を基準としたそれぞれの設計数量を作業量とし，これに数量単価を乗じて算出した金額の100,000円未満の端数金額を切り捨てて算定されており，当初注文金額に上乗せされる値増金は，その発生の都度，１件としての発注形態がとられているものであるが，その発注金額の算定にあたっては，毎年８月１日を基準日として労務及び運搬費等の単価を調査し，協議による値上り相当部分の単価の額に，契約作業量から，日々の検収作業量の累積数量を減算した残作業量を乗じる方法によっている。そして，本件工事遂行において必要とする主な施設等は，すべてＡ建設から無償貸与されており，契約作業量の精算は，実数実測によって行われる。以上認定事実によれば，本件工事の性格及び内容は運搬及びこれに付随する諸作業を契約作業量に見合うだけ反復継続的に提供するというものである。

そして，物の引渡しを要しない請負による損益は，原則的には役務の提供が終わった時期をもって計上の時期であると解されるところ，本件工事の性格等に照ら

しこれを考察すると，単位当りの作業量の検収がすなわち役務の提供の完了を意味するものであり，これをもって損益計上の基準とすべきものである。なお，契約による本件請負金額及びこれに見合う作業量の定めは，何らこの損益計上の基準に影響を及ぼすものではなく，約定により，役務の提供が反復されることを意味するにすぎない。

したがって，日々の作業量の検収を基準に，部分，区分的に役務の提供が完了するものであるとした原処分は相当である。

この裁決例は，上記3(3)により，値増金の収益計上時期を認定したものとなる。

IX その他の収益

1 利子収入

1 事　　例

当社は事務機器のリース販売を行っている。子会社に対し資金貸付をしており，毎月末日（休日の場合は翌営業日）に利息の支払を受けている。

2 対応する新会計基準

利子収入は，企業会計基準10号「金融商品に関する会計基準」の範囲に含まれる金融商品に係る取引であり，新会計基準は適用されない（新会計基準3，103）。

3 法人税法の考え方

(1) 一般事業法人の貸付金利子等の帰属時期（法基通2－1－24）

貸付金，預金，貯金又は有価証券から生ずる利子の額は，発生主義の原則に従い，その利子の計算期間の経過に応じその事業年度に係る金額をその事業年度の益金の額に算入することを原則とする。ただし，主として金融及び保険業を営む法人以外の一般事業法人については，その有する貸付金等（金融及び保険業に係るものを除

く）から生ずる利子でその支払期日が１年以内の一定の期間ごとに到来するものの額につき，継続してその支払期日の属する事業年度の益金の額に算入することが認められている。

この場合においても，例えば借入金とその運用資産としての貸付金，預金，貯金又は有価証券が紐付きの見合関係にある場合のように，その借入金に係る支払利子の額と運用資産から生ずる利子の額を対応させて計上すべき場合には，その運用資産から生ずる利子の額については，利払期基準によることはできず，発生基準により収益計上することとなる。

なお，金融商品会計（金融商品会計実務指針130）に従って，売上債権等に含まれる金利部分について，その債権を取得したときにその現在価値で計上し，決済期日までの期間にわたって償却原価法（利息法又は定額法）により各期の損益に配分している場合であっても，その金利要素に相当する部分の金額は，金銭の貸付けに準じた取引等が含まれるとして一定の要件を満たすとき（法基通２－１－１の８・２－１－１の９）を除き，その債権の発生のもととなる資産の販売等に係る売上げの額等に含まれることになる。

⑵　現実に利子を回収することがきわめて困難な場合の貸付金利子等の帰属時期の特例

現実に貸付金から生ずる利子を回収することが極めて困難な場合に，その利子について，利払期基準や発生基準により計上することは，現実に則さない。したがって，法人の有する貸付金又はその貸付金に係る債務者について，一定の事実が生じた場合には，その利息の額（実際に支払を受けた金額を除く）のうち，その事業年度に係るものは，益金の額に算入しないことができる（法基通２－１－25）。この取扱いにより益金の額に算入しなかった利子の額については，実際に支払を受けた日の属する事業年度の益金の額に算入することとなる。また，法人の有する債券又は債券の発行者に同様の事実が生じた場合にも，その債券に係る利子を益金の額に算入しないことができる。

このようなケースに該当する場合は，元本自体が不良債権化しているのであるから，個別評価貸倒引当金の設定や貸倒処理を検討すべきということになる。

4 具体的処理

設例の会社について，休日等の関係で期末日に利息の支払を受けていない場合も，未収収益としてその月の利息を計上する必要がある。

5 裁判例・裁決例

(1) 一般法人の例（代表者に対するもの）

納税者A社の前代表者甲に対して貸付金債権を有していたA社が，甲が債務超過に陥ったとして，上記貸付金債権の未収利息を益金に算入せず，各事業年度の法人税の確定申告を行ったことに対し，原処分庁が未収利息の計上漏れを前提として更正処分等をしたため，その取消しを求めた裁判例がある（鹿児島地判平19.11.27・Z257−10831）。

A社の前代表者甲に対する20数億円の貸付金について，処分行政庁は，未収利息を各事業年度の益金の額に加算して，更正処分を行った。A社は，本件貸付けに関して，返済期日や利率等を当初から何ら定めておらず，人的及び物的担保のいずれも徴していなかった。

裁判では，①甲は債務超過といえども，A社の75％超の株式を保有する株主であり，本件貸付金は，独立対等の当事者間における合理性ある貸付けと評価できないこと，②甲は当時A社代表取締役としての収入を得ており，退職金を得られる可能性があったことに加え，一部ではあるが本件貸付金の返済を行い，別件の金融機関に対する借入金については継続的に返済をしていたことにより，甲の支払能力が客観的に欠如していたものとは認められないことから，債務者の支払能力が欠如し，客観的にやむを得ない事情があり，それが一般的かつ長期にわたって継続している状態とはいえず，未収利息を益金計上する経済的実質を欠く場合にはあたらないと指摘した。その上で，甲の有する有価証券の価値及び処分可能性如何にかかわらず，一般に公正妥当と認められる会計処理の基準（法法22④）に従えば，原則どおり，発生主義の観点から，本件貸付金に係る未収利息も益金として算入すべきであるといわざるを得ないとした。

(2) 金融業を営む法人の例

上述の法人税基本通達2−1−24では，主として金融及び保険業を営む法人以外の一般事業法人については，その有する貸付金等から生ずる利子でその支払期日が

1年以内の一定の期間ごとに到来するものの額につき，継続してその支払期日の属する事業年度の益金の額に算入することが認められているとある。そこで，納税者の預金利子の収益計上時期について，発生日基準と利払い日基準のいずれを適用すべきかが争いとなった裁決例がある（昭60.3.29・裁事29-64・J29-2-02）。

納税者は，主として割賦購入斡旋業及び債権買取業を営む法人である。納税者の銀行預金から生ずる利払期が到来していない利子の収益計上の時期について，原処分庁の間で争いが生じた。

納税者は，割賦購入斡旋業及び債権買取業は日本標準産業分類上は金融及び保険業に分類されるとしても，法人税法施行令97条1項3号（筆者注：貸倒引当金繰入率の規定，現法令では廃止）に規定する金融及び保険業から同項4号に規定する割賦購入斡旋業を除く旨の規定がないことは，同法上，同事業が金融及び保険業に該当しないことを規定しているものであるので，法人税基本通達2-1-24の適用上も金融業に該当せず，預金利子の収益計上基準はいわゆる利払期基準によるべきであると主張した。

審判所は，納税者の営む事業収入の50％超は，利子相当額の収入であり，実質的に金融業に該当するものであるから，一般に公正妥当と認められる会計処理の基準により，当該預金利子はその計算期間の経過に応じた，いわゆる発生主義により計算される額を当該事業年度の益金の額に算入すべきであるとし，法人税法施行令97条の規定は，貸倒引当金の繰入額についてだけの別段の定めであって，一般に適用される事業区分に関する定めであると解することはできないとして納税者の主張を退けた。

2　受取配当金

1　事　　例

当社は子会社から配当を受けることとなった。当期の末日は8月31日，子会社の配当支払日は9月10日，配当決議の株主総会は8月20日に開催された。

2　対応する新会計基準

受取配当金は，企業会計基準10号「金融商品に関する会計基準」の範囲に含まれ

る金融商品に係る取引であり，新会計基準は適用されない（新会計基準3，103）。

③ 法人税法の考え方

(1) 剰余金の配当等の帰属の時期

法人が他の法人から受ける剰余金の配当，利益の配当，剰余金の分配，特定目的会社に係る中間配当又は投資信託（剰余金の配当等）の額は，会社法の規定による配当の効力発生の日その他配当等の額の確定日の収益として計上する（法基通2－1－27）。

例えば，会社法454条1項では，株式会社は，剰余金の配当をしようとするときは，そのつど，株主総会の決議によって，次に掲げる事項を定めなければならないとし，3号において「当該剰余金の配当がその効力を生ずる日」とあるため，株主総会の決議により定められた配当効力発生日が収益計上日となる。また，持分会社については，会社法621条2項において「持分会社は，利益の配当を請求する方法その他の利益の配当に関する事項を定款で定めることができる」とあるため，定款で定めた日がある場合にはその日の収益として計上する。

また，みなし配当についても，会社法上の効力発生の日の規定に従い，収益計上日を考えることとなり，その日は法人税基本通達1－2－4（解散，継続，合併又は分割の日），1－4－1（組織再編成の日），2－1－22（有価証券の譲渡による損益の計上時期）で定める日と一致することになる。

ただし，その剰余金の配当等の額が外国法人から受けるものである場合において，その外国法人の本店又は主たる事務所の所在する国又は地域の剰余金の配当等に関する法令にその確定の時期につきこれと異なる定めがあるときは，その法令に定めるところにより剰余金の配当等の額が確定したとされる日の属する事業年度の収益とする。

(2) 剰余金の配当等の帰属時期の特例

法人が他の法人から受ける剰余金の配当等の額については，株主の社債権者化的傾向や，株主総会の実態等を鑑みた場合，厳格な配当確定基準のみしか認めないことは現状に則さないと考えられる。そこで，その支払のために通常要する期間内に支払を受けるものについて，継続してその支払を受けた日の属する事業年度の収益としている場合には，その計算は認められるとされている（法基通2－1－28）。

これは，タイムラグがわずかな場合における特例であるため，関係会社間で配当の支払日を恣意的に延ばすことにより収益計上時期を調整するような場合には，この特例の適用はない。

④ 具体的処理

設例の会社は当期の決算において未収金として受取配当を計上することとなる。その際，その配当につき納付すべき所得税の額は，所得税額控除の対象とすることができる（法基通16-2-2）。

⑤ 裁判例・裁決例

配当の支払側の事例であるが，配当の支払時期に関連し，納税者が組合員に支払った仮払金は，後の通常総会において配当金の一部に充当することが正式に承認されたと認められるから，仮払金を支払った日が配当金を支払った日であるとして不納付加算税を賦課した原処分を全部取り消した裁決例がある（平17.3.9裁決・名裁(諸)平16-69・F0-2-266）。

森林組合である納税者は，組合員の大半が■■である■■の改修費用に充てることができるよう平成14年10月10日に組合員全員に対し支払った仮払金を，通常総会において承認された配当金の一部に会計上振替処理した上で，当該配当金に係る所得税法181条《源泉徴収義務》1項に規定する源泉徴収所得税を平成15年5月23日に納付したところ，原処分庁は，当該仮払金は当該配当金の手取額を組合員全員に支払ったものであり，平成14年10月10日に源泉所得税を徴収する義務が発生するので，納税者が平成15年5月13日に納付した源泉所得税は，法定納期限後に告知を予知せず納付されたものにあたるとして，国税通則法67条《不納付加算税》2項に規定する源泉所得説の不納付加算税の賦課決定処分をした。納税者人は，当該配当金に係る源泉徴収義務は，通常総会において当該配当金が承認された日に生ずるとして，異議決定を経た後の原処分の取消しを求めた。

審判所は，納税者は，今回の金員を交付する目的及び配当金を後の通常総会において正式決定することについて，組合員全員の承認を受けた後，これら金員を仮払したと解すべきであり，納税者及び各組合員は，これらの仮払金が一部組合員から要求のあった負担金に充当する金員として立替払されたとの認識を有していたこと

は容易に推認できるだけでなく，納税者は，組合員に承認された目的どおりに仮払金を支払ったとみることが相当であるとした。そうすると，これらの金員は，各配当金からその源泉所得税を控除した手取額を組合員に支払ったものとは認められず，所得税法181条に規定する源泉所得税を徴すべき利益の配当にはあたらないこと，納税者の源泉所得税の徴収義務は，後の通常総会において配当金が承認され，仮払した金員を配当金の一部に充当するとした会計処理が承認された日に発生したと考えられることより，配当金に係る源泉所得税は，法定納期限までに納付されているとした。

3　営業補償料

☐1　事　　例

当社は，来期に出店先のショッピングモールの工事が予定されているため，営業補償金として当期に金銭を受け取った。

☐2　対応する新会計基準

営業補償金は，顧客との契約から生じる収益ではない取引であり，原則として，新会計基準は適用されないものと考えられる（新会計基準7，102）。

ただし，営業補償金という名称であっても，対価との交換であり，企業の通常の営業活動により生じた財又はサービスを得る取引であれば，変動対価（新会計基準50〜55）や契約変更（新会計基準28〜31）として取り扱われる場合もあると考えられる。

☐3　法人税法の考え方

法人が他の者から営業補償金，経費補償金等の名目で支払を受けた金額については，その金額の支払が，たとえ将来の逸失利益又は経費の発生等当該事業年度後の各事業年度において生ずることが見込まれる費用又は損失の補てんに充てることを目的とするものであるとしても，この場合は紐付き関係として益金の計上を繰り延べたりせずに，その支払を受けた日の属する事業年度の益金の額に算入する（法基通2−1−40）。

これは，収益計上基準について法人税法は権利確定基準をとっていることによるものである（法法22③）。

　一方，公共事業の施行に伴う経費補償金若しくは移転補償金，残地保全経費の補償金又は地域外の既存設備の付替え等に要する経費の補償金については，収用等があった日から２年を経過した日の前日まで仮勘定として経理することができる等，その収益の計上時期について特例が認められている（措通64(3)−15，64(3)−16）。

④　具体的処理

　設例の会社が受け取った営業補償金は，来期の収益補填の名目で受け取ったものであるが，当期において支払が確定し，現に返金不要なものとして受け取ったのであるから，当期の収益に計上することとなる。

⑤　裁判例・裁決例

　営業補償料に関しては，法人が支払を受けた貰い切りの営業補償金の収益計上時期について判断した裁判例がある（東京地判昭63.4.28・Z164−6104）。

　納税者は紙製容器製造業を営む有限会社であり，昭和59年４月11日，東京都都市計画事業足立北部舎人町付近土地区画整理事業に関し，東京都から次表の内訳による損失補償金1,354万2,836円（以下「本件損失補償金」という）の交付を受けた。

	項　　　　目	金　　　額
1	営業補償金	776万604円
2	工作物取り壊し費用	403万8,269円
3	動産移転料	40万5,500円
4	移転雑費	19万8,214円
5	仮倉庫借入費用	92万6,683円
6	仮駐車場借入費	21万3,566円
	合　　　計	1,354万2,836円

　本件損失補償金のうち営業補償金（以下「本件営業補償金」という）は，納税者が東京都足立区舎人町所在の建物から立ち退くことに伴う納税者の営業損失に対する補償金であり，後日，納税者が立退きによって現実に被った営業損失の実際額と精算して差益額が生じたとしてその返還を要しない一方，右実際額に対して不足が

生じたとしても追加交付を受けられない，いわゆる貰い切りのものとして，納税者に交付されたものである。納税者は，昭和59年7月期（以下「本件事業年度」という）の決算において，本件営業補償金のうち対価補償金への流用が認められている72万4,731円を控除した金額703万5,873円（以下「本件補償金」という）につき，これを仮受金とする経理処理を行い，その後右仮受金について，昭和60年7月期の益金に算入する経理処理を行った。この処理が問題となった。

　裁判所は，本件営業補償金は，納税者が仮営業地から仮換地に移転するについて，建物解体日数12日，基礎工期日数16日，建物建築工期日91日，移転準備日数15日，以上合計134日を営業損失補償の対象となる日数として算出されたものであること，しかし，右の日数は，本件営業補償金を積算するためだけの日数であって，実際に納税者が移転する場合の仮換地上の建物建設工事等に要する実日数や移転営業活動を再開して事業が軌道に乗るまでの間の実日数を検討の上出された日数ではないこと，本件営業補償金は，立退承諾書に基づき，納税者の請求によることを契機として一括して支払われたものであるが，納税者が実際の移転に要した期間又は負担した営業損失との関係で後に精算がされることは予定されていないいわゆる貰い切りのものであることが認められるとした。

　そして，納税者が支払を受けた貰い切りの本件営業補償金は，特段の事情の認められない限り，その受領の日時において納税者の収入として確定しているから，その受領日の属する本件事業年度の益金の額に算入されるべきものであるとし，また，租税特別措置法通達64(3)－16（収益補償金の仮勘定経理等の特例）の趣旨は，収用等をされた土地建物につき現に交付されたいわゆる収益補償金について，それが貰い切りの場合には，交付を受けた日に益金が発生するとの原則に立ちつつも，立ち退くべき日として定められている日が交付を受けた日の後に到来するときは，右補償金の交付を受けた日を基準に納税しなければならないとすることは必ずしも実情に沿わない面もあることに鑑み，仮受経理を前提として，立ち退くべき日として定められている日（その日前に立ち退いたときは，その立ち退いた日）を基準に納税することを認めようとするものであるから，同通達によっても，益金の繰延べが認められるのは，立ち退くべき日として定められている日（その日前に立ち退いたときは，その立ち退いた日）までであって，同通達の「立ち退くべき日として定められている日」を，一般に現実に「立ち退いた日」と解する余地はなく，また収益補

償金の積算基礎のとおりに益金の繰延べ措置を認めているわけではないとして，本件補償金を昭和59年7月期の雑収入として収益計上すべきとした。

4　盗難保険金

① 事　例
当社は12月決算会社である。暮れも押し迫った12月27日に会社の駐車場においていた社用車を盗まれてしまった。警察に盗難届を提出し，保険会社にも請求を出したが，保険金の支払決定は翌年1月10日であった。

② 対応する新会計基準
盗難保険金は，保険法（平成20年法律第56号）における定義を満たす保険契約であり，新会計基準は適用されない（新会計基準3）。

③ 法人税法の考え方
法人税基本通達2－1－43（損害賠償金等の帰属の時期）では，他の者から支払を受ける損害賠償金（債務の履行遅滞による損害金を含む。以下2－1－43において同じ）の額は，その支払を受けるべきことが確定した日の属する事業年度の益金の額に算入するのであるが，法人がその損害賠償金の額について実際に支払を受けた日の属する事業年度の益金の額に算入している場合には，これを認めるとしており，注書きにおいて，当該損害賠償金の請求の基因となった損害に係る損失の額は，保険金又は共済金により補填される部分の金額を除き，その損害の発生した日の属する事業年度の損金の額に算入することができるとしている。

上記は，法人が他人の不法行為によって損害を受けた場合の損害賠償請求権の取得と関連して論じられることの多い通達だが，損失を補填するための保険金等の収益認識時期についいても適用される。損害賠償金の収益認識時期については，後で述べるように，①損失確定説，②同時両建説，③異時両建説，④損益個別確定説があるが，盗難保険金についても同様の議論がある。上記通達では，損害賠償請求権とその基因となった損害とを切り離して処理することとしたものであるが，「その支払を受けるべきことが確定した日」が具体的にいつであるかということで，その

収益を認識することとなる。

　盗難保険金についても，車両盗難損失発生時期と切り離して車両保険金収入の帰属時期を考えることとなるが，保険金収入の支払確定の時期は特別の事情がない限り，盗難時であり，外見上，同時両建説を採用した場合と同時期になる。

④　具体的処理

　設例の会社については，当期中に盗難損と保険金収入を計上することとなる。

⑤　裁判例・裁決例

　車両盗難損失と車両保険金収入の帰属時期が争点となった裁判例がある（大阪地判平16.4.20・Z254−9633）。

　納税者（7月決算法人）は，B保険会社との間で所有するメルセデスベンツ（以下「本件車両」という）を被保険自動車とし，契約期間を平成13年8月30日まで，車両保険金額（協定保険価額）950万円とする保険契約を締結していた。納税者は，平成13年7月22日，本件車両が盗難に遭ったため，同年8月29日，Bに対し，本件保険契約に基づき，車両保険金の支払を請求した。Bは，同年8月31日，納税者に対し，969万円（全損盗難950万円，臨時費用10万円及び盗難代車費用9万円）の保険金を支払う旨の通知をし，同年9月4日までに上記保険金を納税者口座に振込送金した。納税者は，本件車両の盗難損失937万6,000円を，平成13年7月期の損金に計上し（ただし，Bからの保険金の支払については同期の益金に計上しなかった），同年9月19日，同期の法人税の確定申告をした。なお，納税者は，Bから支払われた保険金969万円を平成14年7月期の益金に計上した。

　原処分庁は，平成14年4月26日，納税者に対し，本件車両の盗難損失は平成13年7月期の損金に含まれず，別途本件車両の減価償却費として損金算入される224万3,208円との差額713万2,792円は損金の額に算入されないとして，本件各処分を行い，これを納税者に通知した。

　裁判所は，法人税に関し収益を計上すべき事業年度については，所得税と同様，収入すべき権利が確定した時の属する事業年度の益金の額に算入すべきものと考えられる（いわゆる権利確定主義。最高裁判所平成5年11月25日第一小法廷判決・民集47巻9号5278頁参照）。そして，権利の確定とは，権利の発生に加え，権利の実

現の可能性が客観的に認識し得る状況になることを意味し，取引の経済的実態から合理的な収益計上基準を是認する余地はあるものの，基本的には，法律上権利の行使が可能となった時点をいうものと解されるとした。

　そして，損失と収益とが同一原因によって生ずるものである場合にも，それぞれ独立して確定すること自体は否定されないとしても，盗難による損害発生を原因とする保険金収入については，その損害発生時に法人は保険金請求権を取得する上，本件のような自動車損害保険契約において，保険金請求権を行使することができるのは保険事故発生の時からであること，保険金支払額は保険契約によって定められていること，真実盗難による損失が発生した場合であれば，保険会社が保険金支払債務を履行しない，又は履行できない可能性はほとんど考えられないことからすると，一般的には，保険金請求権は盗難発生と同時に発生し，権利の実現の可能性が客観的に認識し得る状況になったということができるため，一般的には，保険金請求権は，盗難発生時に直ちに確定したものとして，盗難損失を計上すべき事業年度に同時に益金として計上すべきものであるとした。

　さらに，法人税基本通達２−１−43も，その(注)において，損害に係る損失と損害賠償金収入との対応関係を切断することができるとする一方，その損失が損害保険契約に基づく保険金等によって補てんされることとなっているときは，その補てんされる部分については保険金収入等との対応関係を要求しており，その損失を損害の発生した日の属する事業年度の損金の額に算入するときは，保険金収入の額も同一事業年度に計上して，これを控除することを前提としており，これも，保険金が契約に基づいて給付されるものであって，一般にあらかじめ予想することが可能であるし，支払を受け得ないことの方がむしろ稀であろうということを考慮した取扱いであると考えられるとして，以上より，原則として，損失及び保険金収入は同一事業年度に計上するのが相当であるとした。

　したがって，本件車両の盗難損失及びこれに対する保険金収入は，共に盗難時に確定していたのであるから，その損失及び収益を盗難発生時である平成13年７月22日が属する平成13年７月期に同時に算入すべきであるとした。

5　損害賠償金

1　事　　例

　取締役の背任により当社は損失を被った。取締役は逮捕されたが，この損失は当期の損金に計上できるか。

2　対応する新会計基準

　損害賠償金は，対価と交換に企業の通常の営業活動により生じたアウトプットである財又はサービスを得るためのものでないため，原則として，新会計基準は適用されない（新会計基準7項）。

　ただし，損害賠償金という名称であっても，対価との交換であり，企業の通常の営業活動により生じた財又はサービスを得る取引であれば，変動対価（新会計基準50〜55）や契約変更（28〜31）として取り扱われる場合もあると考えられる。

3　法人税法の考え方

　他人の不法行為により損害を受けた場合の損失の損金算入時期，及び損害賠償請求権の益金算入時期については，損失の確定により計上する損失確定説，損失の損金算入時期と損害賠償請求権の益金算入時期に相互関連をもたせて計上する同時両建説，両者の相互関連性を切り離す異時両建説及び異時両建説と似ているが損害賠償請求権はその確定又は回収した時点で雑益計上すれば足りるとする損益個別確定説が存在する。私法上は，損害の発生と同時に損害賠償請求権を取得するものと解されており，同時両建説の立場にたつ。

　法人税法においては，最高裁昭和43年10月17日判決により，原則として同時両建説を採るものであるとされたが，法人税基本通達2−1−43では，損害賠償金をその支払を受けるべきことが確定した日の属する事業年度の益金の額に算入することを原則としており，損害賠償請求権と切り離して計上することとなる。

　これは，一見混乱しているように見えるが，同通達では「他の者から支払を受ける」という条件が付されており，不法行為をした者が，法人の役員又は使用人等，法人の関係者以外のものである場合は異時両建説をとることができるが，法人の関係者である場合は同時両建説によることになると解されている。

なお，異時両建説が適用される場合であっても，損害賠償金の請求の基因となった損害に係る損失の額からそれを補填する保険金又は共済金収入を除いて，その損害の発生した日の属する事業年度の損金の額に算入することができるとされている（同通達注書き）。

4　具体的処理

　設例の場合，会社が損失を被ったかどうかについても議論はあるかもしれないが，これが発生したと仮定した場合でも，会社は損失と同時に取締役に対する損害賠償請求権を得ることとなる。

5　裁判例・裁決例

(1)　同時両建説をとる裁判例

　同時両建説をとる最高裁昭和43年10月17日判決は次のようなものである（横浜地裁昭40.4.8・Z041-1380，東京高裁昭40.10.13・Z041-1432，最判昭43.10.17・Z053-2283）。

　納税者はプラスチック加工業を営む株式会社である。納税者の会計担当役員甲は納税者よりその業務上保管中の金員をしばしば着服横領し，その額は総計550万円に達していたことが昭和36年3月に至り発覚した。納税者は，本件横領金は各犯罪発生年度においては，いずれもこれを損金して計上したが，原処分庁は各事業年度において同額の債権（損害賠償請求権）が発生しているとしてこれを否認した。

　最高裁は，横領行為によって法人の被った損害が，その法人の資産を減少せしめたものとして，右損害を生じた事業年度における損金を構成することは明らかであり，他面，横領者に対して法人がその被った損害に相当する金額の損害賠償請求権を取得するものである以上それが法人の資産を増加させるものとして，同じ事業年度における益金を構成するものであることも疑いないとして納税者の主張を退けた。

(2)　異時両建説をとる裁判例

　異時両建説をとる東京高裁判決（最高裁にて是認・確定）は次のようなものである（東京地判昭52.3.9・Z091-3952，東京高判昭54.10.30・Z109-4483，最判昭60.3.14・Z144-5490）。

　納税者は，宅地造成分譲等を業とする会社であり，昭和48年4月ごろ，新潟県上

越市所在の合計約66,000㎡の土地（以下「本件土地」という）を購入し，これに宅地造成工事を施して，宅地として販売することを計画し，昭和48年7月31日，売主を国土企業，買手を訴外熊本バスとする本件土地の売買契約を締結し，その際納税者は手付金として40,000,000円を国土企業に対し小切手で支払った。

そして，前記売買契約の特約として，国土企業は，納税者に対し本件土地のうち約19,800㎡の一団の地形を成した土地についてただちに所有権移転登記手続及び引渡しをすることになっていたが，納税者の度重なる要求にもかかわらず，国土企業は，本件土地のうち合計7,212㎡について，昭和48年8月30日及び同年9月27日付で納税者に対する所有権移転登記を経由したのみで，その後は前記売買契約をまったく履行しなかった。そこで納税者は昭和48年11月9日付で国土企業の代表取締役大川満外3名を新潟県上越南署長に詐欺として告訴し，さらに昭和49年2月4日付で国土企業及び大川満外3名を被告とする前記売買契約解除に基づく違約金請求事件（以下「別件民事訴訟」という）を東京地方裁判所に提起した。

納税者は昭和49年3月期の確定申告において，上記詐欺被害金40,000,000円を損金の額に算入したが，原処分庁はこれを否認したため争いとなった。

東京高裁は，詐欺行為による被害の額は，盗難，横領による被害の場合と同じく，財産を不法に領得されたことによる損害として，法人税法22条3項3号にいう損失の額に該当するものと解すべきであり，右不法行為の被害者として法人が損害賠償請求権の行使によって取得すべき金額は，同法同条2項の資本等取引以外のものに係る収益の額に該当するものと解されるところ，法人税法は，期間損益決定のための原則として，発生主義のうち権利確定主義をとり，益金についてはその収益すべき権利の確定の時，損金については履行すべき義務の確定した時を，それぞれの事業年度帰属の基準にしているものと解せられるが，その権利の発生ないし義務の確定については，権利の発生義務の確定が具体的となり，かつ，それが社会通念に照らして明確であるとされれば足り，これをもって十分であると解すべきであるとした。そして，不動産売買に係る詐欺損害につき，売買契約の一部の履行として不動産の引渡しを受けており，後日加害者との間において裁判上の和解が成立し，和解金が支払われることとなったとしても，係争事業年度の当時においては，支払済み代金全額につき詐欺損害が確定しているとして，対応する原処分を取り消した。

6 補助金・助成金

1 事　　例

当社は雇用調整助成金の請求をしているが，まだ支払がされないうちに決算日を迎えた。

2 対応する新会計基準

補助金，助成金は，契約の相手方が，対価と交換に企業の通常の営業活動により生じたアウトプットである財又はサービスを得るために当該企業と契約した当事者である顧客でないため，原則として，新会計基準は適用されない（新会計基3，102）。

ただし，補助金，助成金という名称であっても，対価との交換であり，企業の通常の営業活動により生じた財又はサービスを得る取引であれば，変動対価（新会計基準50〜55）や契約変更（新会計基準28〜31）として取り扱われる場合もあると考えられる。

3 法人税法の考え方

各種法律等の法令の規定等に基づき交付を受ける給付金等の収益計上時期は，その給付金等の性質に従って，次のように分けられる（法基通2−1−42）。

(1) 給付の原因となる事実があった事業年度の益金の額に算入するもの

雇用保険法，雇用対策法，障害者の雇用の促進等に関する法律等の法令の規定等に基づき交付を受ける給付金等については，法人の支出する休業手当，賃金，職業訓練費等の経費を補てんするために支給されるものであり，休業手当等の支出にあたって，あらかじめ給付金の補てんを前提として所定の手続をとり，それに基づいて給付金等が支払われることとなる。したがって，給付の原因となる事実，例えば休業手当等の支出があった事業年度の益金の額に算入しなければならない。

そこで，休業手当等の支出があった事業年度の末日において，その費用を補てんする給付金等の交付を受けるべき金額が具体的に確定していない場合であっても，この金額を見積もって，益金の額に算入することになる。

⑵ 支給決定があった事業年度の益金の額に算入するもの

　法人が定年の延長，高齢者及び身体障害者の雇用等の雇用の改善を図ったこと等により，これらの法令の規定等に基づき交付を受ける奨励金等がある。これらは文字どおり奨励金であり，具体的な経費補てん等の性質はないため，このような奨励金等の額については，その支給決定があった日の属する事業年度の益金の額に算入する。

4 具体的処理

　設例の場合，未収の助成金を決算期において雑収入として未収計上する必要がある。

5 裁判例・裁決例

　助成金の収益計上時期に関し，市から職員に係る退職手当に充てるために交付された助成金の益金性が争点の１つとなった裁判例がある（熊本地判平25.11.22・Z263−12340，福岡高判平26．6．24・Z264−12491）。

　熊本市の受注事業を行う財団法人である納税者が，熊本市から，熊本市外郭団体助成条例に基づいて支給された助成金を益金の額に算入するとともに，納税者の職員の一部に対する退職給付費用のうち収益事業に係る金額を損金の額に算入して申告したところ，原処分庁から，本件費用は債務が確定しているとは認められないなどとして法人税の更正処分等を受けたことから，本件各処分の一部の取消しを求めた事案である。

　判決では，本件退職給付費用は，納税者の職員が本件事業年度末において普通退職するとした場合における退職手当規定に基づき算定した退職手当の額であるところ，退職手当は職員が退職したことを原因として支払われるものであり，また，一般的に職員に実際に支払われる退職手当の具体的な額については，職員が退職した時点において，その適用される退職手当の算定基準に従って，職員の勤務年数，退職時の給与額，退職理由等の諸般の事情に基づき算定されるものであることから，本年事業年度内に納税者がその職員に対して退職金を支払った事実や職員が退職した事実がない本件においては，事業年度の終了の日までに給付をなすべき原因となる事実が発生しておらず，また，当該職員が退職する際に給付すべき退職手当の具

体的な金額を合理的に算定すべき状況にないので，未だその発生及び金額の確実性は不十分であるとし，これらの事情によると，本件費用は，本件事業年度終了の日までに債務の確定しないものであり，法人税法22条3項2号括弧書に該当するので，本件費用の額は，損金の額に算入すべきでないとした。

また，本件助成金はその使途が納税者の職員の退職手当に充てることに限定されて交付されたものであることが認められるが，公益法人会計基準注解（注13）は，その規定上，本文において，「法人が国又は地方公共団体等から補助金等を受け入れた場合，原則として，その受入額を受取補助金等として指定正味財産増減の部に記載」するものとしており，国又は地方公共団体等から公益法人に対して交付された補助金等については，原則として当該公益法人に帰属する財産として処理すべきことを示していること，そして，その但し書きにおいて，「当該補助金等を第三者に交付する義務がある場合」については，例外的に預り補助金等として負債の部に記載することが規定されているが，同但し書きにおいて，上記処理の対象となる場合の例として「当該補助金等が国又は地方公共団体等の補助金等交付業務を実質的に代行する目的で当該法人に一時的に支払われたものである場合」を挙げていることに照らすと，上記預り補助金等とは，当該補助金等が当該法人に交付された後，実質的に当該法人の財産に帰属することのないまま第三者に交付されることが予定されており，当該法人の収益と観念して課税の対象とすることが不相当な場合を想定しているものと考えることが相当であり，本件助成金は，上記のとおり使途が納税者職員退職手当に充てることに限定されているものの，それは本来納税者が自己の財産をもって納税者の職員に対して給付する義務を負っている退職手当の財源とすべきものとして交付されているのであるし，上記のとおり納税者の職員が近い将来に確実に退職する予定があるものではなく，現実に納税者の職員が退職して退職手当が支給されるまでの間は一定の運用をすることも認められているのであるから，交付後実質的に納税者に帰属し，その後納税者職員の退職金という納税者の収益にかかる経費に充てられることを予定しているものであって，上記但し書きが想定している場合に該当しないことから，本件助成金は，公益法人会計基準注解（注13）「補助金等について」但し書き所定の預り補助金等に該当しないとした。したがって，結論として，本件助成金は交付を受けたときの益金の額に算入するとした。

7 長期預託金

① 事　　例

　当社はテニスクラブを経営している。クラブの約款には，会員から入会時に預託金を預かる旨，その預託金は会員が退会時に返却する旨の規定がある。しかし，会員の中にはクラブを利用しないまま10年以上経過した者がいるが，特に退会の申出もないことから，預託金はそのままになっている。

② 対応する新会計基準

　顧客から受け取った対価については，次の(1)又は(2)のいずれかに該当するまで，あるいは，契約の要件（新会計基準19）が事後的に満たされるまで，将来における財又はサービスを移転する義務又は対価を返金する義務として，負債を認識するものとされている（新会計基準25，26）。

(1)　財又はサービスを顧客に移転する残りの義務がなく，約束した対価のほとんどすべてを受け取っており，顧客への返金は不要であること

(2)　契約が解約されており，顧客から受け取った対価の返金は不要であること

　長期預託金は対価を返金する義務として，負債を認識しなければならない。本事例は，預託金は会員が退会時に返却するとされているため，法律上の債務の時効消滅を経なければ，負債として認識し続けることになる。

③ 法人税法の考え方

　法人税基本通達2－1－41（保証金等のうち返還しないものの額の帰属の時期）では，資産の賃貸借契約等に基づいて保証金，敷金等として受け入れた金額（賃貸借の開始当初から返還が不要なものを除く）であっても，期間の経過その他当該賃貸借契約等の終了前における一定の事由の発生により返還しないこととなる部分の金額は，その返還しないこととなった日の属する事業年度の益金の額に算入するのであるから留意するとしている。

　この一定の事由であるが，保証金，敷金等であれば，契約書上，何年経過時に何％償却するとの定めがある場合，その「何年経過時」が一定の事由となる。しかし，そのような明確な定めがない場合に，「一定の事由」が生じたと認定されうる

か疑問が生ずる。

　また，上記括弧書きでは，「賃貸借の開始当初から返還が不要なものを除く。」とあるが，賃貸借の開始当初から返還が不要なものについては，同通達2－1－40の2（返金不要の支払の帰属の時期）に，法人が，資産の販売等に係る取引を開始するに際して，相手方から中途解約のいかんにかかわらず取引の開始当初から返金が不要な支払を受ける場合には，原則としてその取引の開始の日の属する事業年度の益金の額に算入するとある。しかし，停止条件付で返還を認めているものはどのように扱われるか疑問である。

　これらの例として，⑤において裁判例・裁決例にて，2つの裁決例を取り上げる。

④　具体的処理

　改正民法166条項1では，債権は，①権利を行使することができることを知った時から5年間行使しないとき，または，②権利を行使することができる時から10年間行使しないときのいずれか早く到達するときに時効によって消滅するとしている。

　10年以上連絡のない会員については，郵便などにより退会の意思を確認し，退会の意思が確認できた場合，又は，連絡先不明な場合は，預託金を返還するか没収する（収益計上する）かの処理をとることが適当である。

⑤　裁判例・裁決例

(1)　ゴルフクラブ会員権の名義書換料

　ゴルフクラブを経営する納税者が新会員になることを希望する者から受領する「名義書換料」は，会員権の名義変更の日の属する事業年度の益金の額に算入すべきであるとした裁決例である（昭63.11.22裁決・J36－3－01）。

　納税者はゴルフ場を経営する同族会社であるが，そのゴルフクラブのゴルフ会員権の名義変更に当たって，新たに会員になることを希望する者から，従来徴収していた名義書換料に代え，名義変更預り金（以下「本件金員」という）を受領することとし，これを預り金として負債勘定に経理しており，その処理が問題となった。納税者は，本件金員は，納税者と新会員との間で締結された本件ゴルフクラブの入会金の預託契約に基づいて納税者が預かり，5年間据置後に返還する義務のある債務であるから，収益の額に算入すべきものではないと主張する。

審判所は，①本件金員は，新会員が旧会員から本件ゴルフクラブの会員たる地位及び本件ゴルフクラブを利用できる権利である本件会員権を譲り受けるため，本件ゴルフクラブがこれを審査し，かつ，入会を承認するという役務を新会員に提供したことの対価として納税者が受領したものと認められ，その実質は従来の名義書換料と変わらないものであること，また，②会員への返還義務の確定は会員の退会という事実及び返還請求の意思表示を停止条件とするものであるところ，本件会員権は譲渡が可能であり，その取得価額が高額であるところから事実上返還の蓋然性がほとんどないことからすれば，本件金員は，会員権の名義変更の日の属する事業年度において益金の額に算入すべきものと認められるとした。

　この裁決例は，本件金員の実質と返還の蓋然性により，返還可能性を判断したものである。

(2)　農業協同組合の睡眠貯金

　睡眠貯金について返還の可能性を判断した裁決例である（平27.12.1裁決・関裁(法)平27－18・Ｆ0－2－631）。

　農業協同組合である納税者が，長期にわたり異動のない貯金について，何ら処理することなく信用事業負債の貯金勘定としたまま法人税等の申告をした。原処分庁は，残高10,000円以上で，貯金者に送付した郵便物が宛先不明等で返却された貯金口座の残高について，最終取引日から10年を経過した日の6か月後の応当日の属する事業年度の収益に計上すべきであるとして法人税等の更正処分等をした。納税者は，これを不服として審査請求に及んだ。

　審判所は，10年以上にわたって取引がされていない睡眠貯金であるからといっても，納税者が消滅時効を援用しない限り，法的には，睡眠貯金に係る貯金者の払戻請求権はいまだ失われていないこととなるが，一般に最終取引日から10年以上という相当長期にわたって取引が停止されている場合というのは，貯金者がその貯金口座の存在を失念したり，転居して所在不明となったり，貯金者が死亡し，その相続人が貯金口座の存在を知らずに放置している場合などがそのほとんどであると推認できるというべきであるところ，このような場合には，その後に当該睡眠貯金に係る払戻請求権が行使される可能性が相当に低くなったと考えるのが通常であるとし，そうすると，このような貯金契約に係る取引の経済的実態からすると，睡眠貯金は，最終取引日から10年を経過した時点においては，実質的には納税者の管理支配下に

置かれ，納税者の所得として実現したものと認めるのが相当であるとした。

　そして睡眠貯金に係る貯金者に対する通知及び雑益編入処理等の取扱基準を定めた本件睡眠貯金事務手続は，上記の経済的実態を正しく反映したものであるといえることに加え，①口座の残高が10,000円未満の場合，及び②口座の残高が10,000円以上のもののうち，貯金者に郵便物を送る方法で連絡を試みた上で，当該郵便物が返却された場合という払戻請求権の行使可能性が極めて低いといえるものに限定して，利益金として収益に計上する会計処理を行うこととされていることからすれば，農協が貯金契約上，寄託を受けた金銭を貯金者に返還する義務を負っていることを踏まえても，合理的なものというべきであるとした。

　これに対し，納税者は，顧客宛通知書が返却された貯金者について解明調査を行い，行方不明であることや相続人のいないことが明らかになった日の属する事業年度において，その睡眠貯金口座の残高を収益に計上すべきである旨主張するが，納税者が主張するような取扱いは，そもそも納税者自らが定めた睡眠貯金事務手続に明確に反している上，これを採用した場合には，貯金者が行方不明であることや相続人のいないことが明らかであると納税者自身が認めるもの以外は，なお収益として計上することを要しないこととなるが，このような取扱いは，貯金契約に係る取引の経済的実態に照らして合理的とはいえないばかりか，納税者の恣意を許すことにもなりかねないとした。

　以上により，本件睡眠貯金事務手続は，法人税法22条４項に規定する「一般に公正妥当と認められる会計処理の基準」に該当すると認めることができるのに対し，納税者が主張する取扱いは，これに該当しないので，本件においては，睡眠貯金事務手続に従い，各雑益編入予定口座の残高を各事業年度の収益に計上すべきであるとした。

8　土地の譲渡収入

1　事　　例

　当社は保有する土地を譲渡することとなり，当期中に契約を済ませ，来期に引き渡すこととなった。

　譲渡代金は，契約日に10％，引渡日（登記申請に必要な書類を交付する日）に残

額が支払われる。

② 対応する新会計基準

　新会計基準においては，企業の通常の営業活動により生じたアウトプットではない固定資産の売却については，論点が異なり得るため改正の範囲に含められておらず，新会計基準の適用範囲に含まれていない（新会計基準108）。

　また，企業の通常の営業活動により生じたアウトプットとなる不動産の売却は，新会計基準の適用範囲に含まれる。ただし，不動産流動化実務指針の対象となる不動産（不動産信託受益金を含む）の譲渡に係る会計処理は，連結の範囲等の検討と関連するため，新会計基準の適用範囲から除外されている。

③ 法人税法の考え方

　固定資産の譲渡による収益の額は，引渡し基準がとられているが，土地又は土地の上に存する権利についてはその譲渡に関する契約の効力発生の日の属する事業年度の益金の額に算入することができる（法基通2－1－14）。また，土地等について，引渡し基準を採用した場合に，その引渡しの日がいつであるかが明らかでないときは，次に掲げる日のうちいずれか早い日にその引渡しがあったものとすることができる（法基通2－1－14(注)により2－1－2）。

　①　代金の相当部分（おおむね50％以上）を収受するに至った日
　②　所有権移転登記の申請（その登記の申請に必要な書類の相手方への交付を含む）をした日

　一方，農地の譲渡については，譲渡に関する契約が農地法上の許可を受けなければその効力を生じないものであるため，法人がその譲渡による収益の額をその許可のあった日の属する事業年度の益金の額に算入する処理をとることが認められている（法基通2－1－15）。

　ただし，法人が農地法上の許可を受ける前に農地の取得に関する契約上の権利を他に譲渡したときはこの限りではない。

④ 具体的処理

　設例の場合は契約日又は引渡日のうち，法人が選択した日を収益計上日とするこ

とができる。

5 裁判例・裁決例

　農地転用許可を含む大規模開発許可等の取得を停止条件とした土地の譲渡についての引渡し時期が問題となった事例がある（新潟地判平19.10.5・Z257-10796）。

　納税者は茸製品製造販売業等を営む株式会社である。

　納税者は，訴外会社B社との間で，平成13年5月1日，納税者がB社に対し，竜王町の土地を，17億2,250万円（その後18億7,352万7,600円に変更）で売却するとの合意をした（以下「本件売買契約」という）。なお，本件売買契約においては，納税者が各土地の所有者らから各土地を取得してB社に売り渡すこと，各土地の農地転用許可を含む大規模開発許認可等の取得を停止条件とすること，所有権移転登記申請手続きは各土地の所有者から直接Bに行ういわゆる中間省略登記とすることがそれぞれ合意された。

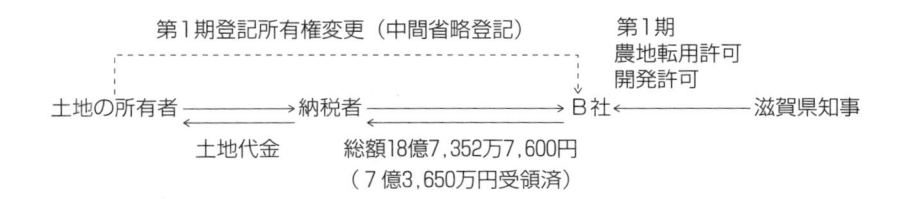

　B社は，滋賀県知事に対し，本件各土地に係る開発事業計画の届出をして開発許可を申請していたが，平成14年9月13日，滋賀県知事に対して，開発事業計画変更届出書を提出し，開発事業計画を第1期及び第2期に分けて，開発許可申請に係る工場用地造成計画の対象を本件各土地の全体から，本件各土地の一部に変更する旨を届け出た。また，本件売買契約において，納税者はB社の滋賀工場建設計画に対する先行資金としてすでに7億3,650万円を受領済みであることを確認し，同受領済みの金額が売買代金に充当されることにつき異議なく確認した。

　納税者は，本件各土地の所有者らとの間で，平成13年5月24日から同年9月22日までの間に，本件各土地につき，農地転用許可を含む大規模開発許認可等の取得を停止条件として本件各土地を買い受け，本件各土地の所有者らに対し，前記の売買契約の際に手付金として代金の一部を支払い，平成15年2月8日，本件各土地の所

有者らに対し，本件各土地の残りの代金を支払った。

　B社は，滋賀県知事に対し，本件各土地に係る開発事業計画の届出をして開発許可を申請していたが，平成14年9月13日，滋賀県知事に対して，開発事業計画変更届出書を提出し，開発事業計画を第1期及び第2期に分けて，開発許可申請に係る工場用地造成計画の対象を本件各土地の全体から，本件各土地の一部に変更する旨を届け出，平成15年1月29日，滋賀県知事から本件第1期分土地に係る農地転用許可及び開発許可を取得し，同月30日から本件第1期分土地の造成工事を開始した。

　B社は，本件第1期分土地の所有者らから，平成15年2月18日又は同月26日に，本件第1期分土地について，売買を原因とする所有権移転登記を受けた。納税者は，B社より，平成13年4月4日から平成15年1月31日までの間に本件売買契約の代金として金員を受け取り，前受金と併せて合計18億4,952万7,600円を売買代金として受領した。

　納税者は，平成15年2月期の確定申告では，B社に対し，工場用地の全部について，開発工事を完了した上，一括して引き渡す旨契約しているから，当該工場用地のうち，第1期計画として先行して開発した土地について引渡しはしていないとして売上に含めず白告をした。原処分庁は第1期分土地の引渡しがあったとして更正処分等をしたため争いとなった。

　判決では，法人税法22条4項は，各事業年度の所得を計算する際の所得となる収益の額及び損金の額に算入すべき金額について，一般に公正妥当と認められる会計処理の基準に従って計算されるものとしているところ，企業会計原則は，第二の三Bにおいて，「売上高は，実現主義の原則に従い，商品等の販売又は役務の給付によって実現したものに限る。」と規定して実現主義を採用しており，法人税基本通達2－1－1は，棚卸資産の販売による収益の額につき，「その引渡しがあった日の属する事業年度の益金の額に算入する」と規定し，これも実現主義を採用していることが明らかであるとし，これらの重要な指標が実現主義の立場を明らかにしていることに加え，法人税法の解釈としても権利確定主義により収益の発生を把握することが妥当と考えられることから，これらの見地に従って，本件の問題となっている収益の計上時期を決するのが法人税法22条4項の解釈に適い，妥当であるとし，不動産の譲渡による収益の額となる売上高については，上記の見地から考えると，当該不動産の引渡しがあった日には，買主は当該不動産の譲渡に係る利益を得るに

至ったとみることができるから，この時点において当該売上高が実現し，当該譲渡に係る権利が確定したものとして扱うのが妥当であり，不動産の引渡しの日の属する事業年度の益金に算入されるべきであるとし，具体的には，契約の内容，代金の支払の状況，現実の占有及び登記の移転等の当該取引に関する諸般の事情を考慮して，当該不動産が移転したとみることができる日を引渡しがあった日として扱うべきであるとした。

　そして，本件につきみるに，まず，本件売買契約は，本件各土地の農地転用許可を含む大規模開発許認可等の取得を停止条件とした売買契約であり，本件第1期分土地については平成15年1月29日に農地転用許可及び開発許可が取得されたことにより，本件売買契約の停止条件は成就され，契約の内容は実現されており，実質的にみても，本件売買契約は，B社の関西事業用地の取得のための契約であり，B社は，文化財の調査期間に数年を要することにより本件各土地を一括した事業の実現が難しいと判断して，開発計画を変更し，本件第1期分土地においてまいたけ生産工場等の建設を早期に実現するために本件第1期分土地を先に取得したことが明らかであり，この点を考慮しても，本件第1期分土地については本件第1期分土地のみで契約の内容が実現されているといえるとした。

　また，本件における代金の支払については，納税者は，本件各土地の所有者らに対して代金を支払うとともに，B社から，受領済みとされた7億3,650万円を含めて，順次支払を受け，平成15年1月31日までに18億4,952万7,600円を売買代金として受領しており，この時点で本件売買契約の最終的な売買代金の98%余りをすでに受領済みであり，開発が先行した本件第1期分土地の代金については代金すべてを受領したものといえるとした。

　これらの本件売買契約にかかる取引の諸般の事情を考慮すると，B社が本件第1期分土地の所有権移転登記を受けた平成15年2月26日の時点において，経済的にみても，本件第1期分土地はBの事業用地の取得という目的が達成されて利益が実現されており，かつ，法的にみても，本件第1期分土地につき，停止条件の成就及び代金の支払により契約上の債務の履行は終了し，Bが土地の占有に加え，登記により所有権の取得を対抗しうる状態となり完全な排他的権利を得たといえ，本件第1期分土地がBに移転したとみることができ，同日に本件第1期分土地の引渡しがあったとして扱うべきであるとした。

第 **4** 章

収益認識会計基準
と消費税の対応

Ⅰ　基本的な考え方

　新会計基準の創設に伴い，法人税についてはこれに対応する形で法人税法や基本通達の改正が行われた。しかし，消費税については，際立った改正はされていない。その背景には，消費税が何を課税の対象とし，何を課税標準としているかということがある。

　消費税の課税の対象は，国内において事業者が行った資産の譲渡等及び特定仕入れである（消法４①）。この資産の譲渡等とは，事業として対価を得て行われる資産の譲渡及び貸付け並びに役務の提供であり，特定仕入れとは，事業者向け電気通信利用役務の提供である（消法２①八・八の二）。そして，この「対価を得て」という要件が外れるのは，次の２つの場合に限られる（消法４⑤）。

(1)　個人事業者が棚卸資産又は棚卸資産以外の資産で事業の用に供していたものを家事のために消費し，又は使用した場合における当該消費又は使用

(2)　法人が資産をその役員（法法２十五に規定する役員をいう）に対して贈与した場合における当該贈与

　また，消費税の課税標準は，課税資産の譲渡等の対価の額であり（消法28①），この「課税資産の譲渡等の対価の額」は，課税資産の譲渡等に係る対価につき，対価として収受し，又は収受すべき一切の金銭又は金銭以外の物若しくは権利その他の経済的利益の額をいい，消費税額等を含まないのであるが，この場合の「収受すべき」とは，別に定めるものを除き，その課税資産の譲渡等を行った場合の当該課税資産等の価額をいうのではなく，その譲渡等に係る当事者間で授受することとした対価の額をいう（消基通10－1－1）。この場合，上記(1)，(2)に対応し，法人が役員に対して著しく低い価額で資産の譲渡若しくは贈与を行った場合又は個人事業者が棚卸資産又は棚卸資産以外の資産で事業の用に供していたものを家事のために消費若しくは使用した場合には，その譲渡等の時におけるその資産の価額により譲渡があったものとされるが（同通達注書き），それ以外の場合の消費税の課税標準は，あくまでも当事者間で合意した対価の額，つまり契約金額なのである。つまり，資産の販売等に係る収益の額を，その資産の引渡しの時における価額，あるいはそ

の提供した役務について通常得べき対価の額に相当する金額とした法人税法の考え方とは根本的に異なる（法法22②，22の2④・⑥，25の2③）。

さらに，消費税の納税義務は，基本的に，課税資産の譲渡等又は特定課税仕入れをした時に成立するのであるから（通則法15②七），履行義務単位で収益を認識する会計や法人税とは差異が生じる場合が出てくることにも留意する必要がある。

以上を踏まえて，新会計基準と消費税の対応を個々の論点ごとに見ていくことにする。

Ⅱ 収益の計上単位と資産の譲渡等の時期の判断単位

新会計基準では，収益を認識するため，①顧客との契約の識別，②契約における履行義務（収益認識の単位）の識別，③取引価格の算定，④契約における履行義務に取引価格を配分，⑤履行義務を充足した時に又は充足するにつれて収益を認識という5つのステップを経る。ここに，履行義務を中心として収益を認識していくという考え方が，色濃く表れている。そして，法人税においても，収益の計上の単位の識別基準として，履行義務を用いることができることが，法人税基本通達2－1－1で明示されている。

一方，前述の通り，消費税は取引の都度課税売上を認識していくこととなるため，履行義務により契約を結合するという考え方は取り得ないが，複数の取引が内在しているような契約については，契約を分解して資産の譲渡等の時期を判断するという考え方も採用されている。また，消費税固有の問題として，課税資産と非課税資産を同一の者に同時に譲渡した場合には，これらの対価の額を区分する必要がある。

1 機械設備の販売に伴う据付工事

複数の取引が内在しているような契約については，契約を分解して資産の譲渡等の時期を判断するという考え方が消費税法基本通達上で明記されているものとして，機械設備の販売に伴う据付工事による資産の譲渡等の時期の特例がある（消基通9

－１－９）。

　同通達では，「事業者が機械設備等の販売（工事進行基準の適用を受けるものを除く）をしたことに伴いその据付工事を行った場合において，その据付工事が相当の規模のものであり，その据付工事に係る対価の額を契約その他に基づいて合理的に区分することができるときは，機械設備等に係る販売代金の額と据付工事に係る対価の額とを区分して，それぞれにつき資産の譲渡等を行ったものとすることができるものとする。」とあり，法人税基本通達２－１－１の２（機械設備等の販売に伴い据付工事を行った場合の収益の計上の単位）とほぼ同一のものである。なお法人税基本通達２－１－１の２は，新会計基準創設に伴い創設されたものであるが，その内容は旧通達は２－１－10を踏襲したものであり，消費税法基本通達は，この旧通達に対応したものである。

2　課税資産と非課税資産を同一の者に同時に譲渡した場合

　消費税の課税標準についての政令として，消費税法施行令45条３項では，「事業者が課税資産の譲渡等に係る資産（課税資産）と課税資産の譲渡等以外の資産の譲渡等に係る資産（非課税資産）とを同一の者に対して同時に譲渡した場合において，これらの資産の譲渡の対価の額（法第28条１項に規定する対価の額をいう）が課税資産の譲渡の対価の額と非課税資産の譲渡の対価の額とに合理的に区分されていないときは，当該課税資産の譲渡等に係る消費税の課税標準は，これらの資産の譲渡の対価の額に，これらの資産の譲渡の時における当該課税資産の価額と当該非課税資産の価額との合計額のうちに当該課税資産の価額の占める割合を乗じて計算した金額とする。」というものがある。この典型例が，土地と建物を一括譲渡した場合であるが，消費税の計算においては，課税売上と非課税売上を区分して集計する必要があるため，これらに係る対価の額を区分する必要が出てくる。

Ⅲ 収益の認識時期と資産の譲渡等の時期

　新会計基準創設前においては，法人税における収益の帰属時期と消費税における資産の譲渡等の時期については，従前は両者がなるべく一致するように，法人税基本通達に対応して消費税基本通達に第9章として，資産の譲渡等の時期の規定が定められていた。

　このうち第1節通則として定められているものは次頁の通りである。

　しかし，新会計基準に対応して法人税基本通達が改正されたことより，法人税における収益の帰属時期と消費税における資産の譲渡等の時期は必ずしも一致しないことが注目されている。

　これは，上述の通り，法人税が履行義務単位で収益を認識するのに対し，消費税はあくまで取引単位で納税義務が成立していくという違いがあることによることから，今後の改正で歩み寄る性質のものでない。

　その点，国税庁においても，法人税と消費税で差異が生じる項目を中心に例を示しており（「収益認識基準による場合の取扱いの例」平30.5），それに従って，ここで取り上げる。

　以下，設例は，上記取扱い例による。

Ⅳ　ポイントの付与

＜ケース１　自社ポイントの付与（論点：履行義務の識別）＞

　家電量販店を展開するＡ社はポイント制度を運営している。Ａ社は，顧客の100円（税込）の購入につき10ポイントを付与する（ただし，ポイント使用部分についてはポイントは付与されない）。顧客は，１ポイントを当該家電量販店グループの１円の商品と交換することができる。Ｘ１年度にＡ社は顧客に10,800円（税込）の商品を販売し，1,080ポイントを付与した（消化率100％と仮定）。Ａ社は当該ポイントを顧客に付与する重要な権利と認識している。顧客は当初付与されたポイントについて認識しない。なお，消費税率８％とする。

　法人税では，資産の販売等に伴い自己発行ポイント等を付与した場合に，基本通達２－１－１の７で示す４つの要件を満たせば，その自己発行ポイント等についてその資産の販売等とは別の取引に係る収入の前受けとして，収益の計上を繰り延べる取扱いを認めている。これが，上記仕訳例における契約負債を認識するものである。

　これに対し，消費税は，資産の譲渡等の対価の額が課税売上となるため，発行時に契約負債を認識することはなく，また，ポイント自体も無償の付与であることから，消費税の課税関係は生じない。あくまでも，ポイントが使用された時に，課税売上を認識して値引きを認識することとなる。

　ところで，使用されたのが他の事業者における資産の譲渡等の際であるならば，ポイント運営会社に対しポイント負担金を支払うこととなる。その負担金の支払時に，課税売上を認識し値引きを認識できるかとなると，課税売上は他者においてなされたものであるため，現行の消費税法では明確にされていないことを付け加えておく。

(単位：円)

	会計	法人税の取扱い	消費税の取扱い
商品の売買時	売手 　現金　　10,800 ｜ 売上※1　　9,025 　　　　　　　　　　契約負債※2　　**975** 　　　　　　　　　　仮受消費税　　800 買手 　仕入　　10,000 ｜ 現金　　10,800 　仮払消費税　　800 ｜	同左	売手 課税売上げの対価　　10,000 課税売上げに係る消費税額　　800 買手 課税仕入れの対価　　10,000 課税仕入れに係る消費税額　　800
ポイント使用時	売手（税込1,080円の商品売買時に1,080ポイントが使用された場合） 契約負債　　**975** ｜ 売上　　975 買手（税込1,080円の商品売買時に1,080ポイントを使用した場合） 　　　（処理なし）※3		売手 課税売上げの対価　　1,000 1,000×8％＝80　　　税額　　80 対価の返還等（ポイント分）　　△ 1,000 （1,080×100/108）×8％＝80　　△ 80 差引消費税額（80-80）　　0 買手 課税仕入れの対価　　1,000 1,000×8％＝80　　　税額　　80 対価の返還等（ポイント分）　　△ 1,000 （1,080×100/108）×8％＝80　　△80 差引消費税額（80-80）　　0

※1　（商品）10,000×10,000／（10,000＋1,080）＝9,025円
※2　（ポイント）10,000×1,080／（10,000＋1,080）＝975円
※3　ポイント使用を仕入値引とする等の複数の処理がありうる

（国税庁資料より）

V　契約における重要な金融要素

<ケース２　契約における重要な金融要素>

　企業は顧客Ａとの間で商品の販売契約を締結し，契約締結と同時に商品を引渡した。顧客は契約から２年後に税込対価2,160千円を支払う。契約上，利子を付すこととはされていないが，信用供与についての重要な便益が顧客に提供されると認められる。対価の調整として用いる金利は１％とする。なお，消費税率８％とする。

　法人税においては，従来，旧通達２−４−11（長期割賦販売等に係る収益の額に含めないことができる利息相当部分）において，割賦販売等に係る契約により販売代価と賦払期間中の利息に相当する金額とが明確，かつ，合理的に区分されているときは，当該利息相当額を当該割賦販売等に係る収益の額に含めないことができる取扱いを設けていたが，収益認識基準の導入により，法人税基本通達２−１−１の８（資産の販売等に係る収益の額に含めないことができる利息相当部分）で，資産の販売等に係る収益の額に含めないことができる利息相当部分についての一般的基準が明らかにされた。

　一方，消費税の課税標準は，課税資産の譲渡等の対価の額であり（消法28①），上記法人税基本通達のように，一定の事実や状況を総合的に勘案して利息相当額を認識するような規定がない限り，利息相当額を認識することはできない。そして，消費税法基本通達６−３−１（金融取引及び保険料を対価とする役務の提供等）では，本体価格と利子等を区分して非課税とする取引を列挙しており，次のものについては，金融要素として分けることができる。

(1)　国債，地方債，社債，新株予約権付社債，投資法人債券，貸付金，預金，貯金又は令９条４項《支払手段に類するもの》に規定する特別引出権の利子

(2)　信用の保証料

(3)　所得税法２条１項11号《定義》に規定する合同運用信託，同項15号に規定する公社債投資信託又は同項15号の２に規定する公社債等運用投資信託の信託報酬

(4)　保険料（厚生年金基金契約等に係る事務費用部分を除く）

（単位：千円）

	会計			法人税の取扱い	消費税の取扱い	
商品引渡時	**売手**				**売手**	
	売掛金※1	2,117	売上 1,957 仮受消費税 160		課税売上げの対価 課税売上げに係る消費税額	2,000 160
	買手				**買手**	
	仕入 仮払消費税	2,000 160	買掛金 2,160		課税仕入れの対価 課税仕入れに係る消費税額	2,000 160
1年後	**売手**			同左		
	売掛金	21	受取利息※2 21		（処理なし）	
	買手					
	（処理なし）					
2年後	**売手（2年後　対価受領時）**					
	売掛金 現金	22 2,160	受取利息※3 22 売掛金 2,160			
	買手				（処理なし）	
	買掛金	2,160	現金 2,160			

※1	$2,160 \div (1+0.01)^2 = 2,117$
※2	$2,117 \times 0.01 = 21$
※3	$2,160 - (2,117+21) = 22$

（国税庁資料より）

(5)　法人税法２条29号《定義》に規定する集団投資信託，同条29号の２に規定する法人課税信託又は同法12条４項１号《信託財産に属する資産及び負債並びに信託財産に帰せられる収益及び費用の帰属》に規定する退職年金信託若しくは同項２号に規定する特定公益信託等の収益の分配金

(6)　相互掛金又は定期積金の給付補填金及び無尽契約の掛金差益

(7)　抵当証券（これに類する外国の証券を含む）の利息

(8)　割引債（利付債を含む）の償還差益

(9)　手形の割引料

(10)　金銭債権の買取又は立替払に係る差益

(11)　割賦販売法２条１項《割賦販売の定義》に規定する割賦販売，同法２条２項《ローン提携販売の定義》に規定するローン提携販売，同条３項《包括信用購入あっせんの定義》に規定する包括信用購入あっせん又は同条４項《個別信用購入あっせん》に規定する個別信用購入あっせんの手数料（契約においてその額が明示されているものに限る）

(12)　割賦販売等に準ずる方法により資産の譲渡等を行う場合の利子又は保証料相当額（その額が契約において明示されている部分に限る）

(13)　有価証券（その権利の帰属が社債等振替法の規定による振替口座簿の記載又は記録により定まるものとされるもの及び令１条２項３号《登録国債》に規定する登録国債を含み，ゴルフ場利用株式等を除く）の賃貸料

(14)　物上保証料

(15)　共済掛金

(16)　動産又は不動産の貸付けを行う信託で，貸付期間の終了時に未償却残額で譲渡する旨の特約が付けられたものの利子又は保険料相当額（契約において明示されている部分に限る）

(17)　所得税法67条の２第３項《リース取引の範囲》又は法人税法64条の２第３項《リース取引の範囲》に規定するリース取引でその契約に係るリース料のうち，利子又は保険料相当額（契約において利子又は保険料の額として明示されている部分に限る）

Ⅵ　割戻しを見込む販売

＜ケース３　割戻しを見込む販売（論点：変動対価）＞

　A社は，B社と商品Ｚの販売について２年契約を締結している。この契約における対価には変動性があり，下記のように，B社が商品Ｚを1,000個よりも多く購入する場合には１個当たりの価格を4,000円に，さらに2,000個よりも多く購入する場合には3,000円に減額すると定めている。A社は，B社への２年間の販売数量予測は2,000個になると予想している。Ｘ１年５月に1,000個を販売し，Ｘ２年５月に1,000個を追加販売した。なお，消費税率８％とする。

【販売数量】	【１個当たりの販売価格】
2,001個以上	3,000円
1,001〜2,000個	4,000円
0〜1,000個	5,000円

　売上割戻しについては，旧通達２−５−１《売上割戻しの計上時期》において，通知又は支払をした日の属する事業年度の所得の金額の計算に反映するとされていたが，新会計基準創設により新設された基本通達２−１−１の12（売上割戻しの計上時期）において，変動対価の取扱いを適用しない場合には，その売上割戻しの金額をその通知又は支払をした日の属する事業年度の収益の額から減額するとしている。事例は，変動対価の取扱いを採用したケースであるが，消費税の課税標準は，あくまでも課税資産の譲渡等の対価の額であり（消法28①），変動対価の取扱いに対応する余地はない。

　また，消費税法38条（売上げに係る対価の返還等をした場合の消費税額の控除）１項では，「事業者が，国内において行った課税資産の譲渡等につき，返品を受け，又は値引き若しくは割戻しをしたことにより，当該課税資産の譲渡等の対価の額と当該対価の額に100分の８を乗じて算出した金額との合計額（税込価額）の全部若しくは一部の返還又は当該課税資産の譲渡等の税込価額に係る売掛金その他の債権の額の全部若しくは一部の減額（売上げに係る対価の返還等）をした場合には，当該売上げに係る対価の返還等をした日の属する課税期間の課税標準額に対する消費

会計	法人税の取扱い	消費税の取扱い
売手（商品1,000個の販売時） 現金　　　5,400　｜　売上※1　　4,500 　　　　　　　　　　｜　**返金負債　　500** 　　　　　　　　　　｜　仮受消費税　400		**売手** 課税売上げの対価　　　　　　　5,000 課税売上げに係る消費税額　　　　400
買手（商品1,000個の購入時） 仕入　　　5,000　｜　現金　　　5,400 仮払消費税　400　｜		**買手** 課税仕入れの対価　　　　　　　5,000 課税仕入れに係る消費税額　　　　400
売手（商品1,000個の追加販売時） 現金　　　4,000　｜　売上※2　　4,500 **返金負債　　500**　｜ 現金　　　　320　｜　仮受消費税　320		**売手** 課税売上げの対価　　　　　　　4,000 課税売上げに係る消費税額　　　　320
買手（商品1,000個の追加購入時） 仕入　　　4,000　｜　現金　　　4,320 仮払消費税　320　｜		**買手** 課税仕入れの対価　　　　　　　4,000 課税仕入れに係る消費税額　　　　320

同左

【計算方法】取引価格は、1個あたり4,500円となる。
⇒5,000×1,000個＝5,000千円
　4,000×1,000個＝4,000千円
　計（5,000千円＋4,000千円）÷2,000個＝@4,500円
（X1年5月）　※1　4,500×1,000個＝4,500千円
（X2年5月）　※2　4,500×1,000個＝4,500千円

（国税庁資料より）

税額から当該課税期間において行った売上げに係る対価の返還等の金額に係る消費税額（当該返還をした税込価額又は当該減額をした債権の額に108分の6.3を乗じて算出した金額をいう）の合計額を控除する。」としており，実際に対価の返還をした場合，その時に課税標準額から対応する消費税額を控除することとなる。

　ここで，消費税法基本通達10－1－15（返品，値引等の処理）では，「事業者が，その課税期間において行った課税資産の譲渡等につき，当該課税期間中に返品を受け，又は値引き若しくは割戻しをした場合に，当該課税資産の譲渡等の金額から返品額又は値引額若しくは割戻額を控除する経理処理を継続しているときは，これを認める。」とあるが，これは，結果としてその課税期間の消費税額の計算に影響しないことから，その処理を認めているものと考えられる。

　また，同通達14－1－9（売上割戻しを行った日）では，課税資産の譲渡等に係る売上割戻しについては，次に掲げる区分に応じ，次に掲げる日に当該売上割戻しを行ったものとするとしている。

---

(1)　その算定基準が販売価額又は販売数量によっており，かつ，当該算定基準が契約その他の方法により相手方に明示されている売上割戻し
　…課税資産の譲渡等をした日。
　　ただし，事業者が継続して売上割戻しの金額の通知又は支払をした日に売上割戻しを行ったこととしている場合には，これを認める。
(2)　(1)に該当しない売上割戻し
　…その売上割戻しの金額の通知又は支払をした日。
　　ただし，各課税期間終了の日までに，その課税資産の譲渡等の対価の額について売上割戻しを支払うこと及びその売上割戻しの算定基準が内部的に決定されている場合において，事業者がその基準により計算した金額を当該課税期間において未払金として計上するとともに確定申告書の提出期限までに相手方に通知したときは，継続適用を条件に当該課税期間において行った売上割戻しとしてこれを認める。

　これは，旧法人税基本通達2－5－1《売上割戻しの計上時期》及びそれを承継した法人税基本通達2－1－1の12に対応したものであり，変動対価の取扱いを適用しない場合は，法人税と消費税の取扱いは一致することとなる。

Ⅶ　返品権付き販売

＜ケース４　返品権付き販売（論点：変動対価）＞

　A社は，顧客へ１個200円の商品（原価120円）を100個販売し，その返品予想は２個と見込んだ。なお，消費税率８％とする。A社の仕訳は次頁の通りである。

　返品権付き販売については，法人税法22条の２第５項２号において，返品の可能性があっても収益の額を減額しないとされた。したがって，新会計基準を適用した場合であっても，旧来の返品債権特別勘定，つまり特殊な特約が結ばれていることにより，過去実績により見積られた返品率により，期末に見込まれる貸倒れを確定債権として損金算入するものにおいて認められていたものと同様の取扱いが維持されている。

　また，消費税の課税標準は，課税資産の譲渡等の対価の額であり（消法28①），貸倒れ事由が発生した場合は，領収することができなくなった金額を，その領収をすることができないこととなった日の属する課税期間の課税標準額に対する消費税額から，その領収をすることができなくなった課税資産の譲渡等の税込価額に係る消費税額の合計額を控除することとされており（消法39①），将来の起こり得る事象についてあらかじめ評価することはできない。

（単位：円）

会計			法人税の取扱い			消費税の取扱い	
売手			**売手**			**売手**	
現金	21,600	売上 19,600	現金	21,600	売上 20,000	課税売上げの対価	20,000
		返金負債 400			仮受消費税 1,600	課税売上げに係る消費税額	1,600
		仮受消費税 1,600					
売上原価	11,760	商品 12,000	売上原価	12,000	商品 12,000		
返品資産	240						
買手			**買手**			**買手**	
仕入	20,000	現金 21,600		同左		課税仕入れの対価	20,000
仮払消費税	1,600					課税仕入れに係る消費税額	1,600

（注）本設例は、平成30年度税制改正における返品調整引当金に係る経過措置の適用終了後の取引を前提としている。なお、経過措置期間中は会計における返金負債勘定の金額から返品資産勘定の金額を控除した金額に相当する金額が損金経理により返品調整引当金勘定に繰り入れたものとして取扱われる（平成30年改正法附則25、改正法令附則９）。

（国税庁資料より）

Ⅷ　商品券等の発行

<ケース5　商品券等（論点：非行使部分）>

　企業Bは1枚当たり1千円のギフトカードを500枚，合計500千円を顧客に販売した。過去の経験から，販売済ギフトカードのうち10％である50千円分が非行使部分になると見込んでいる。発行した翌期に200千円相当の商品と引き換えられ，消費税を含めて行使された。

　商品券等に関し，消費税法基本通達6－4－5（物品切手等の発行）では，「事業者が，法別表第一第4号ハ《物品切手等の譲渡》に規定する物品切手等を発行し，交付した場合において，その交付に係る相手先から収受する金品は，資産の譲渡等の対価に該当しない。」としている。さらに，同通達9－1－22（物品切手等と引換給付する場合の譲渡等の時期）では，「物品切手等と引換えに物品の給付若しくは貸付け又は役務の提供（以下「物品の給付等」という）を行う場合には，当該物品切手等が自ら発行したものであるか他の者が発行したものであるかにかかわらず，当該物品の給付等を行う時に当該物品の給付等に係る資産の譲渡等を行ったこととなるのであるから留意する。」とあり，発行時＝不課税，使用時＝課税であることを示している。この場合の物品切手とは，商品券その他名称のいかんを問わず，物品の給付請求権を表象する証書をいい，郵便切手類に該当するものを除くものである（法別表第一第4号ハ）。

(単位：円)

	会計	法人税の取扱い	消費税の取扱い
ギフトカード発行時	**企業B** 現金 500,000 ／ 契約負債 500,000 **顧客** 商品券 500,000 ／ 現金 500,000	**企業B** （左記会計の取扱いを原則とするが、以下も認める。） 現金 500,000 ／ 雑収入 500,000 同左	**企業B** 不課税 500,000 **顧客** 不課税 500,000
ギフトカード行使時	**企業B** 契約負債 240,000 ／ 売上 200,000 　　　　　　　　　　 仮受消費税 16,000 　　　　　　　　　　 雑収入※ 24,000 売上原価 XXX ／ 商品 XXX **顧客** 仕入 200,000 ／ 商品券 216,000 仮払消費税 16,000	売上原価 XXX ／ 商品 XXX 同左	**企業B** 課税売上げの対価 200,000 課税売上げに係る消費税額 16,000 **顧客** 課税仕入れの対価 200,000 課税仕入れに係る消費税額 16,000

【計算方法】
非行使部分50,000円(50枚(500枚×10%)×1,000円)
行使割合48%(216枚÷(500枚-50枚))
※ 50,000×48%＝24,000円

（国税庁資料より）

Ⅸ 消化仕入れ

＜ケース6　消化仕入れ（論点：本人・代理人）＞

　百貨店Ａは，Ｂ社と消化仕入契約を締結している。百貨店Ａは顧客に１個20,000円の商品（卸値19,000円）を１個販売した。百貨店Ａは，自らをこの消化仕入れに係る取引における代理人に該当すると判断している。なお，消費税率８％とする。百貨店Ａの仕訳は次頁の通りである。

　新会計基準により，会計上，本人に該当するかどうかの指標が設けられ，本人に該当する場合は総額を収益として認識し，代理人に該当する場合は，報酬又は手数料の金額を収益として認識することとなった。しかし，法人税は，利益に対して課する税金であるため，総額表示か純額表示かによって，課税所得が変わることは基本的になく，また，販売するのが本人であっても代理人であっても履行義務の充足のタイミングについては変わらないと考えられる。したがって，新会計基準創設による法人税基本通達の対応はない。

　一方，消費税については，純額計上により課税売上高が変わるということになれば，小規模事業者に係る納税義務の免除の特例（消法9①），中小事業者の仕入れに係る消費税額の控除の特例（消法37①），仕入れに係る消費税額の控除（消法30②）などの判断基準が変わることとなる他，課税売上割合（消法30⑥）の計算にも影響を与える。そもそも，消費税の課税標準は，課税資産の譲渡等の対価の額であり（消法28①），代理人取引に該当する場合であっても，契約において課税資産の譲渡等と認識されるものであれば，それらの金額の合計額が課税売上高（消法9②）となることは間違いないといえる。

（単位：円）

会計			法人税の取扱い	消費税の取扱い	
百貨店A				百貨店A	
売掛金	21,600	手数料収入　1,000		課税売上げの対価	20,000
仮払消費税	1,520	買掛金　20,520	同左	課税売上げに係る消費税額	1,600
		仮受消費税　1,600		※　Ｂ社からの商品仕入れ	
				課税仕入れの対価	19,000
				課税仕入れに係る消費税額	1,520

（国税庁資料より）

用 語 索 引

著者紹介

小林　磨寿美（こばやし　ますみ）

税理士。横浜国立大学経営学部卒業。東京地方税理士会税法研究所研究員，青山学院大学大学院ビジネス法学科非常勤講師。

【主要著書】

『個人・法人／地主・借地人の取引主体で解きほぐす借地権の税務判断』（清文社），『実務に役立つQ&A中小会社における戦略的役員報酬と税務（共著）』，『平成29年改訂版修繕費・改良費及び増改築費用の税務』（以上，大蔵財務協会）。

大野　貴史（おおの　たかし）

公認会計士・税理士。筑波大学大学院修了（法学修士）。中小企業のM&Aアドバイザリー業務，株式評価業務，M&Aデューデリジェンス業務，株式交換・会社分割等の企業組織再編業務，連結納税，事業承継コンサルティング業務，企業オーナーの相続対策等を行う。

【主要著書】

『実務に役立つQ&A中小会社における戦略的役員報酬と税務』（大蔵財務協会，共著）『激変する既存住宅ビジネスと税制活用』（清文社，共著）。

著者との契約により検印省略

令和元年8月10日　初　版　発　行　中小企業の取引における
収益認識の
税務と会計の実務

著　　者　小　林　磨　寿　美
　　　　　大　野　貴　史
発　行　者　大　坪　克　行
印　刷　所　税経印刷株式会社
製　本　所　牧製本印刷株式会社

発　行　所　〒161-0033 東京都新宿区
　　　　　下落合2丁目5番13号　株式会社 税務経理協会

振　替　00190-2-187408　電話　(03)3953-3301（編集部）
ＦＡＸ　(03)3565-3391　　　(03)3953-3325（営業部）
URL　http://www.zeikei.co.jp/
乱丁・落丁の場合は，お取替えいたします。

ISBN978－4－419－06612－3　C3034